統屬全圖

大朝鮮建陽元年三月 日學部編輯局重刊

一凡斜畫從右到左如圖中
俱屬歐洲法國之地如亞洲之安
南非洲之馬達葛士加島並非洲
內地數處皆是 一凡方格如圖
中 俱屬歐洲德國之地如非
洲雜地皆是 一凡横畫中有墨
黙如圖中 俱屬美洲美國之
地除美洲外該國並無屬地 一
凡直畫中有墨黙如圖中 俱
屬荷蘭國之地荷國本在歐洲所
屬地則在亞洲東南孫達諸島一
帶地方其屬地人數較本國則多
五倍 一凡五大洲中其餘小國
概不以横直墨黙方格等為記如
西班牙又名大呂宋國在歐洲而
屬國則在小呂宋臺灣以南又如
葡萄牙國亦在歐洲而非洲之中
猶有數屬地歸葡萄牙管轄又如
比利士國亦在歐洲其屬地名孔
國則在非洲較原地多七十倍以
上諸國但記其名並不另作記識
以為區別
光緒十八年廣學會英國李提摩太識

五洲各國

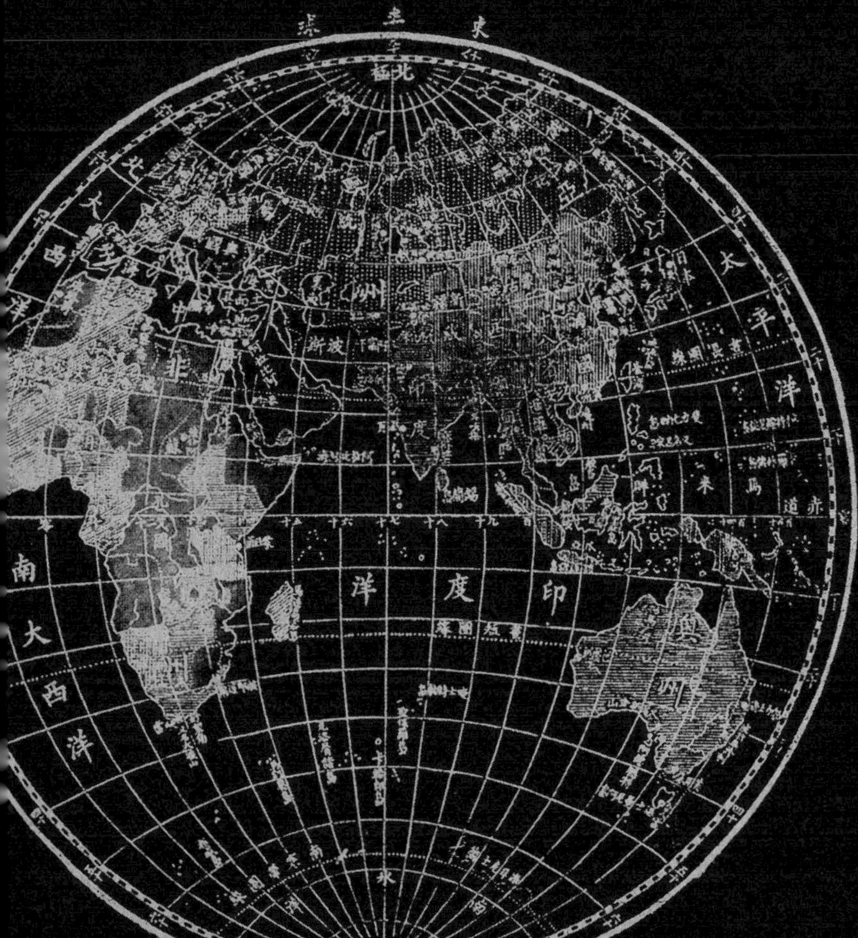

各國分界圖說

從來輿地之學非圖不明而欲辨地球之大小非分五大洲不明而欲識國之大小非從五大洲中分出各國不明五大洲何亞細亞洲歐羅巴洲亞美利加洲亞非利加洲澳大利亞洲是也省言之則為亞為歐為美為非為澳既分五洲又分各國間有一國在一洲之內其屬國在他洲視本國疆界更大數倍者惟以橫直墨點方格等分別各國為記俾考地理者得以較量五洲各國之幅員長短云茲列其例於左

一凡圖中之格均按度數畫成中間正方十度每度二百五十里無論橫豎觀之每正方俱二千五百里若以中國裁尺比量每寸六千里每分六百里按分比量無多差錯

一凡直畫如圖中俱屬大清國之地如十八省西藏蒙古滿洲新疆等處皆是

一凡橫畫如圖中俱屬歐洲英國之地

조선 사람의
세계여행

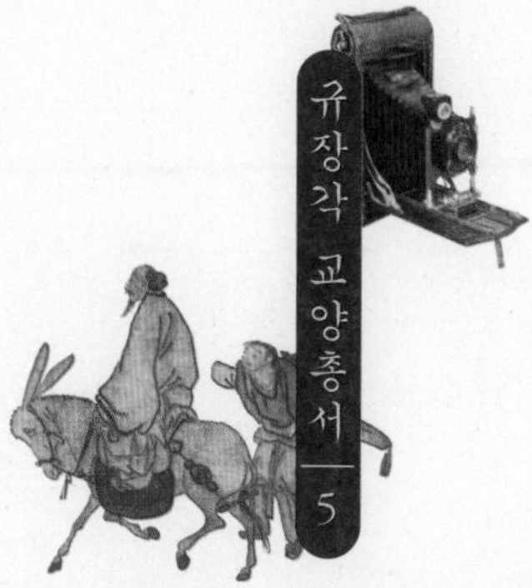

규장각 교양총서 5

조선 사람의 세계여행

규장각한국학연구원 엮음
서재길 책임기획

글항아리

__조선 사람이 여행길 떠날 때 갖췄던 것들

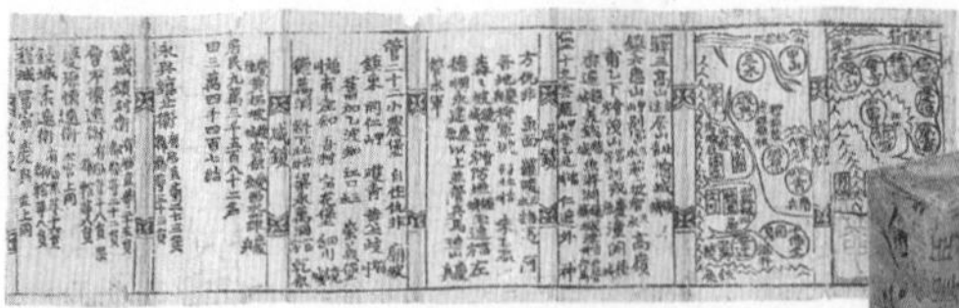

❶

❷

❸

❹

❺

❻

❼

❽

1. 수진본 지도 2. 수진본 사서. 여행할 때 소매에 넣고 다니면서 수시로 꺼내 읽었다 3. 휴대용으로 만들어진 해시계 4. 옛 선비들이 썼던 안경 5. 부채 6. 여행 중 글을 쓰기 위해 붓을 담아 다니던 주머니 7. 근대 조선인들이 여행 시 휴대했던 카메라 8. 병증에 따라 다양하게 사용했던 침

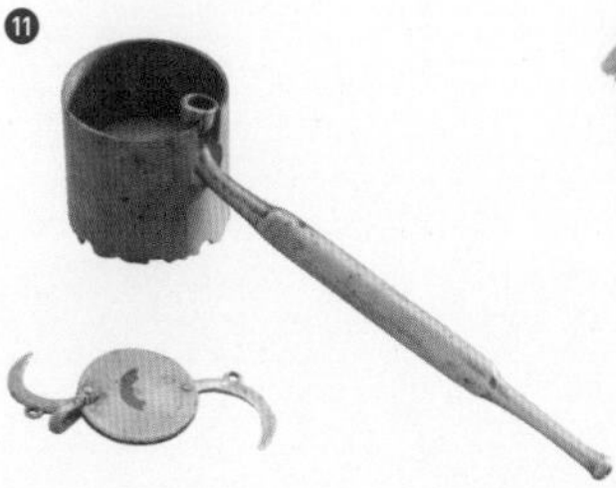

9. 물병과 표주박 10. 고리버들로 만들어 휴대했던 도시락 11. 담뱃대
12. 갓을 쓸 때 머리를 다듬었던 빗 13. 말을 탈 때 엉덩이를 편안히 하기 위한 안장

규장각은 조선왕조 22대 왕인 정조가 1776년에 창립한 왕실도서관이자 학술기관이며 국정자문기관입니다. 1910년 국권 상실과 함께 폐지되어 소장 도서는 총독부의 관할하에 들어갔고 학술기관으로서의 기능을 상실하게 되었습니다. 해방 후 규장각 도서는 서울대로 귀속되어 오늘날에 이르고 있습니다. 60여 년 전 한국전쟁 때는 일부 국보급 도서가 부산으로 소개疏開되는 등의 곡절을 겪기도 했습니다만, 규장각은 오늘날까지 우리 역사와 전통이 담긴 기록문화의 보고寶庫로서 굳건히 이어져오고 있습니다. 창설 230주년이 되는 2006년에는 규장각과 한국문화연구소가 통합하여 규장각한국학연구원으로 거듭 태어나 학술기관으로서의 전통을 되찾아가고 있습니다.

규장각한국학연구원은 조선왕조실록, 의궤, 승정원일기, 일성록 등 유네스코에 의해 세계문화유산으로 지정된 자료를 위시해 고도서와 고지도 등 수많은 기록문화재를 소장하고 있습니다. 이런 방대한 자료를 토대로 한국학 전문 연구자들이 이곳에 모여 최고 수준의 연구활동에 매진하고 있으며, 많은 연구 성과가 산출되고 있습니다. 또한 국내외의 학자들이 규장각에 와서 연구할 수 있기를 희망하며, 본 연구원에선 이를 적극적으로 지원하고 있습니다. 명실상부하게 세계 한국학 연구를 선도하는 중심 연구기관으로 발돋움하고 있습니다.

아울러 전문 연구자만의 것이 아닌 시민과 함께하는 한국학을 발전시키고자 다양한 프로그램을 추진하고 있습니다. 기존의 특별전시회 외에 2008년부터 한국학 전반에 걸친 주제를 그 분야의 최고 전문가들이 직접 기획하고 강의하는 '금요시민강좌'를 김영식 전임 원장의 주도하에 개설하였습니다. 이 금요시민강좌는 그간 시민들의 깊은 호응을 받아왔으며, 2009년부터 관악구청의 지원을 받아 학관협력사업으로 개최되면서 지역 주민과 긴밀한 네트워크를 형성할 수 있는 계기가 마련되었습니다. 그리고 이 강좌에서 개진된 흥미로운 내용을 더 많은 시민들과 공유하기 위해 쉬운 글과 다채로운 도판으로 편집한 '규장각 교양총서'를 발간하였습니다. 첫 네 학기 동안의 주제인 조선의 국왕, 양반, 여성, 전문가의 일생을 조명한 책들은 이미 간행되어 널리 독자들의 반응을 얻고 있습니다. 앞으로도 매학기의 강의 내용을 책으로 엮어낼 예정입니다.

2009년부터 규장각에서는 '조선의 기록문화와 법고창신法古創新의 한국학'이라는 주제로 인문한국Humanities Korea 사업단이 출범하여 연구사업을 수행하고 있습니다. 이 사업단은 규장각에 넘쳐나는 조선시대의 다양한 기록들을 통해 당시의 삶과 문화를 되살려내고, 그것이 현대를 살아가는 우리에게 주는 가치와 의미를 성찰해보자는 것을 연구 목적으로 하고 있습니다. 이런 취지의 효과적인 실현을 위해 인문한국사업단의 연관사업으로 시민강좌와 교양총서를 함께 준비하게 되었습니다. 앞으로 인문한국사업단의 연구 성과와 기획 능력을 시민들의 더 나은 문화생활을 위해 활용함으로써, 규장각 교양총서는 쉽고 알찬 내용으로 시민들에게 다가갈 것입니다.

이 책에 담긴 내용은 일차적으로 규장각에 소장된 기록문화와 학자들의 연구 성과에서 나온 것입니다. 하지만 강좌를 수강한 시민 여러분의 참신한 아이디어와 바람을 최대한 반영하고자 노력을 기울였습니다. 이 책이 시민과 전문 연구자 사이를 이어주는 가교가 되기를 기대합니다. 앞으로도 여러분의 많은 관심과 성원을 바랍니다.

규장각한국학연구원 원장

노태돈

머리글

새로운 세계를 향한 조선 사람들의 여정과 그 기록

흔히 우리는 '여행'이라는 말을 '관광觀光'이라는 의미로 이해한다. 그러나 여행이라는 말이 담고 있는 의미는 관광이란 말보다 그 범위가 훨씬 풍부하고 넓다. 관광이라는 말은 정주지로 다시 돌아오는 것을 전제로 한 주유周遊, 즉 근대에 이르러 서구에서 나타난 '투어리즘tourism'의 뉘앙스가 강하다. 이에 비해 여행은 유람만이 아니라 일을 목적으로 하기도 하며 정주지로 돌아오지 않는 경우까지도 포함한다. 또한 주유를 하는 사람의 자발적인 의지에 의해 이루어지는 관광과 달리 여행의 경우 여행하는 이의 의지와 무관하게 타의에 의해서 시작되는 경우도 적지 않다. 사실 이 책에서 다루는 여행 중 상당수는 자발적인 의지에 따른 것이라기보다는 전쟁으로 인한 피로被虜와 이산, 풍랑에 의한 표류, 경제적 이유에 따른 이향離鄕 등 선택의 여지가 없는 불가항력에 의한 것이었다. 다소 논란이 될 수 있을 '여행'이라는 말을 이 책의 제목에 담은 것은 이 말이 이처럼 복합적인 의미를 포괄하고 있기 때문이다.

근대 이전 나라 밖으로의 여행은 극소수의 사람들만이 경험할 수 있었다. 중국을 중심으로 한 동아시아 문명에 속해 있던 조선에서는 조천朝天이나 연행燕行, 그리고 통신사행通信使行이 외부의 세계와 이어지는 거의 유일한 통로였다. 공식적인 외교사절로 선발되지 못했던 박지원이나 홍대용이 실사구시實事求是의 길에 들어설 수 있었던 것도 '자제 군관'이라는 직함을 걸치고 연행길을 다녀올 수 있었기 때문이었다. 사정이 이러하였기에 이 같은 기회조차 얻지 못한 많은 지식인들은 지도와 책을 통해 간접적으로 바깥 세상을 경험할 수 있었다. 조선에서 제작된 가장 오래된 지도인 「혼일강리역대국도지도」가 담고 있는 와유臥遊로서의 세계여행에 대한 소개로 이 책을 시작한 것은 바로 이 때문이다. 한글로 번역되기도 한 『노걸대』의 경우 원래 중국어 학습을 위한 교재로 씌어진 것이지만 생생한 중국 여행 가이드북이기도 했다. 화이론華夷論적 질서의 가장 바깥쪽으로 향했던 조선통신사의 여행은 좀더 복잡했다. 총 열두 차례 사행길의 역사 자료들은 우월감으로 넘쳐 있던 조선 사람들의 태도를 보여줄 뿐만 아니라, 화려하고도 재빠르게 변하는 일본의 풍속을 목격하고는 겉으로 드러낼 수 없는 일종의 열패감을 마음속에 품게 되는 복잡한 심경을 묘사한다.

19세기 말 이후 문호를 개방하면서 조선 사람의 세계여행의 대상과 목적은 달라지기 시작한다. 여행의 범위가 동아시아의 바깥으로 확장되는 한편, '관광'으로서의 성격을 지닌 여행도 본격화된 것이다. 조선 최초의 세계일주 사행 기록인 『환구일록』이나 그때의 감회를 읊은 세계일주 시집인 『환구음초』는 이 시기의 변화의 다면성을 잘 보여주는 예라고 할 수 있다. 국가의 공식적인 외교사절 활동의 일환으로 이루어진 여행이었지만, 비판적인 시선으로 외국 문물을 대하는 태도가 생겨났고, 이는 조선 사회를 향후 질적으로 변화시킬 단초가 될 만한 것이었다. 또한 조선이 일본에 의해 강제 병합된 이후에 씌어진 사회주의 운동가 여운형의 여정은 고비사막의 추위와 바람을 뚫고 가면서 스파이들의 감시를 받는 것이었기에 오늘날의 '여행'과는 사뭇 다른 것이었지만, 그로 인해 근대 한국은 자유주의와 사회주의 그리고 민족주의 사이에서 좀더 풍부한 사유를 할 수 있었다. 신여성 나혜석은 조선의 여류화가로서 이름을 드러냈을 뿐만 아니라 그 드문 세계일주 경험을 함으로써 다시 한 번 조선 사회에 이름을 알렸다. 풍부한 감수성과 냉철한 눈으로 서구의 제도와 여성의 지위를 조선에 견주어 관찰한 그의 글은 한 세기가 지난 오늘날에도 생생한 울림을 준다. 당대의 지성 이순탁의 세계여행기에는 새로운 세계에 대한 감격은 물론 식민지 지식인이 겪어야 했던 모순과 갈등도 중첩되어 표현되고 있다.

그러나 조선 바깥으로의 여행과 그 기록은 이때까지도 극히 일부의 사람들에게만 한정된 것이었다. 이런 점에서 근대 초기에 발간된 『한성순보』는 일반인들에게 새로운 세계를 향한 창窓으로서의 역할을 담당했다고 할 수 있다. 오랫동안 보통 사람들은 바다 위에서 풍랑을 만나거나, 전쟁 포로나 공녀가 됨으로써 나라 밖의 세계와 접할 수 있었다. 15세기 이래 조선 지식인들에게 신비의 공간이었던 강남江南 땅의 풍물을 그린 최부의 『표해록』은 목숨을 건 표착漂着의 결과물이었던 것이다. 고려시대 이래로 공물로 진상된 공녀貢女의 경우 가족과의 생이별을 강요받고 이국에서 쓸쓸한 삶을 마감한 경우가 대부분이었지만, 황제의 총애를 받은 몇몇 후궁과 그 가족들의 경우 제국의 그늘 속에서 특권을 누린 예도 있었다. 또한 생존을 위해 고향을 등질 수밖에 없었던 조선 농민들의 처절한 고투苦鬪의 현장을 그리고 있는 일련의 만주 관련 기행문과 문학작품은 우리로 하여금 현재진행형이기도 한 재만조선인 디아스포라diaspora 문제의 근원을 성찰하게 한다.

규장각 교양총서 다섯 번째 권으로 발간되는 『조선 사람의 세계 여행』은 지금까지 출간된 네 권의 교양총서와는 다소 성격을 달리한다. 독자와 언론으로부터 호평을 받으면서 쇄를 거듭하고 있는 지금까지의 교양총서가 조선의 특정한 계층에 초점을 둔 것이었다면, 제5권부터 제7권까지는 조선과 세계의 교류를 다룬 여행 시리즈로 구성될 예정이다. 특히 이 책은 2008년에 출범한 규장각 인문한국사업단에 소속된 전임 연구진들의 체계적인 기획과 공동 작업을 통해서 구성되었다는 점에서 더욱 뜻 깊다. 학제적 연구의 활성화와 한국학의 대중화를 지향해온 사업단의 노력이 작은 결실을 맺은 것이기 때문이다. 두 해 동안 규장각 지붕 아래 동고동락하면서 이 책을 같이 기획하고 함께 시민강좌에도 참여했지만 이제는 함께할 수 없는 고故 연갑수 형께 이 책을 가장 먼저 보여드리고 싶다.

2011년 6월

저자들의 뜻을 모아

서재길 쓰다

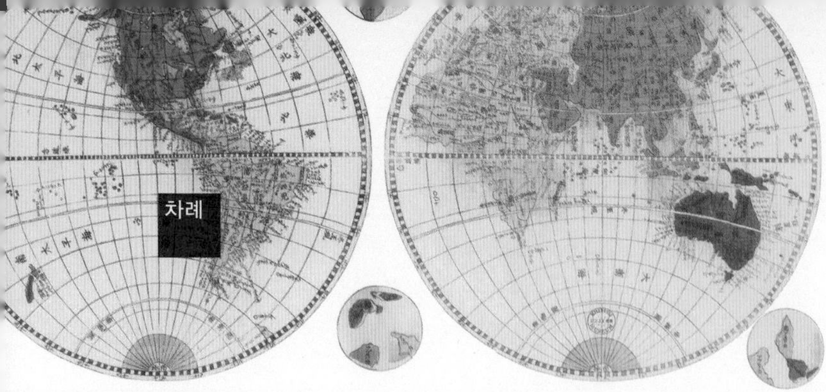

차례

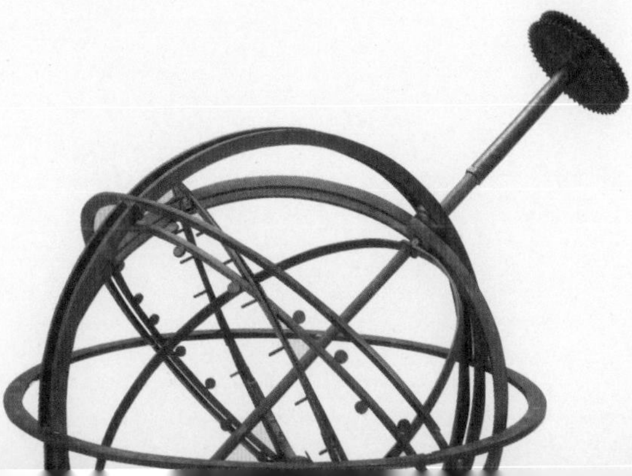

1장

자신감과 현실감으로 빚어낸 15세기의 세계지도

「혼일강리역대국도지도」와 『해동제국기』의 세계 인식

정호훈

누워서 세계지도로 세상을 유람하다

신생 국가 조선을 세운 사람들은 자신들이 살고 있는 조선 밖의 세계에서 겪었던 일들을 그다지 풍부하게 기록으로 남기지 않았다. 그렇다고 해서 이들의 경험 폭이 좁았던 것은 아니었다. 중국이나 일본은 많은 사람들이 다녀왔고, 또 중국·일본 유구 등지의 사람들이 조선으로 건너오는 일이 많아 조선 사람들은 생각 이상으로 바깥세상을 다양하게 체험하고 있었다. 얼마 안 되는 기록과 자료를 통해 500~600년 전 조선 사람들이 그들 바깥의 세상을 체험하고 이해하는 여정을 따라가며 추체험하는 것은 그래서 쉽지 않다.

15세기 조선 사람들의 세계 경험, 세계 인식은 예상 외로 넓었고 또 세밀한 점이 있었다. 이들은 자신들이 가볼 수 없었던 곳에 대해서는 책과 세계지도를 통해 경험할 수 있는 공간을 만들어두었으며, 또 그들이 다녀왔던 곳, 반드시 관계를 맺어야 할 곳에 대해서는 스스로 확보할 수 있는 모든 경험과 지식을 꼼꼼하게 집성해 한 권의 책자로 만들어두었다.

15세기 조선 사람들의 세계 경험을 살펴볼 수 있는 사료는 1402년(태종 2)에 만들어진 「혼일강리역대국도지도混一疆理歷代國都之圖」이다. 이 지도는 조선에서 만들어진 현존 최고最古의 작품으로 알려져 있다. 현재 국내에 남아 있는 것은 없으며, 류코쿠 대학 등 일본 내 여러 곳에 소장되어 있다. 이 지도가 언제 일본으로 들어갔는지는 명확하지 않다. 류코쿠 대학 소장본의 크기는 가로 1.6미터, 세로 1.5미터이다. 최근 이 대학에서는 3억5000만 화소 이상의 디지털 카메라와 X선 처리 기법 등을 이용해 제작 당시의 색채를 복원해냈다고 한다. 9년여를 작업한 끝의 결과였다. 조선에서 만들어졌던 것이 그 시간을 알 수 없는 때에 일본으로 흘러가 있다가, 첨단의 광학 기술로 본래의 모습을 찾은 셈이다. 서울대학교 규장각한국학연구원에는 고故 이찬 교수가 기증한 이 지도의 모사본이 소장되어 있다.

이 지도가 만들어진 과정, 그리고 이 지도가 담고 있는 내용은 류코쿠 대학 소장본 지도에 적혀 있는 권근의 발문에 자세히 기록되어 있다. 의정부의 좌정승과 우정승 김사형, 이무 등이 중국에서 만들어진 「성교광피도聲教廣被圖」와 「혼일강리도混一疆理圖」를 저본으로 하고, 여기에 조선과 일본의 지도를 덧붙여 만들었다고 한다. 조선의 강역 부분은 조선에서 새로 그린 것이고, 일본은 일본에서 구해온 지도를 활용하여 재정리했다고 한다.

천하는 지극히 넓다. 안으로 중국에서 밖으로 사해에 닿아 몇천만 리나 되는지 알 수 없는 것을, 요약하여 두어 자 되는 폭幅에다 그리니

歷代國都之圖

1402년의 「혼일강리역대국도지도混一疆理歷代國都之圖」, 일본 류코쿠대학. 이 지도는 「대명혼일도」와 비슷하게 중국과 아프리카 대륙에 대해 서로 완전히 다른 두 가지 지도투영법을 사용했다. 또 지중해를 커다란 만으로 그렸다.

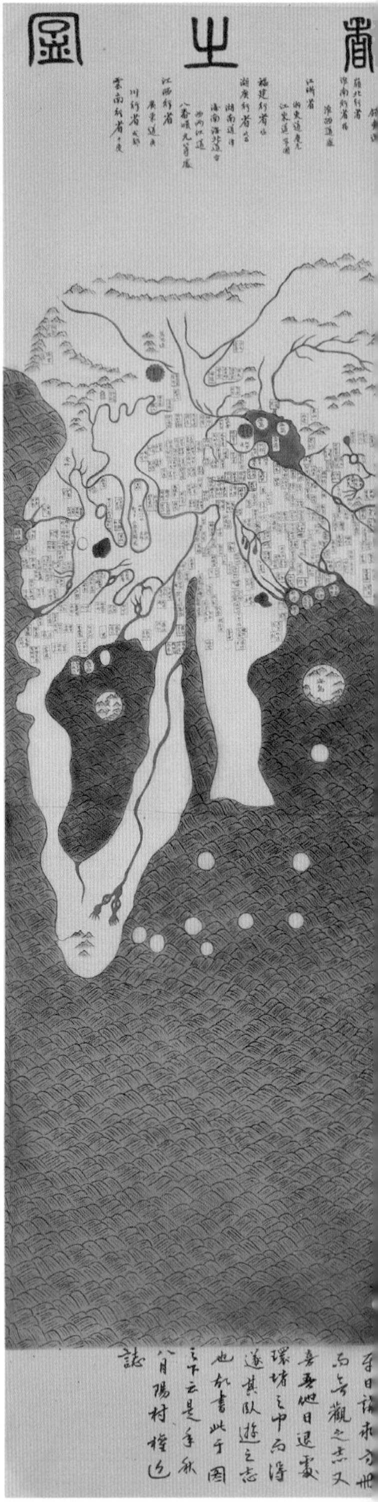

「혼일강리역대국도지도混一疆理歷代國都之圖」(모사본), 권근·이무·이회, 158×168cm, 1402, 규장각한국학연구원. 중국을 중앙으로 잡아 동쪽에는 조선과 일본을, 서쪽에는 유럽, 아프리카, 아라비아 등을 그렸다. 지도 위쪽에는 중국 역대 제왕의 도읍지가 적혀 있고, 아래쪽에는 권근의 발문이 적혀 있다.

混一疆理歷代國
天下至廣也內
自中國外薄四
海不知其幾千
萬里也約而圖
之於數尺之幅
其致詳難矣故
爲圖者率皆疎
略惟吳門李澤
民聲敎廣被圖
頗爲詳備而歷
代帝王國都沿
革則天台僧淸
濬混一疆理圖
備載焉建文四
年夏左政丞上
洛金公右政丞
丹陽李公燮理
之暇參究是圖
命檢詳李薈更
加詳校合爲一
圖其遼水以東
及本國疆域澤
民之圖亦多闕
略今特增廣本
國地圖而附以
日本勒成新圖
井然可觀誠可
以不出戶而知
天下也夫觀圖
籍而知地域之
遐邇亦爲治之
一助也二公所以
拳拳於此圖者
其規模局量之

자세하게 기록하기가 어렵다. 그러므로 지도를 만든 것이 대체로 엉성하고 간략하다. 오직 오문吳門 이택민李澤民이 그린 「성교광피도聲敎廣被圖」가 매우 자세하다. 역대 제왕의 국도 연혁은 천태승天台僧 청준淸濬의 「혼일강리도混一疆理圖」에 잘 갖추어져 있다. 건문建文(명나라 혜제惠帝의 연호) 4년(1402, 태종 2) 여름에 좌정승 김사형金士衡·우정승 이무李茂가 정사를 보살피는 여가에 이 지도를 참고하여 검상檢詳 이회李薈를 시켜 다시 더 상세히 교정하게 한 다음, 합하여 한 지도를 만들었다. 요수遼水 동쪽과 우리나라 지역은 이택민의 「성교광피도」에도 많이 빠져 있었으므로, 이제 특별히 우리나라 지도를 더 넓히고 일본 지도까지 붙여 새 지도를 만드니, 조리가 있고 볼만하여 참으로 문밖을 나가지 않고도 천하를 알 수 있다.

대저 지도를 보고서 지역의 멀고 가까움을 아는 것 또한 나라를 다스리는 데에 한 도움이 되는 것이니, 두 분이 이 지도에 정성을 다한 데에서도 그 규모와 국량의 방대함을 알 수 있다. 나는 변변치 못한 재주로 참찬이 되어 두 분의 뒤를 따라 이 지도가 완성됨을 보고 기뻐하였으며 매우 다행하게 여기는 바이다.

평일에 책에서 강구하여 보고자 하던 나의 뜻을 이미 이루었고, 또 내가 뒷날 은퇴하여 시골에 거처하게 되면, 누워서 천하를 유람하고자 할 뜻을 이루게 됨을 기뻐하며 이 말을 지도 아래에 쓴다.

이 기록에 따르면 「혼일강리역대국도지도」는 기존에 중국에서 만들어진 세계지도에, 조선과 일본의 동아시아 부분을 한층 세밀하게 보완하여 만든, 새로운 조선판 세계지도라 할 것이다. 그런 점에서 여기에는 13~14세기 중국과 조선, 일본의 지도를 만드는 문화 역량이 응축되어 있다.

「성교광피도」와 「혼일강리도」는 모두 13세기 원대에 만들어진 세계지도다. 「성교광피도」는 천자의 교화와 은혜가 널리 퍼지는 지역을 그린 지도라는 의미다. 원나라 말기에 제작되었다. 「혼일강리도」는 천자가 다스리는 하나로 된 세상의 지도라는 뜻을 담고 있다. 1360년 작품이다. 두 지도 모두 중국을 정복하는 한편, 유럽 지역으로 그 문화와 세력을 뻗치며 세계 제국으로 성장하기를 꿈꾸었던 원나라의 야망과 문화 역량을 담고 있는 귀중한 자료이다. 이들 지도에는 아프리카, 유럽, 아시아의 강역이 그려져 있는데, 「혼일강리도」의 경우는 역사적으로 존속하고 소멸했던 여러 국가의 수도에 대한 정보를 담았다. 그러니까 「혼일강리도」는 역사지리도적인 성격도 겸하고 있었다.

조선에서 만들어진 지도는 이회가 그린 「조선팔도도朝鮮八道圖」일 가능성이 크다. 이 지도는 1402년 5월에 작성되었다. 일본 지역을 그리기 위해 참고한 자료는 1401년 봄 박돈지朴敦之가 일본에서 가져온 「행기도行基圖」로 추정된다.

「혼일강리역대국도지도」는 한눈으로 세상을 조망할 수 있게 하는 매체였다. 문 밖을 나서지 않고도 천하를 알 수 있는 정보가 여기에 들어 있었다. 세계의 지리가 원형 그대로 파악되니, 조선은 물론이고 멀고 가까운 거리에 있는 여러 나라를 누운 자리에서 유람하며 즐길 수도 있을 터였다. 권근이 "문 밖을 나가지 않아도 천하를 알 수 있다"고도 하고 "은퇴하게 되면 이 지도를 통하여 '와유臥遊'를 할 수 있을 것"이라고 한 것은 이 지도에 대한 상찬의 수사만은 아니었다.

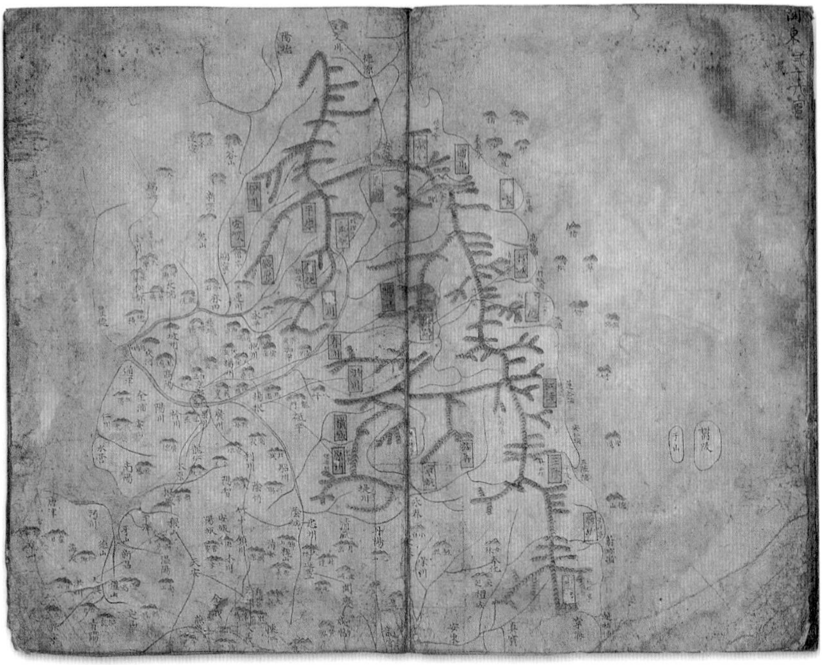

「조선팔도도」(이모본), 이회, 종이에 채색, cm, 고려대박물관. 년 이회가 만든 전국지도로, 조선시대 최초의 지도이다. 특히 그가 만든 세계지도 「혼일강리역대국도지도」의 조선 부분이 이 지도를 기본으로 한 것으로 알려져 그 특성을 살필 수 있다. 원본은 전하지 않는다.

자존自尊과 자대自大의 조선

조선에서 중국과 한반도를 합친 지도를 만든 힘은 새로운 국가의 틀을 잡기 위해 치열하게 움직였던 이 시기 조선의 기운 넘치는 역동성에서 나왔을 것이다. 서울로 새롭게 도성을 정하고, 궁궐과 사직·종묘를 만들며, 국가 경영을 위한 제도와 규범을 만들어나가는 팔팔한 기운이 이 거대한 규모의 지도에서도 느껴진다. 세계를 한눈에 파악하고 나라를 다스릴 안목을 얻으려는 의식이 거기에 작용하고 있었다. 권근이 "지도를 보고서 지역의 멀고 가까움을 아는 것 또한 나라를 다스리는 데에 한 도움이 되는 것이니, 두 분이 이 지도에 정성을 다한 데서도 그 규모와 국량의 방대함을 알 수 있다"고 한 것은 이 지도가 정치적인 의미를 강하게 지니고 있었음을 말해준다. 지도를 그냥 아무런 목적 없이 만든 것이 아니라, 나라를 다스림에 있어 참고할 자료를 확보하기 위해서 제작했던 것이다.

그렇다 할지라도 이 시기에 이러한 지도를 만드는 능력이 한순간에 불쑥 솟은 것은 아니었다. 이미 고려 공민왕대에도 이와 비슷한 지도가 만들어진 바 있다. 사농소경司農少卿 나흥유羅興儒가 중원中原 및 고려의 지도를 만들어 공민왕에게 바친 것이 그것이다(『고려사』 권114, 열전 27, 나흥유). 무엇으로 이름 붙였는지는 알 수 없지만, 이 지도는 유사 이래 다양하게 나타났던 여러 국가의 건국과 멸망, 영토의 분리와 통합의 자취를 담고 있었다. 고려와 중원의 너른 강역을 살피고 그 지역 위에 펼쳐진 역대 여러 국가의 흔적을 이해할 만한 정보를 한눈에 제공하는 것이었으리라 짐작된다. 그가 공민왕에게 이 지도를 바치면서 "옛것을 좋아하며 학문이 넓고 바른 군자君子가 보면 가슴속에 천지天地가 담깁니다"라며 자신했는데, 그것은 빈말이 아니었을 것이다. 이 지도를 조선 사람들이 활용해서 「혼일강리역대국도지도」를 만들었다는 이야기는 없다. 하지만 중국 대륙과 고려가 포함된 지도를 만들고자 했던 그 경험이 문화 전통으로 이어지며 재현되었을 것으로 짐작하는 것은 어렵지 않다.

「혼일강리역대국도지도」에 그려진 세계는 사실적이면서 동시에 비사실적이다. 가령 아프리카와 유럽은 비교적 본래의 땅 모양과 유사하다. 반면 인도와 인도차이나의 형상은 실제의 모습과는 거리가 멀게 그려졌다. 조선의 지형은 비교적 정확하여 실제 모습과 흡사한 데 반해, 그 비율에서만큼은 중국이나 일본에 비해 지나치게 크게 그려졌다. 한편 이 지역의 지도는 중국이나 일본 지역과는 달리 산과 물길의 흐름을 뚜렷하게 표시하고 있다. 조선의 지도를 덧붙여 만든 흔적이 선명하게 드러난다. 또한 원의 지도 제작 방식과 조선의 그것이 달랐다는 사실도 여실히 보여준다. 일본은 크기도 부정확할뿐더러 본래의 형상을 갖추지 않고 흐트러져 있다.

지도에서 확인할 수 있는 이러한 모습은 「혼일강리역대국도지도」의 제작을 지탱하는 실력과 역량을 보여준다. 지도를 사실적으로 그린다는 측면에서 본다면 크게 미흡했음을 알 수 있다. 그러나 이 지도에는 지도 제작 능력과는 별도로 지도를 만드는 사람들의 세계관이 작용하고 있었던 것으로 판단된다.

'혼일강리역대국도지'라는 이름에서 보듯, 이 지도는 중국을 중심에 두며 만들어진 원대 지도 제작자들의 생각을 그대로 받아들이고 있다. 조선이 다른 나라에 견주어 지나치게 큰 것은 조선에 대한 조선 사람들의 자부심 혹은 조선을 중시하는 마음과 연결되어 있을 것이다. 조선을 중국 중심의 세계질서로 편입시키고, 중국 문화를 적극 수용하며 변화하는 것을 조선 사람들은 매우 의미 있게 생각했지만, 한편으로는 조선 고유의 역사와 문화 전통에 대해서 대단한 자부심, 자의식을 지니고 있었다.

일본의 지도가 원형과 다르게 묘사된 것은, 작은 규모의 지도에

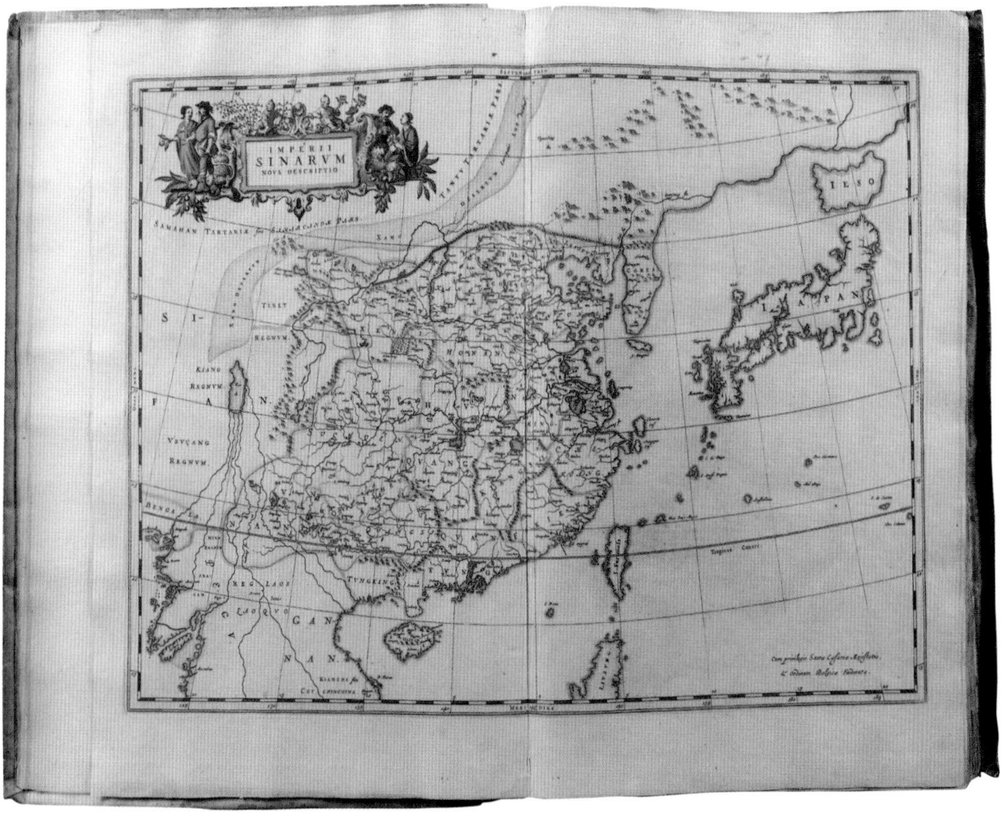

『중국지도첩』, M 마르티니, 58.3×37.2cm, 1655. 특정 지역의 인식은 그 지역에 대한 관심도, 정보와 연관된다. 16~17세기 서구인들이 그린 조선 지도는 이때까지만 해도 그들의 조선에 대한 관심이 그다지 크지 않았음을 보여준다.

보다 효율적으로 일본을 그리기 위한 기술적인 시도로 읽을 수 있다. 한반도에서 동남쪽으로 많이 비껴나 있는 일본은 한반도의 남쪽으로 약간 틀어서 배치하면 지도의 크기를 줄일 수 있게 된다. 그러나 일본의 크기를 줄인 것은 일본을 작은 나라 혹은 문화 역량이 뒤떨어지는 나라로 생각한 이 시기 조선 사람들의 생각이 반영된 것일 수 있다.

이와 같이 본다면 이 지도는 기존의 세계지도에 대한 지식, 그리고 기존 세계질서의 틀 속에 조선을 당당하게 위치지으려는 자의식이 만들어낸, 조선 사람들의 자존·자대의식의 산물이었다.

『해동제국기』는 조선과 동아시아를 어떻게 그렸나

15세기 조선 사람의 세계에 대한 생각을 잘 알려주는 또 다른 자료는 1471년(성종 2) 신숙주가 왕명을 받아 작성한 『해동제국기海東諸國記』이다. 1443년(세종 25)에 사신으로 일본에 다녀온 신숙주의 개인적인 경험을 바탕으로 이 시기 조선과 일본, 유구 사이를 오갔던 사람들이 수집한 내용이 일목요연하게 정리되어 있다.

해동제국이란 문자 그대로는 동쪽 바다에 있는 여러 나라를 뜻하지만, 이 책에서는 일본·유구국琉球國(류큐국)을 주로 다루었다. 일본과 유구국에 관한 지도, 이들 역사와 풍속 등이 정리되어 있다. 이 책은 처음 만들어진 뒤 몇 차례 증보되었다. 처음 만들었을 때의 구성은 다음과 같다.

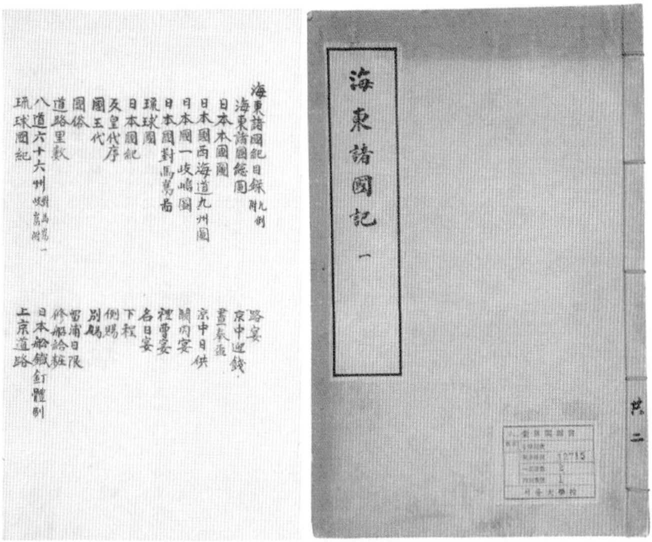

『해동제국기』, 신숙주, 1471, 규장각한국학연구원. 1443년 서장관으로 일본에 다녀온 신숙주가 왕명에 의해 편찬한 책이다. 일본과 유구국의 지세나 국정, 외교 연혁 그리고 풍속 등을 상세히 담고 있어 이들 나라와의 외교에 필수 참고서로 활용되었다.

지도

해동제국총도海東諸國總圖

일본본국도日本本國圖

일본국서해도구주도日本國西海道九州圖

일본일기도도日本壹岐島圖

일본국대마도도日本國對馬島圖

유구국도琉球國圖

본문

일본국기日本國紀

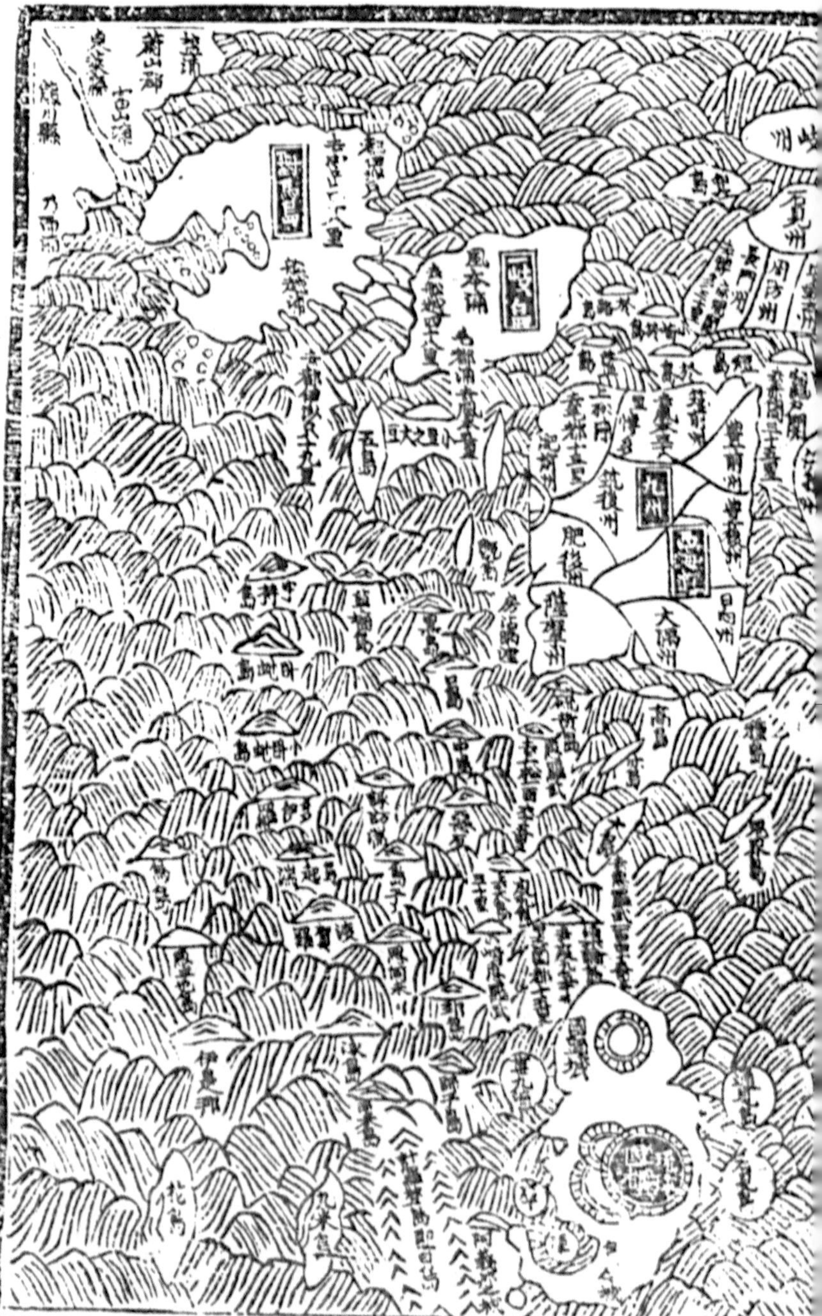

長門州
周防州
豐前州
筑後州
肥後州
薩摩州
大隅州
日向州

海東諸國總圖

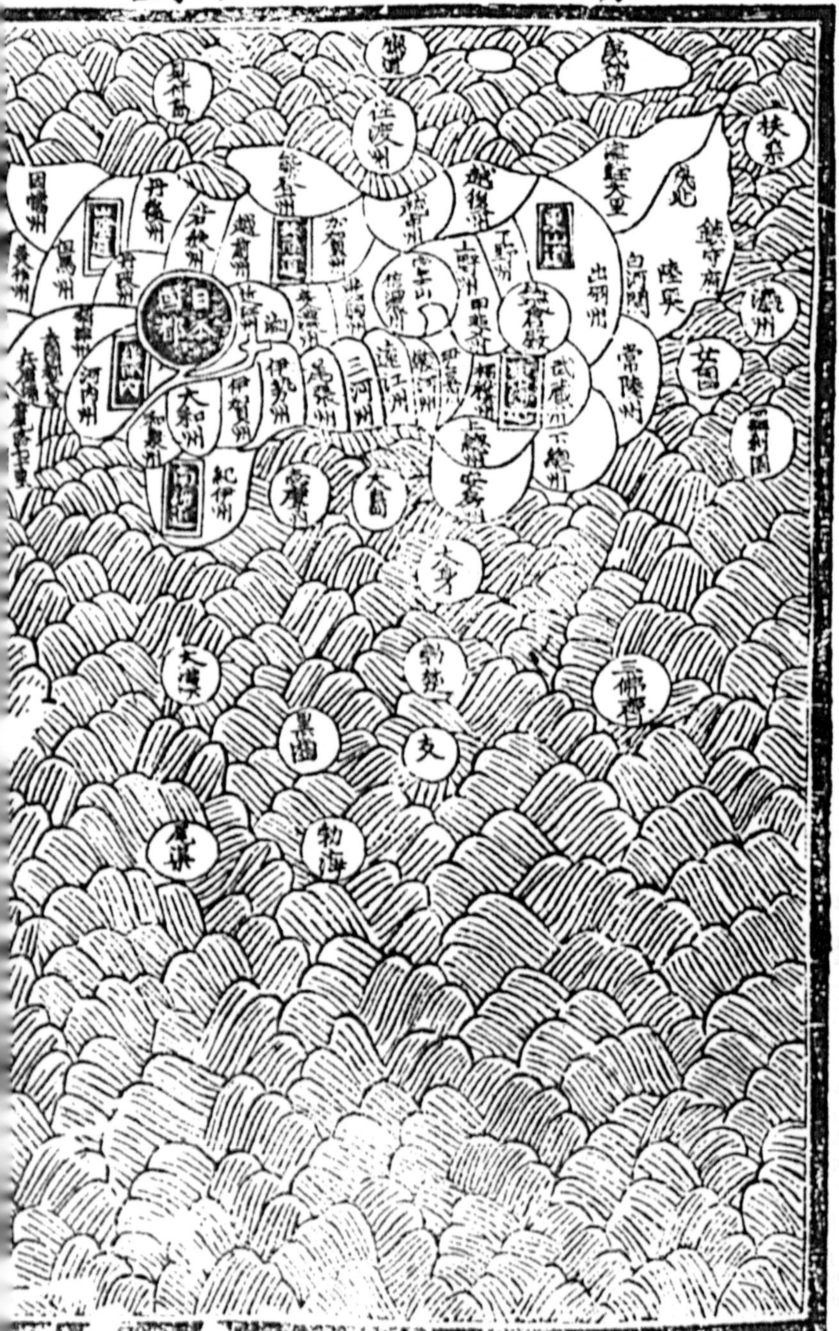

『해동제국기』(목판본)에 실린 「해동제국총도」, 서울대 중앙도서관.

유구국기琉球國紀

조빙응접기朝聘應接紀

이후 내용이 더 첨가되었다. 1474년 예조좌랑 남제南悌가 「제포지도薺浦之圖」 「부산포지도富山浦之圖」 「염포지도鹽浦之圖」 등 지도 3매를 더하고, 1501년(연산군 7) 성희안成希顔이 유구 사신에게서 들은 일본의 국정에 관한 사실을 덧붙였다.

『해동제국기』는 일본 유구국에 관한 지리 정보와 인문 지식을 담고 있다. 지도와 서술을 통해 가능한 한 충실하게 여러 섬나라들의 모습을 그려내고자 했다. 먼저 지도를 보자.

「해동제국총도」는 조선 영역은 남해안의 울산포·염포·동래현만 그리고, 대마도·일기도·구주·일본 본토·유구국을 한눈에 들어오도록 그렸다. 이와 더불어 부상·영주·여국·나리국 등도 표기되어 있다. 모두 전설상의 지명·나라들인데, 지도에 실재하고 있는 것처럼 그려두었다.

일본 본국 지도는 66주의 경계에 맞추어 위치를 알 수 있게 했다. 즉 일본의 본토를 한눈에 조감하며 지리적인 정보를 얻을 수 있다. 경도京都에 대해서는 일본 국도라 표기하고, 국왕성과 천황성 그리고 전산전畠山殿, 세천전細川殿 등 다섯 궁전을 표기해두었다. 가마쿠라 막부가 위치하고 있는 지역에 대해서는 '겸창전鎌倉殿'이라 적어 이곳이 경도와는 명확히 구분되는 곳임을 드러냈다.

「일본국서해도구주도」 「일본일기도도」 「일본국대마도도」는 조선에서 일본 본토로 갈 때 반드시 거치게 되어 있는 중요한 곳들이다. 지역별로 별도의 지도를 만들어 그 지역의 형세와 지명, 여러

『해행총재』에 실린 「유구국지도」, 조선후기, 국립중앙도서관. 『해동제국』에 실린 「유구국도」와 비슷한 형태를 하고 있다. 18세기 조선 사람의 일본에 대한 인식을 엿볼 수 있다.

日本國對馬島之圖

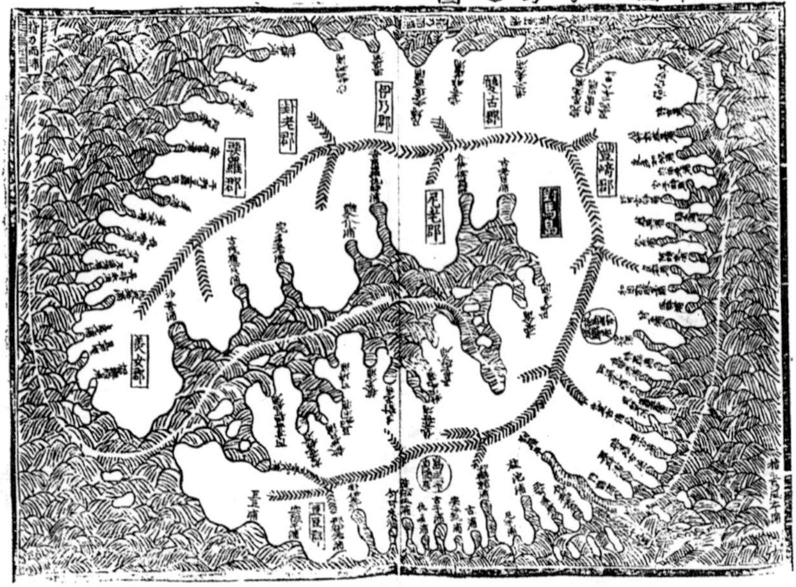

日本國一岐島之圖

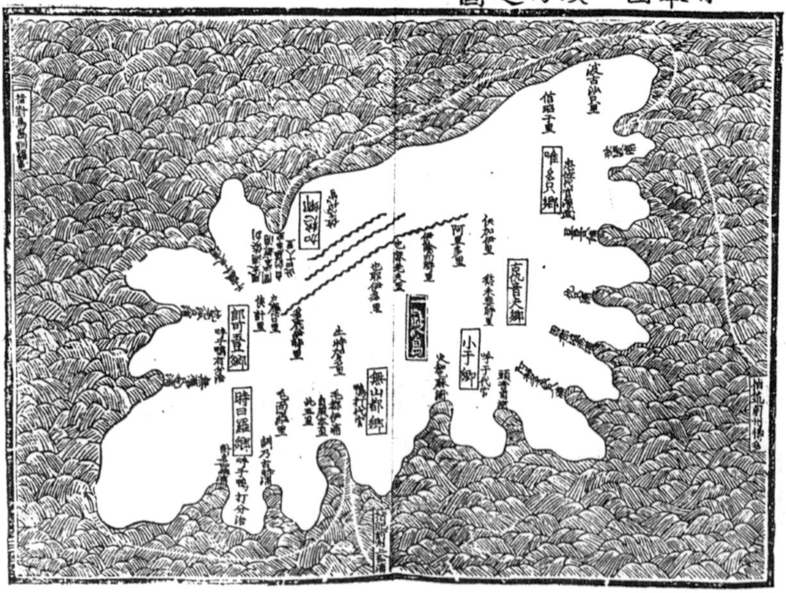

『해동제국기』(목판본)에 실린 「일본국대마도도」(위)와 「일본일기도도」, 서울대중앙도서관.

섬들, 항해로를 자세히 알 수 있도록 해두었다.

「유구국도」는 독립 국가 '유구'의 실체를 잘 드러내고 있다. 유구국도를 비롯한 이 나라 여러 지역과 섬들이 뚜렷하게 그려져 있다. 다만 이곳에서 중국 혹은 남쪽의 인도차이나 방향으로 가는 행로에 대해서는 아무런 내용도 기술되어 있지 않다. 「해동제국도」의 시선이 그 지역으로까지 넓게는 미치지 않았던 것이다.

일본에 대해서는 천황의 역사, 막부의 역사, 풍속 등을 중심으로 서술했다. 어느 경우나 특별한 논평 없이 사실 그대로 기술하려 했다. 천황의 세계世系에 대해, 일본에서는 '천신天神 7대, 지신地神 5대를 거쳐 인황人皇으로 권력의 축이 이동해왔다고 이해한다'고 하고, 인황의 시조인 신무천황神武天皇부터 당대의 천황까지 세세하게 정리했다. '만세일계萬世一系'로 이야기되는 일본 천황가의 내력을 한눈에 볼 수 있다.

한편 막부를 이끌고 있던 일본의 실력자 대장군에 대해서는 그를 '국왕'으로 이해하며 그와 연관된 사실들을 기록했다. "그 나라 안에서는 감히 국왕이라 부르지 못하고 다만 '어소御所'라고만 부른다. 명령하는 문서는 '명교서明教書'라고 한다. 국왕은 매년 정월 초하룻날에 대신을 인솔하고 천황을 한 번 뵐 뿐 보통 때는 서로 접촉이 없다. 천황은 나라의 정치나 이웃 나라와의 외교에 전혀 관여하지 않는다." 『해동제국기』에서 일본의 국왕은 천황과는 다른, 내정과 외교를 대표하는 인물이었다. 하지만 이 책은 일본의 국왕이 왜 천황을 대리하여 이러한 위치에 서게 되었는지에 대해서는 자세하게 설명하지 않았다.

일본의 풍속 또한 특기할 만한 내용을 중심으로 기록했다. 중요한 내용을 몇 가지 추리면 다음과 같다.

• 천황의 아들은 그들의 친족과 혼인하고 국왕의 아들은 여러 대신들과 혼인한다.

• 여러 대신의 관직은 세습시킨다.

• 형벌에 태형笞刑이나 장형杖刑은 없고, 혹 재산을 빼앗기도 하고 혹 유배를 보내기도 하며, 죄가 무거우면 죽인다.

• 매년 정월 초하루, 3월 3일, 5월 5일, 6월 15일, 7월 7일, 7월 15일, 8월 1일, 9월 9일, 10월 돼지날亥日을 명절로 여겨, 신분의 고하를 막론하고 각기 마을 사람들과 친족이 모여서 잔칫술을 마시고 즐긴다.

• 남자들은 머리를 자르고, 단검을 차고 다닌다. 남녀 모두 얼굴을 단장하는 자는 이빨을 검게 물들인다.

• 남녀 가릴 것 없이 그들의 나라 글을 알며 오직 중들만이 경서를 읽어서 한자를 안다.

「슈리귀족도」, 종이에 채색, 83.7×44.2cm, 도쿄국립박물관. 유구국 귀족의 전형적인 모습이다. 이들 귀족은 왕부가 향유했던 최고의 문화를 누릴 수 있었는데, 그림에서 귀족의 세련된 옷차림을 볼 수 있다.

『해동제국기』는 조선에서 일본까지의 거리를 여정별로 자세히 기록했다. 경상도 동래 부산포로부터 대마도의 도이사지까지 48리이며, 교토의 왕성까지는 323리였음을 알 수 있다. 일본의 1리는 한국의 10리에 해당되었다고 한다.

동아시아의 먼 나라 유구국

유구국에 대해서는 「해동제국총도」 「유구국도」를 통해 동아시아 세계 속에서 차지하는 이 나라의 위치, 그곳의 구체적인 지형을 확인할 수 있다. 그러나 『해동제국기』의 유구국 관련 정보는 일본에 비해 소략하다. 이 책의 찬자는 유구가 멀리 떨어져 있어 그 자세한 내용을 알 수 없으므로, 우선 그들이 조선으로 조빙 왔을 때 부르던 칭호와 순서를 기록해놓아 훗날의 고찰을 기다린다고 했

다. 조선으로 오는 사신 행차를 '조빙'으로 표현하여, 유구국보다 조선이 상국上國임을 과시했다. 『해동제국기』 속의 유구의 모습은 다음과 같다.

•사신의 역사와 유구국까지의 거리

1392년 이래 매년 사신이 오며, 국왕 찰도는 "유구국 중산왕中山王이라고 부른다.

찰도는 방물方物을 성실하게 바치며, 사신으로는 혹 자기 나라 사람을 보내기도 하고, 혹 일본의 상인으로 그 나라에 있는 자를 사신으로 삼기도 한다. 그 나라에서 보내는 문서의 명칭이 일정하지 않고, 법식도 일정하지 않다. 대마도-동래현의 부산포까지 모두 543리이다.

조선과 교류했던 유구국 사신들의 행렬이다. 「유구사절에도상경도」, 문유, 종이에 채색, 28.9×523.9cm, 1843, 도쿄국립박물관.

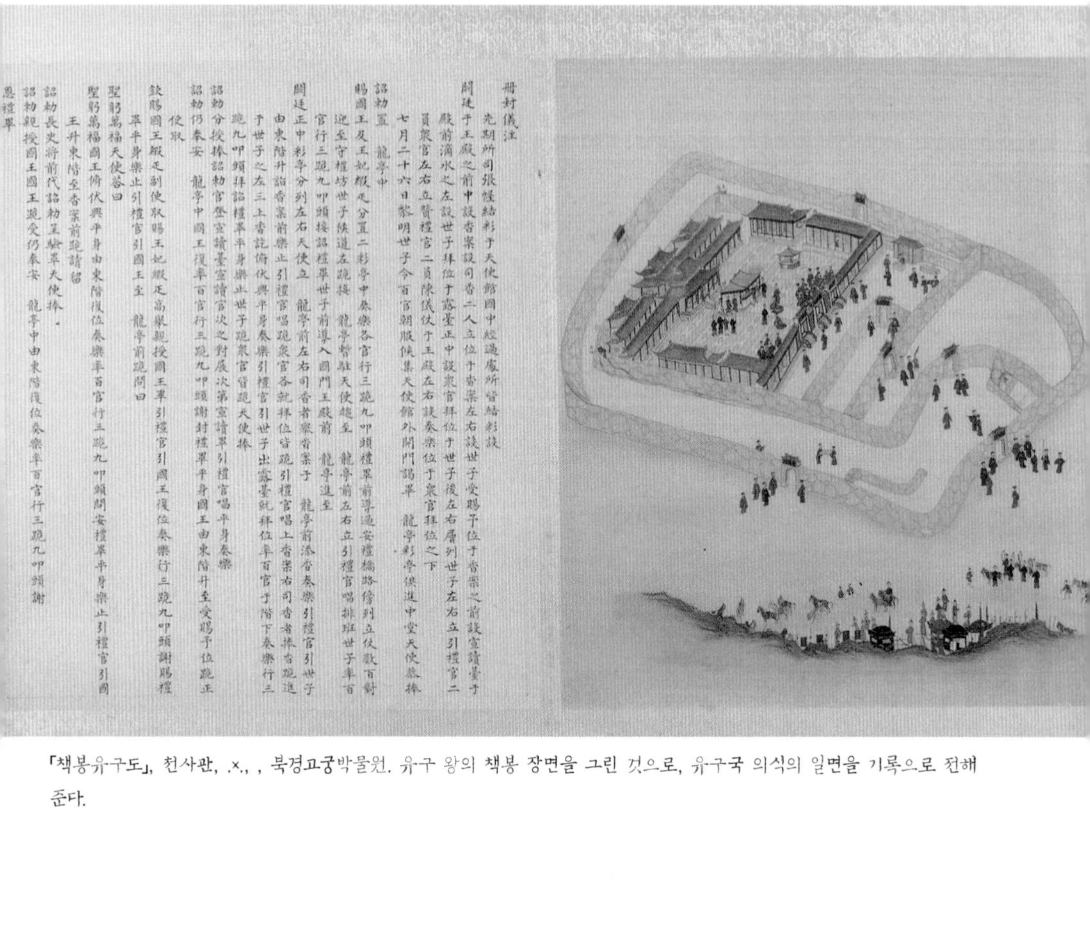

「책봉유구도」, 천사관, .×., , 북경고궁박물원. 유구 왕의 책봉 장면을 그린 것으로, 유구국 의식의 일면을 기록으로 전해준다.

• 유구의 지형과 특산

나라가 남해 가운데 있다. 남북이 길고 동서는 짧다.

수도에는 석성石城이 있고 다스리는 섬은 대강 36개이다.

유황이 생산되는데, 아무리 캐도 끝이 없다. 해마다 중국에 사신을 보내어 유황 6만 근과 말 40필을 바친다.

• 정치제도, 생업, 나라의 풍속

국왕은 누대樓臺에서 살며 다른 나라 사신에게 연회를 베풀 때는 임시 누각을 만들어 그들과 상대한다. 중국이나 우리나라의 국서國書가 오면 깃발을 들고 나와 맞이한다.

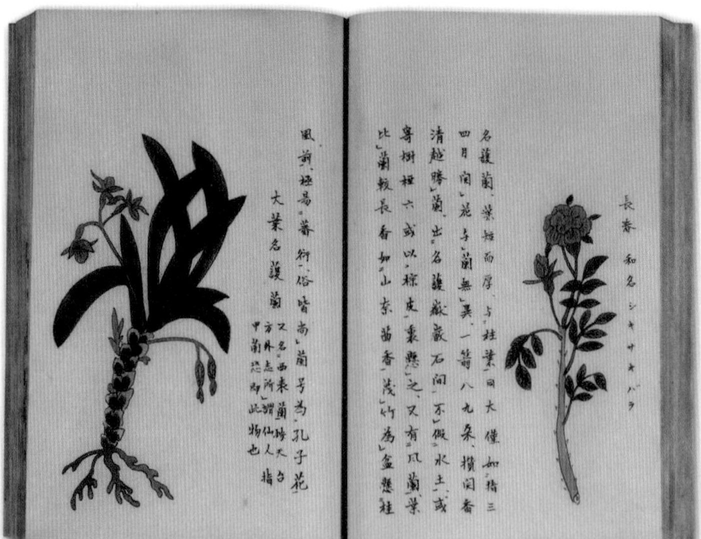

『중산물산고』, 전촌등田村登 편, 29.5×21cm, 류큐대부속도서관. 유구의 지명과 특산물, 동식물, 물산 등에 대해 기록해놓았다.

오군통제부, 의정사, 육조 등이 있다.

땅은 좁고 인구는 많기 때문에 바다에 배를 타고 다니며 장사하는 것을 직업으로 삼는다. 서쪽으로는 남만南蠻 및 중국과 통하고, 동으로는 일본 및 조선과 통한다. 일본과 남만의 상선들도 국도의 항구에 모여들며 이 나라 사람들은 항구 주변에 점포를 설치하고 교역을 한다.

땅의 기후는 항상 따뜻하다.

논에서는 일 년에 두 번씩 수확을 한다.

『해동제국기』, 냉혹한 현실 혹은 인정의 세계

『해동제국기』는 일본과 유구국을 이해하기 위한 책이었다. 즉 조선의 외교적 목적을 충실히 반영하고 있다. 그런 점에서 이 책은 냉혹한 현실을 담고 있다고 할 것이다. 신숙주가 지은 서문은 이를 잘 보여준다. 신숙주는 일본을 오랑캐로 이해하고 그러한 입장을 견지하며 나라 밖 오랑캐를 잘 다룰 방도가 무엇인지 고민하는 가운데 이 책을 만들었다고 했다. 일본을 법도에 맞게 진무하면 그들이 예를 갖추어 조빙하나 법도에 어긋나게 대우하면 방자하게 노략질한다고 하여 이 나라를 예에 맞추어 대우하는 것이 필요하다고 본다.

삼가 동해 가운데 있는 나라들을 살펴보건대 한두 나라가 아닙니다. 그중에서 일본이 역사가 가장 길고 제일 큽니다. 땅은 흑룡강의 북쪽

「진공선도」, 종이에 채색, 84.5×45.5cm, 도쿄국립박물관. 유구국에서 중국으로 공물을 실어 나르던 배이다. 유구국은 중국이나 조선에 조공을 하는 입장이었지만, 언제 노략질하며 돌변할지 몰라 조선은 그들을 경계하였다. 그들은 특히 배를 다루는 기술이 뛰어나 바다 위에서의 활약이 대단했다.

에서 시작해서 우리나라 제주의 남쪽까지 이르고, 유구와 잇닿아 있어서 그 지형이 매우 깁니다. (…) 대신들이 각 지역을 점거하고 나누어 다스리는 것이 중국의 봉건 제후와 같아서 심하게 통제받거나 예속된 상황은 아니었습니다.

그들은 습성이 굳세고 사나우며, 칼과 창을 능숙하게 쓰고 배를 부리는 데도 익숙합니다. 우리나라와는 바다를 사이에 두고 서로 바라보고 있는데, 그들을 법도에 맞게 진무鎭撫하면 예를 갖추어 조빙하지만, 법도에 어긋나게 하면 곧 방자하게 노략질을 합니다.

하지만 신숙주는 일본과 조선의 이러한 관계는 조선의 정치가 문란해져 자신을 다스려 세울 만한 조건을 갖추지 못한다면 결코 오래 지속될 수 없다고 보았다. 외교가 제대로 이루어지려면 내치內治·내정內政이 성공적이어야 한다는 것이다.

전조前朝(고려)의 말기에 국정이 문란해져 그들을 진무하는 법도를 잃었으므로, 변경에 환란이 생겨 바닷가 수천 리의 땅이 황폐해지고 잡초만 우거졌는데, 우리 태조대왕이 분연히 일어나 지리산의 동정, 인월, 토동 등지에서 수십 차례를 힘껏 싸운 연후에 왜적의 방자한 행동이 그치게 되었습니다. 나라를 세운 이래로 훌륭한 성군이 연이어 계승하여 정치가 맑게 다스려져 안의 다스림이 이미 융성해지니, 외방 민족들도 복속하여 질서를 지키게 되었고, 변방의 백성들도 그곳에서 편안히 지낼 수 있게 되었습니다. (…) 신이 일찍이 들으니 '오랑캐를 다스리는 방도는 밖을 정벌하는 데 있지 않고 내치內治를 잘하는 데 있으며, 변방을 다스리는 데 있지 않고 조정을 잘 다루는 데 달려 있으며, 무력을 강화하는 데 있지 않고 기강을 확립하는 데 있다'고 했으니, 그것이 여기서 증명된 것입니다.

『해동제국기』는 냉혹한 현실을 담은, 목적이 뚜렷한 책이었다. 여러 장의 지도, 간략한 서술을 통해 조선과 이웃하고 있는 나라들의 기본 정보를 요령 있게 담아내고 있던 것도 달리 원인을 찾을 일이 아니었다. 이 책이 무미건조한 서술 속에 객관적인 정보만 담고 있을 뿐 오가는 사람들이 가졌던 정감 넘치는 소통의 흔적을 남기지 않은 것도 이 때문일 것이다.

하지만 사람이 사람을 만나는 일이 어디 그렇게 무덤덤하게 이루어졌겠는가? 사신으로 온 외국인과 사신을 접대한 조선 사람 사이에 혈맥이 통하는 만남은 얼마든지 있었을 것이다. 실제 신숙주가 "유구국의 사신인 동자단東自端"에게 준 시는 두 사람의 만남이 단순히 의례적, 외교적인 것 이상이었음을 보여준다.

조선에 왔던 유구국 사신 승려 동자단은 일본 불교계의 이름난 인물이었다. 유구국 국왕이 그에게 세조를 빙문聘問하는 일을 부탁하여 조선에 왔다고 한다. 신숙주는 여러 사신을 접하고 겪어보았지만 동자단같이 훌륭한 사람은 만나지 못했다. 그리하여 헤어지는 날, 그에게 시를 주었다.

불교계의 뛰어난 자 오직 그대이니
예禮와 시詩에 능하다고 모두들 칭송하네
만 리 밖 국왕의 편지는 신의를 전하고
여러 해 항해해서 오니 이름과 공로가 길이 남네

다행히 주량이 같아 술잔을 권하고
고상한 회포에 취미가 같음을 기뻐하네
한번 작별하면 어느 때에 다시 손을 잡을지
큰 파도 넓고 넓어 구름 겹겹이 막혔으니

망망대해를 넘어와 만난 사람을 언제 다시 만날 수 있을까? 이 시에는 그 막막함이 배어 있다. 표현되지는 않았지만, 아마도 『해동제국기』의 갈피 갈피에도 이 감정은 배어 있지 않았을까?

2장

바람 따라 물결 따라 표류한 조선 선비

최부의 『표해록』으로 본 중국 강남 견문

조계영

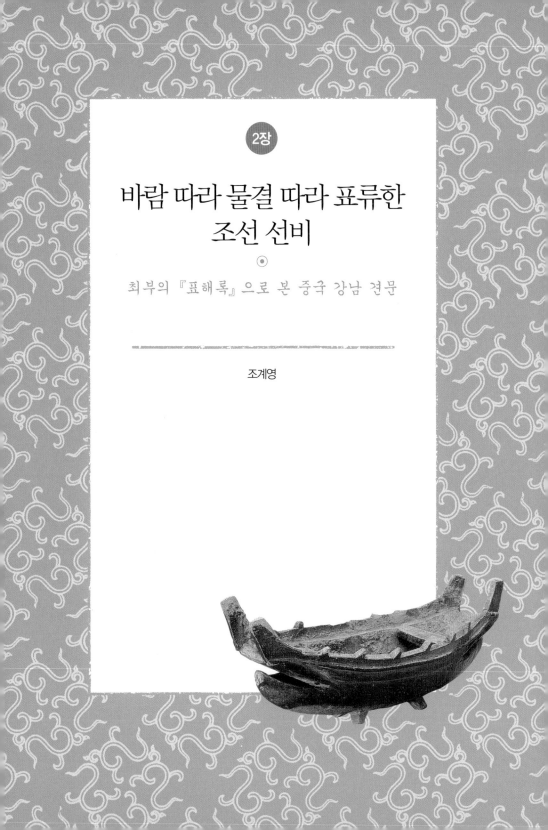

뜻하지 않은 표류, 무엇을 어찌해야 하나

반복되는 일상이 더 이상 견디기 힘들어지는 순간, 천재지변이라도 일어나버렸으면, 그래서 그냥 넋 놓고 좀 쉴 수 있었으면 하고 간절히 바라는 밤이 있다. 그러나 어김없이 아침 해는 떠오르고, 일상은 시작되고, 그 수레바퀴 밑으로 빨려 들어가는 세월이 흐른다. 때로 삶은 그 반대이기도 하다. 잘해내고 싶은 욕심이 새록새록 자라고, 일상이 행복으로 번져갈 때 일상의 궤도를 벗어난 뜻하지 않은 사건이 발생한다. 청천벽력 같은 소식에 어찌할 바를 모른 채 넋을 잃었다가 가슴을 쓸어내리고 결단해야만 아침 해를 맞는 그런 순간도 있다. 아마 1488년 제주도에서 출발해 표류한 최부가 그렇지 않았을까? 그와 함께 15세기 중국 강남으로 표류해 보자.

500여 년 전인 1487년(성종 18) 11월, 전라도 나주 출신의 조선 선비 최부崔溥(1454~1504)는 제주삼읍추쇄경차관濟州三邑推刷敬差官으로 파견되었다.* 최부는 11월 11일 아침, 해남현 관두량館頭梁에

朝天館
在州城東三十里石磯錯
雜於海口自成一小島填
石高築城環其上中有公
廨數十間東南城隅最高
處客館三楹縹緲半空舟
艤照耀扁曰應北亭四面
環海潮水則一方連陸因
作擧橋以通城門此乃大
小人員航海往来時待風
所也因設防護所置助防
將城周四百二十八尺高
九尺正軍二百四十一名
所管烽燧一烟臺三船泊
浦三處城下浦口至築石
埭中開水門以通船路出
入常時藏船於其內城外
下陸處有利涉亭浦村數
百戶櫛比橘林中舟楫迷
津關防形勝甲於九鎮矣

『제주십경』 중 「조천관」, 작자미상, 51.8×30.2cm, 국립민속박물관. 최부는 제주에 파견된 경차관敬差官이었는데, 부친상을 당해 고향 나주를 향해 출항하였다가 표류하여 중국 강남으로 흘러들어가고 만다.

서 배를 타 12일 저녁에 제주도 조천관朝天館에 도착했다. 최부가 제주도로 출장 온 지 두 달 반이 지난 1488년 1월 30일에, 고향 나주에서 상복을 가지고 온 종 막쇠莫金에게서 아버지가 돌아가셨다는 소식을 듣게 되었다. 제주목사 허희許熙는 수정사水精寺 승려 지자智慈의 배가 관선官船보다 튼튼하고 빠르다며 배를 구해 별도포別刀浦에 대주었다. 허희는 최부에게 튼튼한 배를 구해주어 살아 돌아올 수 있게 한 공으로 훗날 성종에게 표리表裏를 하사받았다고 한다(『성종실록』 성종 19년 7월 6일 정묘).

최부는 윤1월 3일에 장례를 치르고자 고향 나주를 향해 제주도 별도포의 조천관에서 배를 타고 출발했다. 5리쯤 가서 영선領船 권산權山과 총패總牌 허상리許尙理가 바람이 고르지 못하니 별도포로 돌아가서 순풍을 기다렸다가 다시 떠날 것을 권하였다. 그러나 진무鎭撫 안의安義는 왕명을 받든 조신朝臣은 배가 표류되거나 침몰된 적이 드무니 다시 돌아가 시일을 끌 수 없다고 반대했다. 수덕도愁德島를 지나 배를 정박시킬 추자도楸子島를 향해 힘껏 노를 저었지만, 오히려 배가 뒤로 흘러 간신히 초란도草蘭島에 닻을 내리고 임시로 정박시킬 수 있었다. 그러나 그것도 잠시뿐, 한밤중에 배가 조금씩 바다 쪽으로 밀려나는 것을 느끼고 닻을 올려보니 닻줄은 이미 끊겨 있었다.

표류한 지 이틀째, 배는 비바람과 파도에 따라 기울어졌다 떠올랐다 하면서 서서히 서해로 밀려들어갔다. 동북쪽으로 까마득히

*추쇄경차관으로는 공천公賤·호적戶籍·인물人物·노비奴婢추쇄경차관 등이 있다. 추쇄경차관의 임무는 본적지를 떠나 타향으로 이주하여 부역이나 병역을 기피한 사람이나, 상전에게 의무를 다하지 않고 다른 지방으로 도망간 노비 등을 찾아내어 본고장으로 송환하는 것이었다.

먼 곳에 흑산도가 탄환만 한 크기로 보였다. 최부는 안의를 시켜 취로取露(바닷물을 끓여 수증기를 받아 식수로 만듦)하는 일과 배를 수리하는 일 등을 독려하도록 했지만 모두 절망감에 휩싸였다. 그들은 최부를 원망하면서 애를 쓰더라도 어차피 죽기는 마찬가지라고 떠들어대며 명령을 따르지 않았다. 최부는 이들의 행동에 분개하다가 마침내 배에 같이 탄 사람들을 조사해보았다. 최부가 제주도로 출장 올 때 전라감사가 딸려 보내준 광주목의 아전 정보程保 등 수행원 6명과 안의 이하 항해와 관련된 제주 사람이 35명, 부친상을 알리러 온 종 막쇠와 최부 자신을 합치면 모두 43명이었다.

표류한 최부 일행 43명

제주삼읍추쇄경차관 최부	진무 1명: 안의
영선 1명: 권산	총패 1명: 허상리
기관記官 1명: 이효지李孝枝	초공梢工 1명: 김고면金高面
종자從子 7명: 정보·김중金重·이정李楨·손효자孫孝子·최거이산崔巨伊山·막쇠·만산萬山	관노 4명: 권송權松·강내姜內·이산李山·오산吳山
격군格軍 17명: 김괴산金怪山·소근보肖近寶·김구질회金仇叱廻·현산玄山·김석귀金石貴·고이복高以福·김조회金朝廻·문회文廻·이효태李孝台·강유姜有·부명동夫命同·고내을동高內乙同·고복高福·송진宋眞·김도종金都終·한매산韓每山·정실鄭實	호송군 9명: 김속金粟·김진음산金眞音山·고회高廻·김송金松·고보종高保終·양달해梁達海·박종회朴終回·김득시金得時·임산해任山海

최부는 부친상을 당한 자신이 자식된 도리로써 오래 지체할 수 없어 길을 재촉한 점에 대해 먼저 모두에게 이해해줄 것을 청했다. 그러고는 살고 싶고 죽기 싫은 것은 모두가 똑같으며 배가 단단하여 쉽게 부서지지 않겠으니, 바람이 가라앉고 파도가 잠잠해진다

면 비록 표류하여 다른 나라에 이르더라도 살아남을 수 있다고 독려했다. 표류라는 극한 상황에 맞닥뜨린 이들은 천태만상을 보였다. 어쩔 줄 모르고 배 안에 드러누운 이, 성내며 소리 지르는 이, 쉬지 않고 배에 들어오는 물을 퍼내는 이, 어지러워하며 쓰러져 죽기만 기다리는 이, 목을 매어 숨을 끊으려 하는 이 등 저마다의 본성을 숨기지 못했다.

풍랑, 원망과 갈등, 해적과 싸운 14일간의 표류

표류한 지 사흘째가 되자 지척을 분간할 수 없는 안개와 성난 파도가 산더미같이 일었다. 마침내 막쇠와 권송이 형세가 급박하여 희망이 없으니 최부에게 의복을 갈아입고 죽음을 맞도록 권하였다. 이에 최부는 인장과 마패를 품에 넣고 상관喪冠과 상복을 갖추고는 벌벌 떨며 손을 비비면서 하늘에 빌었다. 최부의 절절한 축원이 끝나자 배 안은 온통 울부짖는 소리로 가득했고 모두 손을 모아 하늘의 도움을 구했다.

나흘째 되던 윤1월 6일에는 큰 파도 사이로 긴 행랑채만 한 고래가 나타나 한동안 숨을 죽여야 했다. 표류 7일째에 풍랑이 잦아들자 이제는 굶주림과 목마름이 일행을 괴롭히기 시작했다. 식수를 싣고 본선을 따라오던 거룻배(돛이 없는 작은 배)는 풍랑에 표류된 뒤로 놓쳐버렸고, 뱃사람들이 성난 용신龍神에게 바치고자 의복과 군기, 구량口糧 등을 바다에 던져버려 마실 물과 밥이 없었다. 최부는 배에 남아 있던 황감黃柑 50여 개와 청주 두 동이를 손효자孫

孝子에게 맡게 하여 극도로 입이 마른 사람에게만 조금씩 나누어 마시게 했다. 황감과 술이 모두 없어지니 어떤 사람은 마른 쌀을 잘게 쪼개 씹고 제 오줌을 받아 마셨지만, 얼마 안 가 오줌마저 나오지 않고 가슴속이 건조해져 목소리를 낼 수 없는 등 거의 죽을 지경에 이르렀다. 때마침 비가 내려 최부는 간수해둔 옷 몇 벌을 찾아내어 최거이산崔巨伊山에게 비에 적신 뒤 이를 짜게 하니 몇 병이 되었다. 이 빗물을 숟가락으로 나누어 마시게 하여 가까스로 혀를 움직이고 숨을 쉴 수가 있었다.

표류 10일째에 큰 섬에 이르렀는데, 두 척의 배가 다가왔다. 최부는 중국말로 떠들어대는 사람들에게 종이에 글을 써 조선 사람임을 밝히고, 이곳이 절강성浙江省 영파부寧波府 관할의 하산下山이라는 섬임을 알게 되었다. 해적들은 칼로 최부의 옷고름을 끊고 옷을 벗겨 알몸으로 만든 뒤 결박하여 몽둥이로 때리며 금은을 내놓으라고 협박했다. 해적 두목은 최부의 머리채를 끌어당겨 거꾸로 매달고 최부의 목을 베려고 했다. 그러나 해적은 배 안에 금은이 없음을 확인하고 의류와 식량을 뺏은 다음 닻과 노 등을 끊어 바다에 던지고 큰 바다 가운데로 끌어다놓고 도망쳤다.

망망대해에서 다시 표류하기 시작해 나흘째 되던 날인 윤정월 16일에 동풍을 타고 산 위에 봉수대烽燧臺가 늘어서 있는 해안으로 밀려갔다. 어항漁港에선 6척의 배가 정박하고 있다가 최부의 배를 발견하고 이내 곧 둘러쌌다. 최부는 필담을 통하여 이곳이 절강성 태주부台州府 임해현臨海縣 우두산牛頭山 앞바다인 것을 알았다. 여섯 척의 배가 둘러싼 가운데 배 안에서 하룻밤을 지새운 다음 날 아침인 윤1월 17일, 최부 일행은 빗속을 뚫고 배를 내려둔 채 숲속

최부 일행이 표류하며 당도했던 절강성 항주의 풍경을 그린 18세기 비단 그림.

오늘날에도 활발히 이용되고 있는 운하.

으로 도망쳤다. 이로써 표류한 지 15일째에 중국 땅에 발을 내딛게 되었다. 최부는 일행을 모아놓고, 생사의 괴로움을 함께하여 골육과 다름없으니 이제부터 서로 보호하여 한 사람의 목숨도 잃어서는 안 되며, 앞으로 예의바르게 행동하여 단결함으로써 위기를 극복하자고 훈시했고, 일행은 분부대로 하겠다고 약속했다. 육지를 따라 6~7리를 가니 마을이 나왔는데, 그곳 사람들은 최부 일행을 해적으로 의심하여 마을에 머무르지 못하게 몽둥이와 칼을 들고 징과 북을 치면서 교대하며 호송했다.

비가 쏟아지는 가운데 이틀 밤낮을 이 마을에서 저 마을로 내몰리면서 19일에 해문위海門衛 도저소桃渚所에 도착했다. 이곳에서 최부 일행은 처음 배를 댄 곳이 사자채獅子寨의 관할지이며, 수채관守寨官(채寨의 방어를 맡고 있는 지휘관)이 최부 일행을 무고하여 왜선 14척으로 변경을 침범하여 약탈한 것으로 몰아 목을 베어 바침으로써 공을 세우려 했다는 것을 알게 되었다. 중국의 변경은 잦은 왜적의 침탈을 막기 위해 비왜도지휘備倭都指揮와 비왜파총관備倭把摠官을 두어 방비했으며, 만약 왜적을 잡는다면 모두 먼저 목을 베고 나중에 보고하도록 되어 있었다. 그런데 군사를 거느린 수채관이 최부를 잡아 목을 베려던 참에 최부 일행이 먼저 배를 버리고 사람이 많은 마을로 들어갔기 때문에 그들이 계략을 펴지 못했던 것이다. 만일 이때 최부 일행이 몰래 상륙하지 않았더라면 모두 몰살당했을 것이다.

대운하를 거슬러 오르며 강남江南을 체험하다

'아는 만큼 보인다'고 했던가. 예나 지금이나 여행은 누가 언제 어디로 여행하느냐에 따라 느끼는 바가 달라진다. 특히 어떠한 여건과 상황에서 여행하고 있는가에 따라 그 맛과 색이 좌우된다. 15세기에 조선의 공식적인 국가 외교사절단인 연행사행이나 통신사행이 아니라면, 이국의 새로운 문물을 체험할 수 있는 유일한 길은 목숨을 담보로 한 표류였을 것이다. 표류한 이들은 자신들이 원했던 바는 아니지만 결과적으로 세계여행을 떠난 셈이었다. 그렇다면 중국에 표착한 표류민으로서 서른다섯 살의 조선 선비 최부는 무엇을 느끼고 깨달았을까?

최부 일행은 윤1월 19일부터 22일까지 도저소에 머물러 심문을 받고 나서 비로소 왜구의 혐의를 벗었고, 이후 건도소健跳所와 영파寧波·소흥紹興을 거쳐 절강성의 성도省都인 항주杭州로 이송되었다. 소흥에서 장강에 이르기까지 최부가 지나온 항주·소주·상주 일대는 중국에서 이른바 '강남'으로 불리는 지역이다. 경제와 문화가 가장 발달한 지역으로서 그곳의 우월한 지위는 최부가 이곳을 지나갔던 15세기 명대는 물론 19세기의 청대 말기까지 이어진다. 우리 속담에 "친구 따라 강남 간다"나, "강남 갔던 제비"에서의 '강남'은 바로 이곳을 가리키는 말이다.

항주에 수도를 두고 있던 남송시대만 하더라도 고려와 바다를 통한 교류가 빈번하게 이루어졌지만, 13세기 몽고족이 중국을 정복하여 원元(1271~1367)이 수도를 북경에 두자 사정은 달라졌다. 그 뒤 명明(1368~1662)이 남경南京을 도읍으로 삼았다가 1421년에

최부는 뜻하지 않은 표류로 강남을 제대로 견문하게 되었다.
그림은 명나라 때의 남경의 모습. 『남도번회도권南都繁會圖卷』, 명나라, 중국 국가박물관.

當
酒
酒
西北両口皮貨發客
東西両洋貨物俱全
東西両洋貨物俱全
天之美祿

영락제永樂帝가 북경으로 천도하기까지의 50여 년이 조선에서 봉명사행奉命使行으로 강남을 기행할 수 있었던 시기였다. 특히 명청시대에는 조공무역을 제외한 자유무역이 허용되지 않았다. 따라서 조선 사람들은 육로로 요동을 경유하여 북경만을 왕래했을 뿐, 황해를 통해 강남과 교류할 수는 없었다.

15세기 이후 실제로 강남을 둘러본 조선인은 거의 없었다. 따라서 중국 강남은 조선 선비에게는 동경과 미지의 땅이었다. 조선 선비의 강남에 대한 동경은 '강남열江南熱'과 '서호도西湖圖'로 표출되었고, 현실적으로 표류가 아니고서는 갈 수 없는 땅이었다. 그런 강남을 최부는 뜻하지 않은 표류로 인해 제대로 견문할 기회를 얻게 된 것이다.

최부 일행의 여정은 태주부台州府 우두외양牛頭外洋—영파부寧波府—소흥부紹興府—항주부杭州府—소주부蘇州府—양주부揚州府—회안부淮安府—서주부徐州府—제령주濟寧州—덕주德州—천진부天津府—북경北京—산해관山海關—광녕위廣寧衛—요동遼東—의주義州—한양漢陽 청파역靑坡驛에 이른다. 최부는 평지에서는 가마나 당나귀를 탔고, 고개가 높고 길이 험한 곳에 이르면 가마에서 내려 걸었다. 강가나 바닷가에 다다르면 거룻배를 타고 건넜고 수레로 이동하기도 했다. 항주에서 북경 사이의 경항대운하京杭大運河는 15세기 초에 명의 영락제가 재개통시킨 것이었다. 최부는 대운하의 전 구간을 거슬러 오르며 6개월 동안 중국을 몸속 깊이 각인시켰다. 최부는 강남과 북경의 거리를 크게 단축시킨 서주와 북경 간의 회통하會通河를 지나며 서주徐州의 유성진留城鎭 황가갑黃家閘 위에 '미산만익비眉山萬翼碑'의 비문을 기록했다. 1458년에 세워진

중국 해남성의 지도이다. 지형뿐 아니라 풍속화처럼 인물들의 행동과 지역 풍속이 자세히 그려져 있어 실감을 더하고 있다. 강남의 대표적인 곳으로, 조선인들에게 이곳 여행은 꿈에만 그리던 일이었다. 워싱턴 D.C 국회도서관.

『노하독운도권潞河督運圖券』, 청나라, 중국 국가박물관. 중국의 대운하 시설을 볼 수 있는 한 장면이다.
최부 일행은 전 구간을 지나며 중국을 몸속 깊이 각인시켰다.

미산만익비는 최부가 이곳을 지나간 다음 해 황하의 대범람으로 마을 전체와 함께 수몰된 것으로 보인다. 따라서 이 비문은 중국 문헌에서는 찾아볼 수 없으며, 오직 최부의 『표해록』에만 남아 있는 귀중한 기록이다.

> 서주의 북쪽 황가촌黃家村의 동쪽에 산에서 흐르는 시냇물 한 가닥이 남쪽으로 흘러 갑문으로 들어가는데, 수세가 용솟음치고 돌아 흐르는 곳이 많아 모래가 밀려 내려와 쌓여 하천을 막으니, 배가 이곳을 지나는 데 항상 장애가 되어 백성들이 매우 고통스럽게 여겼다. 천순天順 무인년戊寅年(1458) 봄에 유사가 자세히 상소하여 조정에 알리니, 우리 영종예황제英宗睿皇帝께서 유업을 계승하여 이를 빛내고 전대의 공업功業을 더욱 두터이 하려고, 이에 유사를 불러 갑문閘門을 세워서 이를 통하게 하고 관직을 설치하여 이를 관리하게 하셨다. 이로부터 배가 왕래하면서 다시는 예전과 같은 우환이 없어지게 되었다.

항주에서 북경까지 최부 일행을 호송하는 사람들은 11~12명쯤 되었고, 구간마다 현지의 호송인들이 별도로 배치되어 있었다. 호송 책임자인 지휘 양왕은 문맹이었기에, 최부는 부책임자인 천호千戶 부영傅榮과 필담으로 많은 대화를 나누었다. 패현沛縣에 이르자 부영은 최부에게 "족하는 우리 대국의 제도를 보고 어떻게 생각하십니까?" 하고 물었다. 부영의 이 질문에는 대운하에 대한 자긍심이 묻어 있었다. 대운하는 강남에서 북도北都에 이르기까지 한 줄기 맥락으로서 만 리를 수로를 통해 배가 다니는 데 안전을 보장하니 백성들이 그 편리함을 누리고 있었다. 최부는 부영의 말에 전적으로 공감하면서 말하기를, "이 강의 수로가 아니었더라면 우리들은 기구한 만릿길에 온갖 고통을 겪었을 것인데, 지금 배 가운데 편안히 누워서 먼 길을 오면서도 전복될 근심이 없으니 큰 은혜를 받았습니다"라고 하였다.

최부는 대운하를 기록할 때 주州와 부府에 흐르는 강물의 방향과 합류 지점, 나아가 물 흐르는 기세까지 묘사했다. 중국의 수로에는 홍선紅船(홍유紅油로 칠한 배)이 있고 육로에는 포마鋪馬(마역馬驛에 갖춰놓은 말)가 있다. 왕래하는 사자使者·공헌貢獻·상고商賈들은 모두 수로를 이용했다. 만약 가뭄으로 인해 갑하閘河의 물이 얕아져 배가 통행할 수 없거나 빨리 달려가서 급히 보고할 일이 있으면 육로를 이용했다.

최부는 15세기의 강남을 세밀하게 관찰했다. 특히 장강 이남을 이북과 대비시켜 자세히 기록함으로써 강남사회의 특수성을 선명하게 드러냈다. 최부의 관찰 범위는 물산·산업·화폐·주택·음식·복식·풍속·산천·교통·무기 등 중국 문화 전반에 두루 미쳤다.

강남 사람들은 글 읽기를 즐겨하여 비록 마을의 어린아이나 진부津夫(관에 속한 나룻배의 사공)와 수부水夫(뱃사람)일지라도 모두 문자를 알고 있었습니다. 신이 그 지방에 이르러 글자를 써서 물어보면 산천·고적·토지·연혁에도 모두 환해서 상세히 알려주었습니다. 강북은 배우지 못한 사람이 많았기 때문에 신이 물으려고 하면 모두 '나는 글자를 모른다'고 하였으니 곧 무식한 사람들이었습니다. 또 강남 사람들은 지소池沼(못과 늪)와 하천의 일로 직업을 삼으므로 거룻배에 종다래끼를 싣고 그물과 통발로 물고기를 잡는 사람들이 떼를 지었는데, 강북에서는 제령부濟寧府의 남왕호南旺湖 등지 외에는 물고기를 잡는 도구를 보지 못하였습니다. 또 강남의 부녀들은 모두 문밖을 나오지 않고 주루朱樓에 올라 주렴珠簾을 걷고 밖을 바라볼 뿐이며 길을 다니거나 밖에서 일하는 자가 없었는데, 강북은 밭 매는 일이나 노 젓는 일들을 모두 부녀자들이 직접 하였습니다. 서주와 임청 같은 지방의 부녀들은 화려하게 단장을 하고 몸을 팔아 생활을 하는 풍조가 있었습니다.

최부가 피부로 느낀 '홍치신정弘治新政'

명조明朝의 제8대 황제로 홍치제弘治帝라 불리는 효종孝宗이 1487년 8월에 제위에 올랐다. 효종은 즉위하자마자 부황父皇 헌종憲宗의 재위 시절에 만연했던 폐정弊政을 혁파하기 위한 조처를 단행했다. 이 시기를 명사明史에서 '홍치중흥弘治中興' 또는 '홍치신정弘治新政'이라고 말한다. 최부는 1487년 9월 17일에 제주삼읍추쇄경차관의 임무를 받고 대궐에 하직했다. 그리고 11월 12일 제주도에 도착하여 업무를 수행하다가 1488년 윤 정월 3일에 표류했다. 아마도 최부는 효종의 즉위 사실 정도만 알고 있는 상태에서 표류하게 되었을 것이다.

윤1월 22일에 도저소로 끌려간 최부 일행은 파총관 유택劉澤의 심문을 받았다. 최부가 사실대로 작성한 공술서를 읽은 파총관은 하산에서 해적을 만난 일과 선암에서 구타당한 일 등 몇 대목을 삭제하고 새로 쓰도록 요구하였다. 최부가 공술서를 고치라는 요구에 불만을 표하자, 파총관의 부하 설민薛旻은 몰래 글을 써 보이면서 다음과 같이 설명했다.

> 지금 황제께서 새로 즉위해서 법령이 엄숙하니 만약 당신이 전일에 진술한 공술서를 보신다면 황제께서는 틀림없이 '도적이 횡행하고 있구나' 여기시고 변장邊將에게 죄를 돌릴 터이니 작은 일이 아닙니다. 당신을 위해 헤아린다면 살아서 본국으로 돌아갈 것만을 염두에 두어야지 일을 만드는 것은 좋지 않습니다.

이 말을 들은 최부는 곧 붓을 들어 몇 곳을 빼고 다시 썼다. 2월 4일 소흥부紹興府에 도착하여 관부官府에서 조사를 받을 때에도 공술서에 어긋나는 점이 있으면 최부에게 죄가 되므로 앞서 쓴 말을 베껴 쓰되 한 글자도 가감이 없어야 한다는 것을 강조했다. 이들은 최부가 앞으로 항주에 가거나 북경에 도착하면 병부와 예부에서 다시 최부의 사정을 물을 것이니 그때에도 동일한 진술을 할 것을 요구했다. 이 관리들이 가장 신경을 곤두세운 것은 파총관 유택이 올린 보고와 최부의 진술이 일치하는 것이었다.

최부가 항주의 무림역武林驛에 2월 6일에 도착하여 2월 12일까지 머물렀을 때, 이 역의 사무를 맡은 고벽顧壁이란 자가 일이 돌아가는 상황을 이것저것 전해주었다. 최부는 이곳에서 언어가 달라 자신이 장님이나 귀머거리 같으니, 듣고 본 대로 즉시 얘기해줄 것을 부탁했다. 고벽은 국법이 매우 엄하고 율조律條가 굉장히 무거워, 이인夷人(중국에서 조선인을 지칭하는 말)에게 사정을 누설하면 새 법령에는 군호軍戶로 충당하게 되어 있다고 했다. 따라서 자신

최부 일행은 북경도 거쳐갔다. 그림은 1747년 북경의 모습.

이 말한 것을 다른 사람에게 드러내서는 안 되니 최부 혼자만 알고 있기를 당부했다.

3월 25일 최부 일행이 천진위天津衛를 지나 하서역河西驛에 이르렀을 때였다. 호송의 부책임자인 부영傅榮은 표문表文을 가지고 4월 1일까지 북경에 도착해야만 했다. 그런 까닭에 최부 일행과 헤어져 하서역에서 역마를 타고 북경으로 출발했다. 그는 최부에게 나중에 병부 앞에서 만날 때 읍례揖禮를 하여 서로 아는 내색을 해서는 안 된다고 일러주었다. 새 천자의 법도가 엄숙하기 때문에 혹시라도 빌미가 될 행동을 사전에 방지하기 위해서였다. 이들의 모습에서 이제 막 기강을 세우기 시작한 새 황제의 문책에서 벗어나고자 신경을 곤두세웠던 현지인들의 모습을 엿볼 수 있다.

필담으로 나눈 정情, 중국 관리들과의 교유

최부는 1485년에 『동국통감東國通鑑』과 1486년에 『동국여지승람東國輿地勝覽』의 편찬에 참여했던 조선의 엘리트다. 최부의 중국 역사와 인물 등에 대한 해박한 지식은 중국 관리들과의 대화에서 남김없이 드러났다. 그들은 조선에 대한 궁금증을 막힘없이 설명해주고, 자신들에게 사례하는 시를 지어주며 두 번 절하는 예의 바른 최부에게 마음을 열고 교류했다.

윤1월 24일 건도소 성에 이르니 천호인 이앙李昻이 최부에게 빈주賓主의 예를 행하고 이들 일행에게 술과 고기로 환대하며 순박한 인심을 드러냈다. 다음 날 이앙은 최부를 전송하며 천 년 만에 만

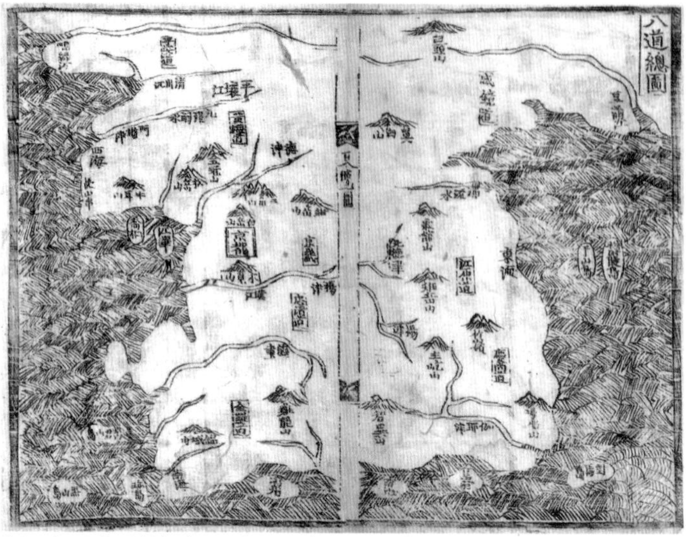

『동국여지승람』 중 「팔도총도」, 목판본, 16.7×27cm, 16세기 중반, 규장각한국학연구원. 최부는 『동국통감』뿐 아니라 『동국여지승람』을 편찬하는 등 15세기의 뛰어난 조선의 지식인이었다.

리 밖에서 한 번 만났다가 곧 헤어지니 다시 보지 못할 것을 아쉬워하며 작별의 손을 놓지 못했다. 최부도 배 위에서 작별을 고할 때 기약하기 어려운 만남을 슬퍼하며 다음과 같이 말하였다. 이들은 한 번의 만남으로도 마음을 터놓고 처음 보고도 옛 벗과 같이 친밀한 사귐을 가졌던 것이다.

> 대개 조선은 땅은 비록 바다 밖에 있으나 의관과 문물은 모두 중국과 같으니 외국으로 볼 수 없습니다. 하물며 지금 명나라가 통일을 이루어 북방의 호胡와 남방의 월越도 일가가 되었으니, 한 하늘 아래에서 모두가 형제입니다. 어찌 지역의 거리로 안팎을 나누겠습니까? 하물며 또 우리나라는 천조天朝를 정성으로 섬겨 공물 바치는 일을 게을리

아니한 까닭에 천자께서 예절로써 대우하고 인애로써 어루만져주셨으니, 감싸고 안정시켜주신 덕화德化는 지극하였습니다. 또 저는 조선의 신하요, 장군은 천자의 지방을 맡은 신하인데 천자의 자소지심字小之心(소국小國을 아끼고 어루만진다는 뜻)을 체현하여 먼 나라 사람을 대우하심이 이처럼 지극하시니 이 또한 충忠이 아니겠습니까?

항주의 무림역에서 만난 고벽은 보고 들은 바를 최부에게 숨김없이 알려주어 최부가 상황을 판단할 때 많은 도움을 주었다. 고벽은 항주부에서 앞으로 가야 할 각 부府·현縣·역驛에 최부 일행의 호송을 통지하는 공문을 최부에게 보여줄 정도였다. 최부는 성심껏 대해주었던 고벽과 작별할 때 두터운 은정恩情의 표시로 입고 있던 옷을 벗어주려고 했다. 이에 일행 중 정보는 옷을 벗어 고벽에게 주면 남은 것은 입고 있는 옷 한 벌뿐이니 머나먼 만릿길에 옷이 해지면 누가 고쳐 만들겠느냐며 만류했다. 최부는 옛날 사람 가운데 옷 한 벌로 30년을 입은 이가 있고, 뱀과 물고기조차 받은 은혜에 감격하면 이를 갚으려 하는 법이라며 기어코 옷을 벗어주었다. 고벽은 손을 내저으며 물리쳤으나 최부는 한유韓愈가 승려 대전大顚과 교류한 뒤 헤어질 때 의복을 선물로 준 고사를 들어 권유하였다. 결국 고벽은 최부와의 두터운 은정을 막을까 두렵다며 옷을 품에 받아갔다.

이러한 최부의 마음씀과는 달리 그 반대의 예도 있었다. 항주에 머무를 때 북경 사람 이절李節의 벗인 어떤 이가 『소학小學』 한 부를 최부의 소매 속에 넣었다. 그는 이절을 통해 최부의 시詩를 청하고자 했던 것이다. 최부는 자신은 시를 잘 짓지도 못하고 글씨도 좋지 못하다며 두 번이나 거절했다. 그러자 이절이 최부에게 "도리로써 사귀고 예절로써 대접하면 공자께서도 받았사온데, 어찌 그리도 심하게 물리치시는 것인지요?" 하였다. 최부는 "그 사람은 책을 기꺼이 주려는 것이 아니고, 시를 얻는 데 뜻이 있었습니다. 이는 도리로써 사귐도 아니고 예절로써 대접함도 아니니, 내가 만약 책을 받는다면 시를 값을 받고 파는 셈이므로 물리친 것입니다"라고 하였다. 그제야 이절은 최부의 깊은 마음과 절의를 이해했다.

수차 제작법을 알아내다

수차水車란 무엇인가? 낮은 곳에 흐르고 있는 하천의 물을 높은 지대의 논밭으로 끌어올리는 관개용 기구이다. 중국에서는 이미 고대부터 수차를 개발해 사용해왔고 송대宋代에 이르러 널리 보급되었다. 중국의 강남이 화북지역을 능가하며 농업 중심지로 부상할 수 있었던 것은 바로 수차와 풍부한 수자원을 활용했기 때문이다. 우리도 고려 말부터 수차의 제작과 보급에 관심을 가졌지만 뚜렷한 성과를 거두진 못했다.

중국의 수차 가운데 가장 널리 쓰였던 것은 '번차翻車'이다. 번차는 두판斗板으로 불리는 직사각형 모양의 네모 널빤지를 체인으로 연결해 기다란 홈통 속에서 끌어올리는데, 거기에 물이 끌어올려진다. 번차는 사람들이 발로 밟아 돌리기 때문에 '답차踏車'라고도 부른다. 최부는 소흥부를 지날 때 호수 언덕에서 발로 밟아 돌리는 수차를 눈여겨봐두었다. 조선은 논이 많은데 가뭄이 자주 드니 수차를 이용하면 힘을 덜 들이면서 물을 많이 퍼올릴 수 있을 것 같았다.

최부는 번차를 목격한 지 한 달도 더 지난 후 창주부滄州府 정해현靜海縣에 이르러서야 호송 부책임자 부영에게 수차 만드는 법을 배우고 싶다고 청하였다. 부영은 수차 제작법은 목공이 아는 것이지 자신은 알지 못한다며 사양했다. 최부는 가우嘉祐연간(1056~1063)에 제주도 사람이 돛대가 부러져 표류하다가 소주의 곤산현崑山縣에 이르렀던 고사를 꺼냈다.

> 지현사知縣事 한정언韓正彦은 그에게 술과 음식을 접대하였는데, 돛대가 배에 박혀 움직일 수 없음을 보고는 공인工人을 시켜 돛대를 수리하여 전축轉軸을 만든 다음 일으키고 넘어뜨리는 방법을 가르쳐주도록 하였습니다. 그 사람은 기뻐하면서 두 손을 맞잡고 감사해 마지 않았습니다.

최부는 이 고사에 비유하여 부영의 마음을 움직이려 했다. 자신도 그 사람과 똑같이 제주에서 표류해왔으니, 부영도 한정언의 마음씀처럼 수차 제작하는 법을 가르쳐준다면 두 손을 맞잡고 기뻐할 것이라고 설득했다. 그러나 부영은 수차는 물을 푸는 데만 사용될 뿐이니 배울 것이 못 된다고 거듭 거절의 뜻을 나타냈다. 최부는 이에 굴하지 않고 오히려 수차 제작에 대해 한 번 말하는 부영의 수고가 조선에는 무궁한 이익이 될 것이라고 치켜세웠다.

상황이 이렇게 되자 부영도 더는 물리치기 곤란했던 모양이다.

踏車
龍骨

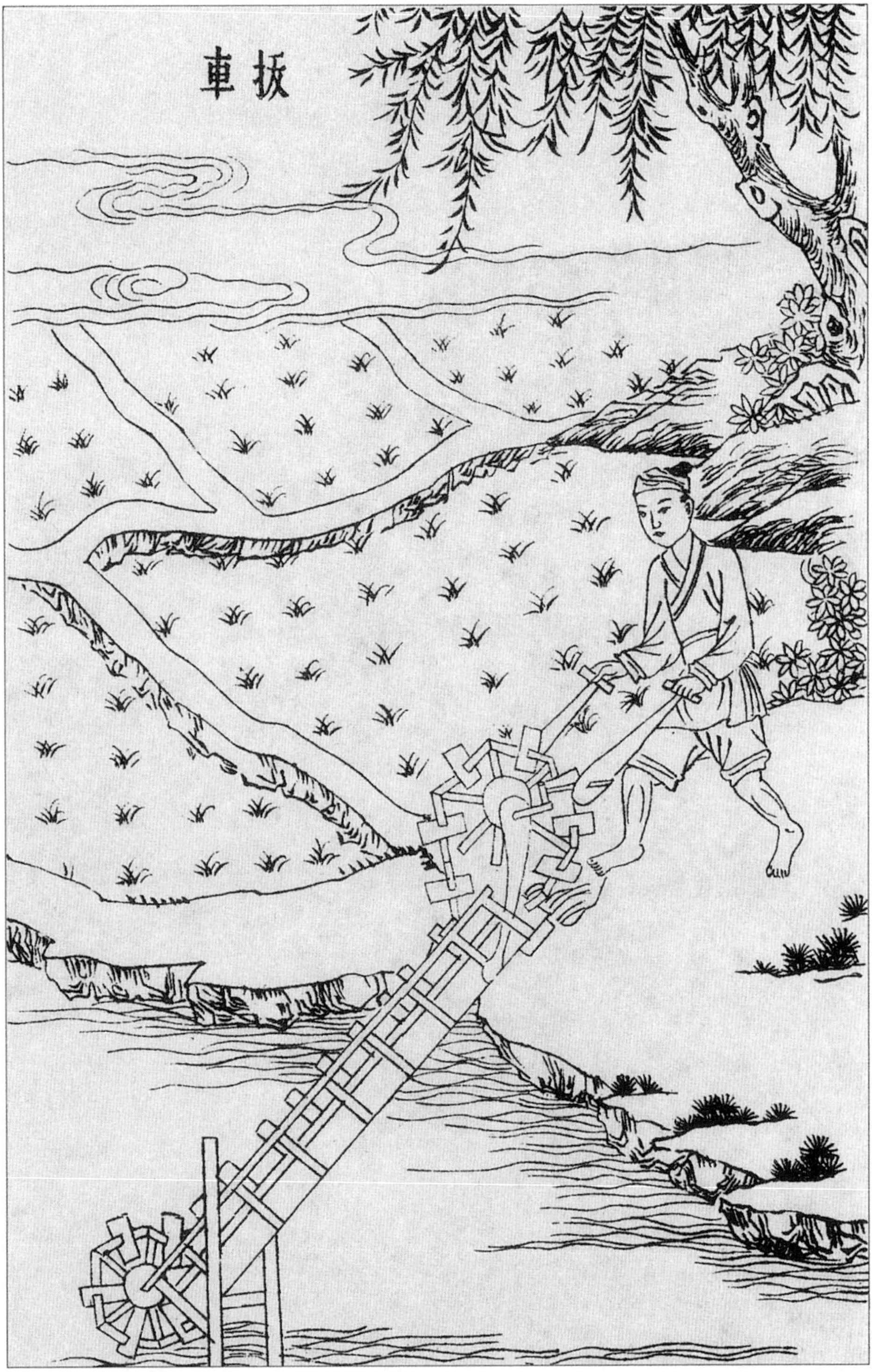

최부가 소흥에서 본 수차. 이 그림은 『천공개물天工開物』에 실린 '답차踏車'와 '발차拔車'이다.

마지못해 하는 말이 "이 북방은 사토가 많고 논이 없기 때문에 수차가 소용없으니 수부水夫들이 어찌 그 제작법을 알겠습니까?"였다. 결국 그는 잠시 생각해보겠다고 하더니 수차의 형태와 운용 방법에 대해 대략 이야기해준다. 아마도 최부는 '옳거니!' 하며 궁금증이 이는 정보들을 캐기 시작했을 것이다.

틀은 위아래를 통하므로 삼나무를 쓰고, 장골腸骨은 느릅나무를 사용하고 판은 녹나무를 사용합니다. 그리고 수레의 중심은 대쪽을 사용하여 묶고, 앞뒤 네 기둥은 커야 하고, 가운데 기둥은 조금 작아야 하며, 그 수레바퀴와 중심의 판자는 길이와 너비를 같게 해야 합니다. 만약 삼나무, 느릅나무, 녹나무를 얻지 못하면 모름지기 나뭇결이 단단하고 질긴 것을 사용해야만 될 것입니다.

부영이 알려준 수차는 최부가 목격했던 발로 밟는 번차가 아니라 한 사람만으로도 운전할 수 있는 손으로 돌리는 '발차拔車'였다. 최부는 이에 개의치 않고 소나무로도 만들 수 있는지를 물었다. 부영은 결국 수차의 각 부분에 들어가는 목재와 크기를 설명해주었다. 조선의 농업 현실을 알고 중국의 수차 제작법을 알아내려는 최부의 지혜가 이러하였다. 이 제작법대로 최부가 수차를 만들었던 사실이 『성종실록』에 보인다.

최부는 중국에서 돌아와 부친상을 치르기 위해 6월 22일 나주로 떠났다. 성종은 이틀 후인 6월 24일에 전라도 관찰사 이집李諿에게 최부의 지휘 하에 솜씨 있는 목공을 시켜 수차를 만들어 올려 보내도록 하였다. 성종의 명이 있은 지 40여 일 만에 최부가 수

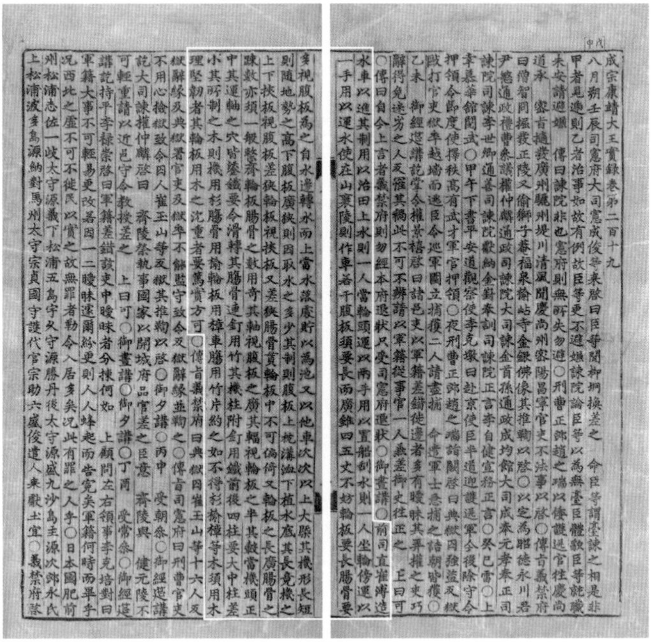
成宗康靖大王實錄卷第二百十九

『성종실록』 권219, 규장각한국학연구원. 성종 19년 8월 4일 기사에 최부가 중국에서 배워 온 기술로 수차를 만들었다는 내용이 기록되어 있다.

차를 만들어 바쳤다. 『성종실록』에서 1488년 8월 4일의 기사를 보면 부영이 알려준 바와 같은 목재로 수차를 만들었다는 것을 알 수 있다. 이후의 기록을 보면 최부가 제작한 수차가 성공적으로 보급되어 활용된 것은 아니지만, 중국에서 기록해온 수차 제작법을 조선에 도입하여 활용하려고 애썼던 것만은 확실하다.

충과 효 사이에서의 갈등

1488년 윤 정월 3일에 표류되어 반년 만인 6월 14일에 한양 청파역靑坡驛에 도착한 최부에게 성종은 일기를 엮어 바치도록 명했다. 또한 아무 탈 없이 생환한 최부를 부친상을 마친 후에 서용敍用하도록 하고 우선 쌀과 콩 및 부물賻物을 내려주었다. 성종의 명을 받은 최부는 8일 후인 6월 22일에 일기를 써 바쳤다. 이렇게 하여 최부의 『표해록』은 세상의 빛을 보게 된 것이다. 성종은 부의賻儀로 베布 50필을 내리고 부친상에 분상奔喪하도록 말을 주어 보냈다.

그러나 충과 효 사이에 선 최부의 선택과 그에 따른 갈등은 이미 움트고 있었다. 최부는 일기를 쓰는 동안 청파역에 여러 날을 머물면서 옛 친구들의 조문을 받았다. 그런데 이를 바라보는 조정 대신들의 생각은 달랐다. 최부가 만약 임금에게 사례謝禮하고

『표해록』, 최부, 국립제주박물관(왼쪽), 한국학 중앙연구원 장서각(오른쪽).

부친상을 마친 후에 일기를 바치겠다고 했다면 임금도 이를 따랐을 것이라는 것이다. 그러나 최부는 초상初喪이기 때문에 조문을 받지 않았어야 하는데 조문을 받았으며, 중국에서의 견문을 이야기할 때 조금도 애통해하는 마음이 없었다고 주위 사람들은 비방했다.

1491년 12월에 성종은 탈상脫喪한 최부에게 사헌부 지평의 관직을 제수하였다. 그런데 임명을 받고 한 달이 지나도 사간원에서 서경署經을 하지 않았다. '서경'이란 최부를 사헌부 지평에 임명하는 데에 아무런 하자가 없다는 일종의 동의서이다. 성종이 사간원에 그 까닭을 물으니 최부가 귀환하여 바로 부친의 빈소로 돌아가야 했는데도 서울에 머물러 있으면서 애통해하는 마음이 없었기 때문이라고 하였다. 성종은 최부가 상중에 있다 하더라도 군명君命을 어길 수 없어 마지못해 한 것인데 사간원에서 이런 논의를 하는 것을 용납할 수 없다고 밝혔다. 그러나 계속되는 사간원의 반대에 부딪혀 최부는 지평을 맡을 수 없게 되었다.

사실 요즘 시대에도 서른다섯의 직장인이 일상을 벗어나 6개월의 해외여행을 하기란 쉽지 않다. 그런 의미에서 최부의 표류는 행운이었다고 할 수 있다. 그러나 삶은 새옹지마塞翁之馬와도 같아서 행운이 불행의 씨앗이 되기도 한다는 것을 최부의 표류는 보여준다. 그렇다 해도 새로운 곳으로의 여행은 영혼을 맑게 해주고 활력을 주는 기회인 것만은 분명하다.

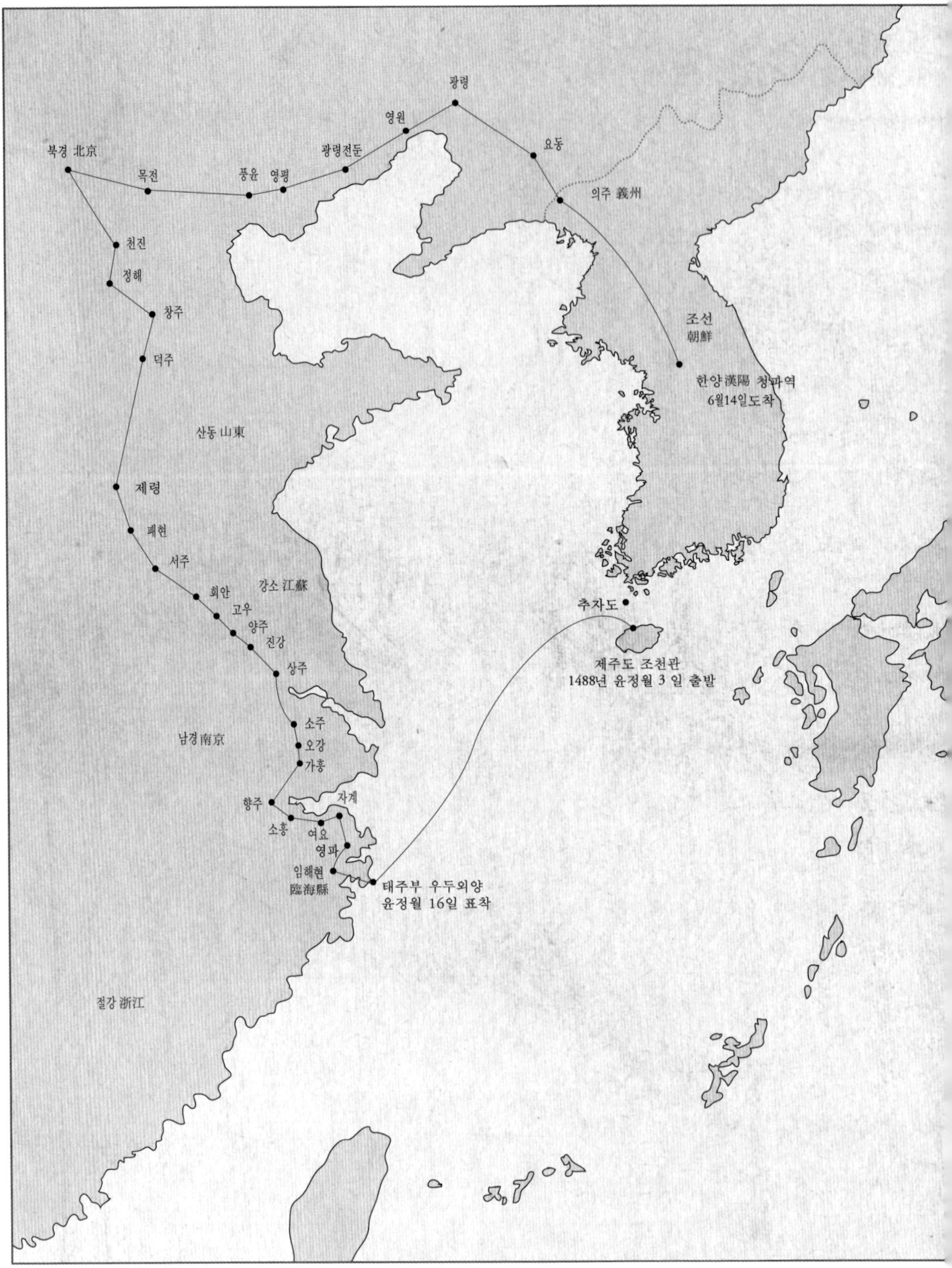
광령
영원
광령전둔
요동
북경 北京
목전
풍윤
영평
의주 義州
천진
정해
창주
덕주
조선
朝鮮
한양漢陽 청파역
6월14일도착
산동 山東
제령
패현
서주
강소 江蘇
회안
고우
양주
진강
상주
추자도
제주도 조천관
1488년 윤정월 3 일 출발
소주
오강
가흥
남경南京
항주
자계
소흥
여요
영파
임해현
臨海縣
태주부 우두외양
윤정월 16일 표착
절강 浙江

최부의 여정

3장

착잡함과 우월감의 교차, 열두 번의 사행길

조선통신사의 일본 여행

송지원

아쉬운 이별, 긴 여행

> 사당에 참배하고 이내 어머님께 가서 작별을 고했다. 어머님께서는 눈물을 머금고 차마 말을 잇지 못하신다. 나 역시 눈물이 흐르고 목이 메어 슬픔을 억제하기 어렵다. 아이들을 돌아보니, 큰아이는 미리 한강가로 나갔고, 다른 아이들은 피해 숨어서 슬피 우느라 불러도 와서 보지 않는다. 어머님의 마음을 위로해드리며 눈물을 머금고 다녀오겠노라 고하고 문 밖으로 나서니 현顯과 순舜 두 아이는 내 옷자락을 붙잡고 슬피 울고, 아내는 얼굴을 가리고 흐느껴 운다. 옷을 뿌리치고 말 위에 올라 길을 떠났다.

1682년(숙종 8) 5월의 조선통신사행朝鮮通信使行에 역관의 임무로 길을 떠나는 김지남金指南과 그 가족의 눈물나는 이별 장면이다. 먼 길 떠나는 가족과의 긴 헤어짐은 그 누구라 해서 슬프지 않을까마는, 특히 일본으로 가는 통신사행의 막연한 두려움까지 겹친 이별은 연행사燕行使의 그것과는 큰 차이가 있었다. 그저 여행이라면 마음 들뜨고 기대에 부풀어 있었을 법한데, 조선시대에 통신사의 임무를 맡아 떠나는 이들의 마음은 늘 착잡했던 듯하다.

조선시대 사람들은 자신에게 통신사행의 임무가 맡겨지는 것을 달가워하지 않았다. 가능하면 사행에서 빠지려고 온갖 핑계를 대거나 혹은 체념하고 어쩔 수 없이 받아들였던 것이다. 부모님이 연로하셔서, 편찮으셔서 떠날 수 없다는 핑계가 특히 많았다. 육로가 아닌 해로이고 만 리 드넓은 바다를 건너 떠나야 하는 긴 여정이라 안전을 보장받을 수도 없으며, 심지어는 살아 돌아오지 못할 수 있다는 막연한 두려움이 앞섰기 때문이다.

1719년(숙종 45)의 통신사행에서 제술관 신유한申維翰을 부산까지 모셨던 마부馬夫가 대마도로 떠나려는 신유한과 이별하며 "부디 무사히 잘 다녀오십시오. 다시 이 말을 가지고 영접하러 오겠습니다" 하면서 눈물로 옷깃을 적셨던 일도 먼 일본으로 떠나는 이가 혹여 돌아오지 못할 수도 있을 거란 마음을 내비친 것이었다. 고단한 통신사행에 병이 나서 끝내 객지에서 생을 마감한 사람들도 있었기에 그들의 걱정은 꽤나 현실적인 것이었다.

그러나 통신사들이 이처럼 두려운 마음만 가졌던 것은 아니다. 낯설지만 새로운 문물을 만나는 것에 대한 벅찬 기대도 있었다. 조선통신사의 일원으로 떠난 이들이 일본 땅에 발을 내디뎌 그들 앞에 펼쳐지는 온갖 상황들, 공적인 것으로부터 사적인 것까지, 공동의 경험으로부터 사적인 체험까지 낱낱이 기록해놓은 사행록을 보면 그들 앞에 펼쳐진 새로운 체험의 시간이 그들의 두려움을 훌쩍 뛰어넘고 있음을 알려준다. 조선통신사, 그들의 기나긴 여정에서 대체 무슨 일이 벌어졌을까?

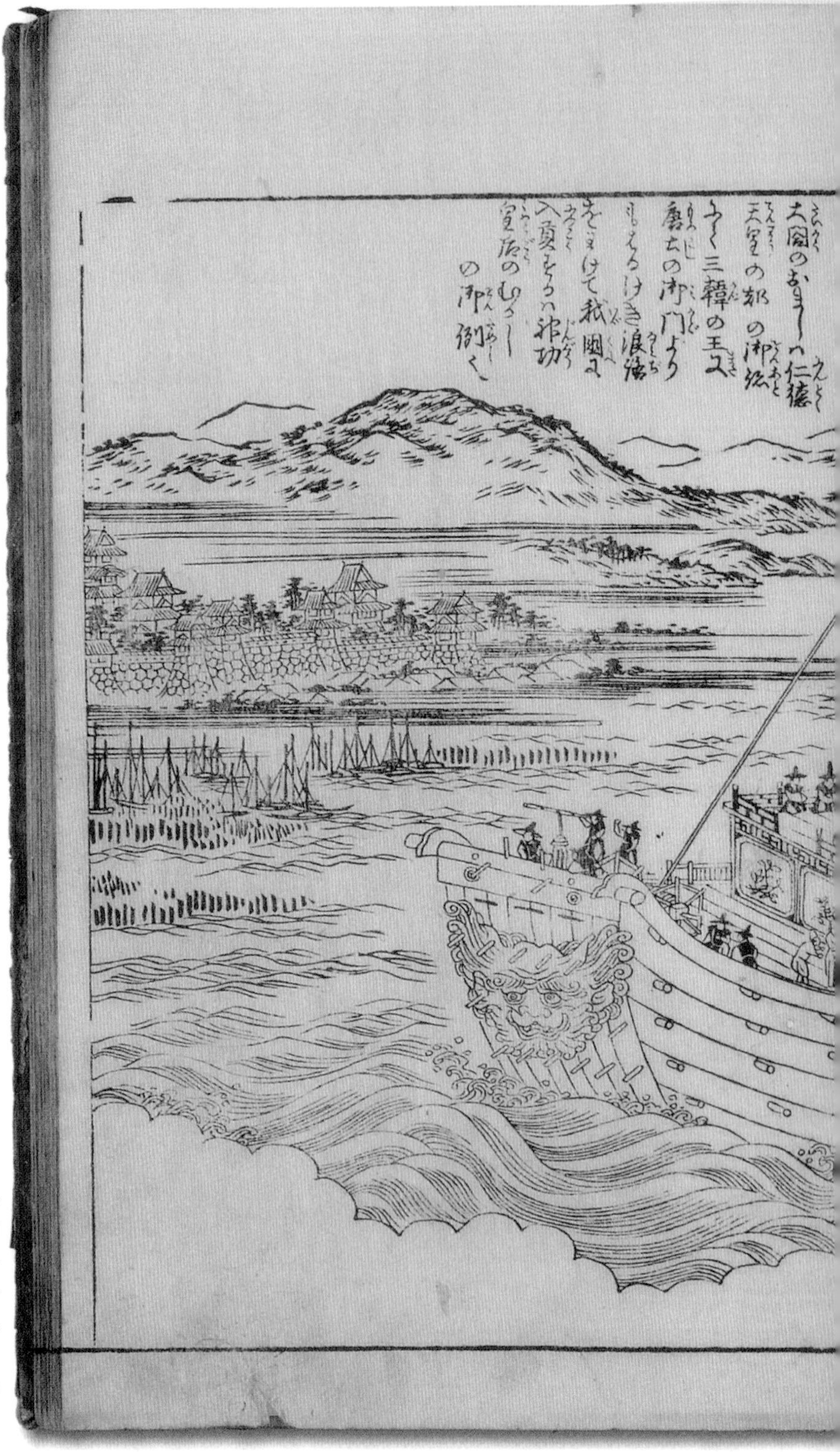

「근강명소도회 조선빙사」, 작자미상, 1811, 천우홍 소장. 조선의 정사선正使船이 돛을 펴고 항해하는 모습이다. 정사가 탄 배임을 표시하는 '正'자가 나부끼고 있으며, 사행단과 선원들의 모습이 자세히 그려져 있다.

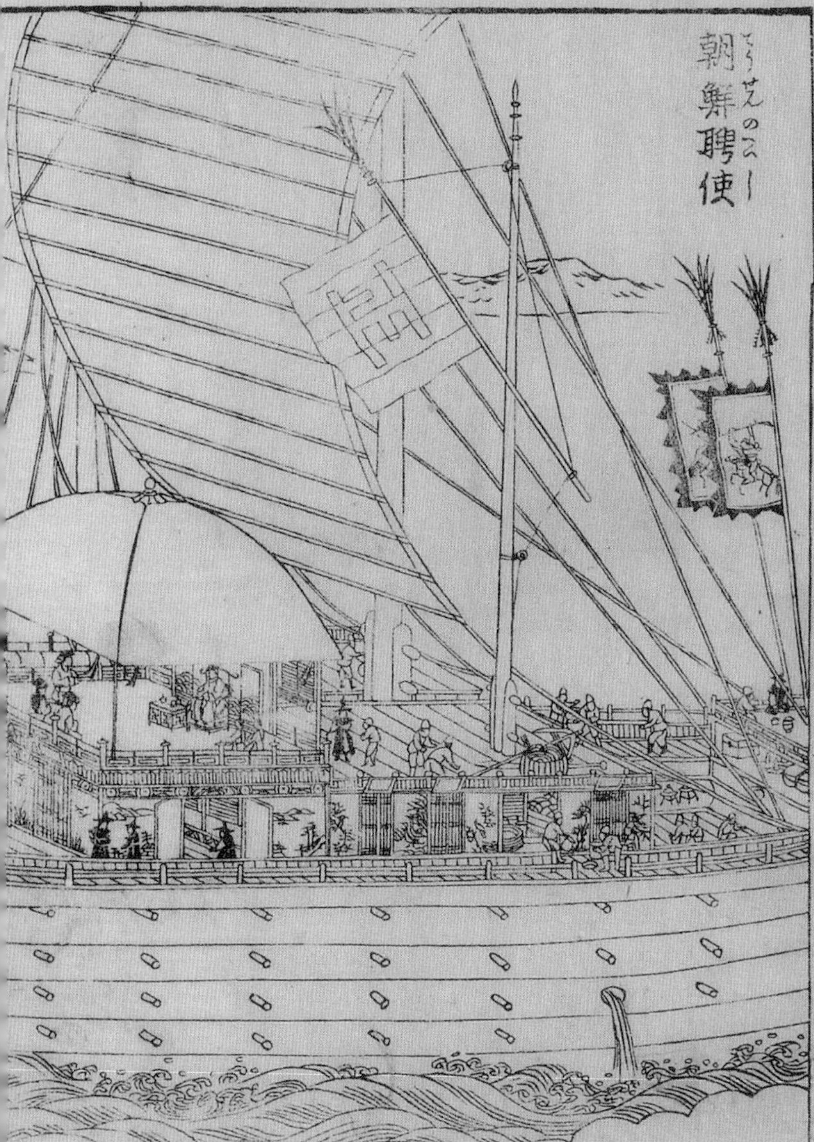

朝鮮聘使(てうせんのへいし)

열두 차례 파견된 조선통신사의 길

조선통신사朝鮮通信使는 일본의 요청에 의해 조선왕실이 일본에 파견한 외교사절이다. 조선시대에 '통신사'라는 이름으로 일본에 사신을 파견한 것은 세종대부터이지만, 임진왜란을 겪은 뒤 얼마 동안은 '통신通信'이라는 명칭을 쓰는 것이 부당하다며 '회답 겸 쇄환사回答兼刷還使'(1607, 1617, 1624)라는 이름으로 사신을 파견했다. 이 3회의 사행에 '쇄환刷還'이라는 이름을 쓴 것은 임진왜란 당시 일본에 잡혀간 포로의 쇄환이 주요한 파견 이유였기 때문이다. 그러다가 세월이 좀더 흐른 1636년(인조 14) 이후 통신사라는 명칭을 회복할 수 있었다.

1592년의 임진왜란 이후 통신사의 파견이 정례적으로 이루어지기 시작한 것은 전쟁 발발 후 15년의 세월이 지난 1607년(선조 40)의 일이었다. 도요토미 히데요시의 사후 새로운 권력자로 등장한 도쿠가와 이에야스는 조선과의 강화 교섭에 힘썼다. 1603년 막부를 개설했으나, 당시 완전히 장악하지 못한 다이묘들이 존재하고 있었고 내치內治에 주력해야 하는 입장에서 조선과의 관계 회복은 긴급한 현안이었기 때문이다.

17세기 중엽 쇄국 체제를 택해 당시 정식 외교를 맺은 유일한 나라였던 조선과의 우호적인 관계는 대외적으로 고립된 일본에게 매우 중요했다. 문화적으로 우월한 조선으로부터 선진문화를 받아들이는 일도 시급했다. 조선과의 우호적 관계란 그들에게 '권력의 승인'이라는 의미도 지녀 대내외적으로 큰 이점으로 작용했다. 결국 임진왜란이 끝난 지 얼마 되지 않은 1607년, 조선은 그들의 강

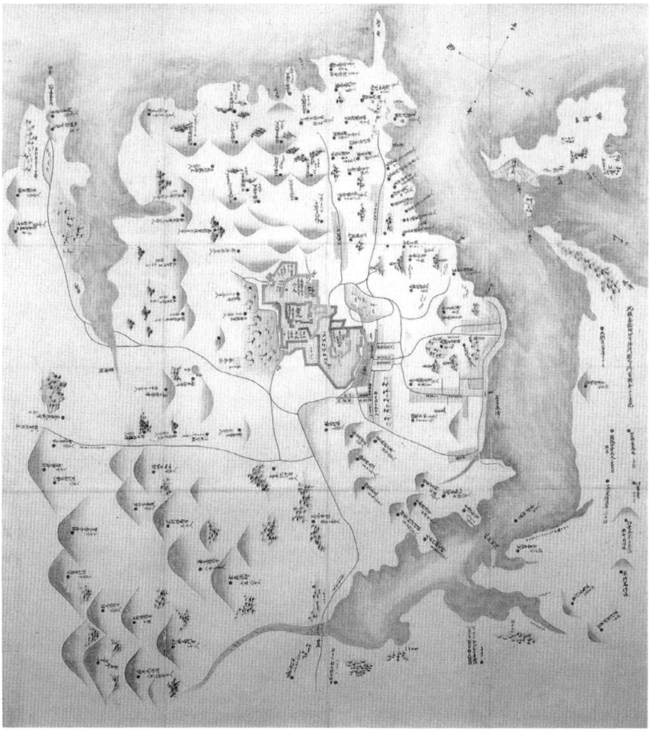

임진왜란 후에도 일본에는 다이묘들이 여전히 세를 떨치고 있어 새로운 권력자로 등장한 도쿠가와 이에야스는 조선과의 강화 교섭에 힘썼다. 그림은 임진왜란이 일어나기 1년 전 나고야성에 집결한 다이묘들의 배치도이다. 「히젠 나고야성 제후진적도」, 종이에 채색, 118×107cm, 에도시대 후기.

력한 요청에 응하여 사신 파견을 재개하였다.

특히나 통신사 접대 경비가 경제 규모에 비해 지나칠 정도로 많았음을 볼 때 일본이 조선통신사에 대해 할애하는 비중은 매우 컸음을 짐작할 수 있다. 시기에 따라 차이는 있지만, 1655년을 기준으로 하면 대략 100만 냥에 달하는 액수였다. 1709년 당시 에도 막부 세입이 76~77만 냥이었던 것을 감안하면, 통신사 접대 경비

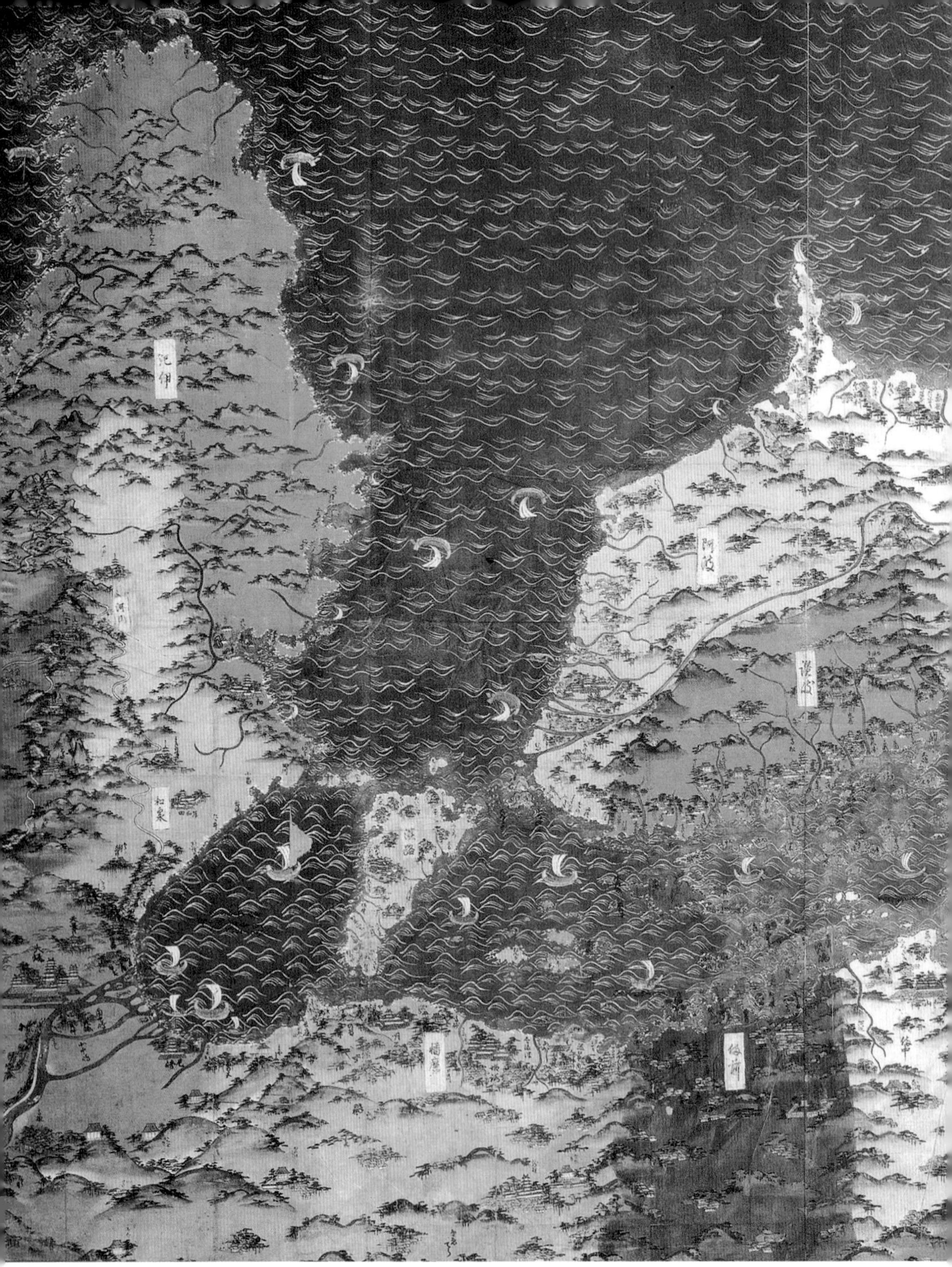

紀伊
阿波
河内
讃岐
和泉
淡路
播磨
備前

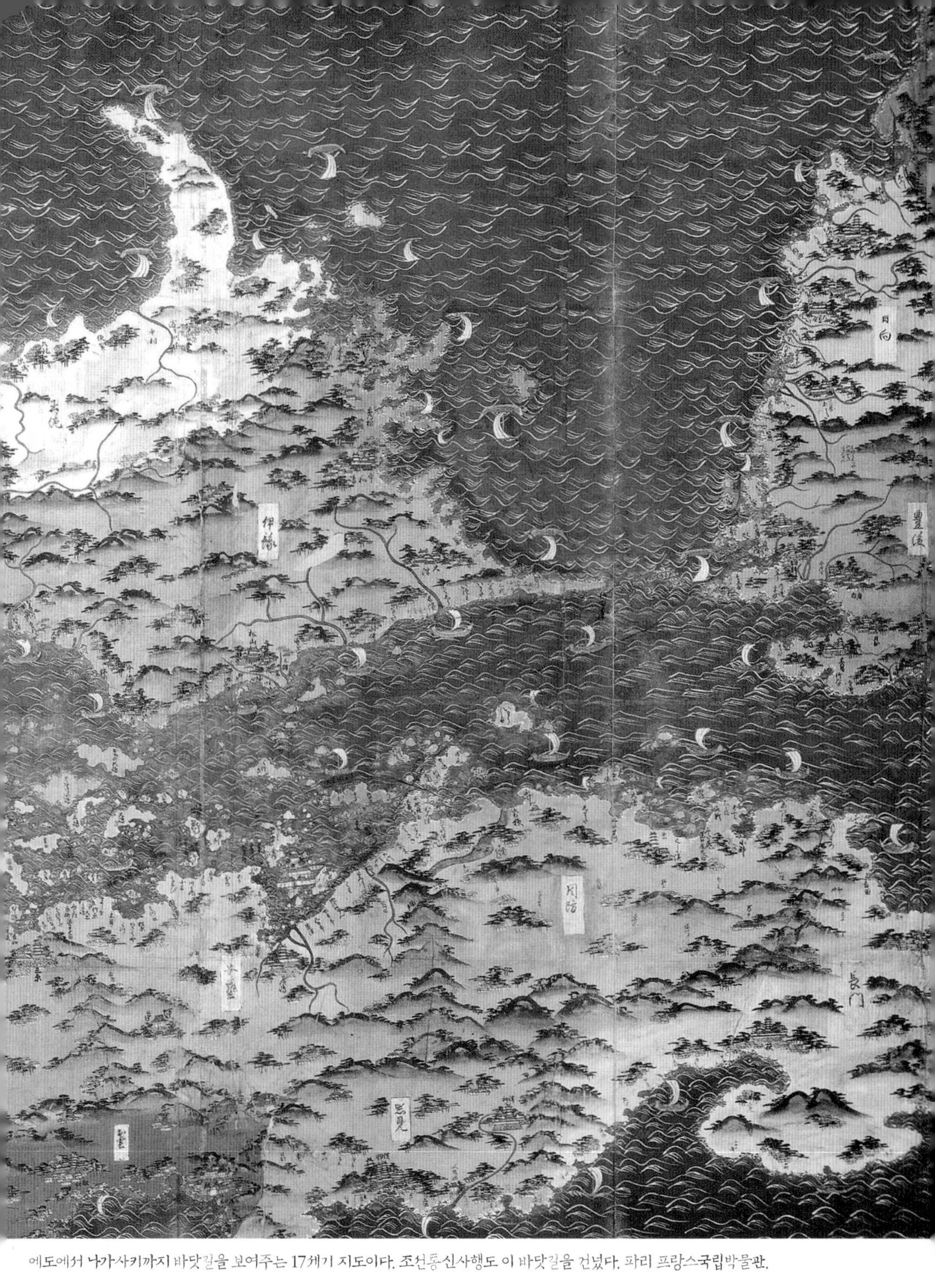

에도에서 나가사키까지 바닷길을 보여주는 17세기 지도이다. 조선통신사행도 이 바닷길을 건넜다. 파리 프랑스국립박물관.

가 그들에게 얼마나 부담을 안겨주었던 일인지 알 수 있다. 그처럼 막대한 경비를 들이면서도 조선통신사를 정례적으로 요구했던 저간의 정황이 파악된다.

'회답 겸 쇄환사'라는 이름으로 사신을 파견한 세 차례를 포함해 통신사라는 이름을 회복한 이후 1811년(순조 11)까지 아홉 차례, 총 열두 차례의 통신사를 일본에 파견하게 되었다. 1607년부터 1811년까지 12차에 걸쳐 일본에 보내진 300~500명의 인원은 짧게는 5개월, 길게는 10개월까지 걸리는 긴 여정에 참여했다. 한양을 출발하여 충주, 안동, 경주, 부산을 지나 쓰시마對馬島, 이키壹岐, 아이노시마藍島, 시모노세키下關, 가미노세키上關, 우시마도牛窓, 무로쓰室津, 효고兵庫, 오사카大阪, 교토京都, 히코네彦根, 나고야名古屋, 오카자키岡崎, 시즈오카靜岡, 하코네箱根, 에도江戶, 닛코日光(1636, 1643, 1655)에 이르는 긴 여정에 오르게 된다. 이 가운데 1636(인조 14), 1643(인조 21), 1655(효종 6)년의 세 차례 사행 때에는 도쿠가와 이에야스가 묻혀 있는 닛코산日光山을 들르는 절차가 추가되어, 조선통신사의 가장 긴 여정은 서울에서 대마도, 에도를 거쳐 닛코까지 이르는 길이 된다. 정사, 부사, 종사관의 삼사三使를 비롯하여 통역을 맡은 통사通事, 제술관, 사자관, 의원, 화원, 자제군관, 서기, 마상재, 전악典樂, 소동小童, 기수, 포수, 세악수, 쟁수, 취수, 숙수熟手, 사공과 격군, 포수, 도척刀尺, 풍악수 등이 통신사의 구성원으로서 각자의 업무를 담당했다.

이들의 여정은 정치, 경제, 사회, 문화 등 여러 분야에서 조선과 일본의 교류를 알려주는 역사적 현장 그 자체가 되었고, 통신사행을 다녀와 남긴 수많은 사행록使行錄은 조선시대 외교관계의 생생한 현장을 보여준다. 몸속 깊이 새겨진 일본 체험 기록은 오늘날에도 흥미진진하게 읽히고 있다. 국왕의 명을 받아 왕의 국서國書를 가지고 에도에 도착하여 이를 전달하는 전명의傳命儀까지 행하면 통신사행에서 가장 중요한 임무를 마치게 된다. 전명의 이후에는 다시 조선으로 돌아오는 노정에 들어서게 된다. 전체 12차에 달하는 통신사 행렬의 일정과 인원 등을 살펴보자.

조선통신사행 일정과 규모

회차	서기	조선 연대	일본 연대	정사	인원	출발	전명의
1	1607	선조 40년	게이초慶長 12년	여우길	504명	1월	6월 6일
2	1617	광해군 9년	겐나元和 3년	오윤겸	428명	7월	8월 26일
3	1624	인조 2년	간에이寬永 원년	정 립	460명	8월	12월 19일
4	1636	인조 14년	간에이 12년	임 광	475명	8월	12월 14일
5	1643	인조 21년	간에이 20년	윤순지	477명	2월	7월 19일
6	1655	효종 6년	메이레키明曆 원년	조 형	488명	4월	10월 8일
7	1682	숙종 8년	덴나天和 2년	윤지완	473명	5월	9월 27일
8	1711	숙종 37년	쇼토쿠正德 원년	조태억	500명	5월	11월 1일
9	1719	숙종 45년	교호享保 4년	홍치중	479명	4월	10월 1일
10	1748	영조 24년	간엔寬延 원년	홍계희	475명	11월	6월 1일
11	1764	영조 40년	메이와明和 원년	조 엄	472명	63년 8월	64년 2월 27일
12	1811	순조 11년	분카文化 8년	김이교	336명	11년 12월	12년 5월 22일

조선에서 출발하여 에도성에서 국서를 전달하는 기간은 짧게는 1개월, 길게는 7개월이란 기간이 걸렸다. 날씨가 좋고 바람을 잘 만나면 기간이 짧아지지만 운이 따르지 않으면 온갖 고생을 다 하

「도중행렬도道中行列圖」 중 '국서' 부분, .×, 숙종 년0, 국사편찬위원회.

「등성행렬도登行城列圖」 중 '전악' 부분, 27.2×4172cm, 숙종 37년(1711), 국사편찬위원회.

「진도일기 조선통신사 행렬도」, 종이에 채색, 25.7×19.2cm, 일본 소장. 1811년 5~7월 초까지2개월여 간 사행을 갔던 조선통신사 일행의 모습이다. 열여섯 명의 인원이 정사가 탄 가마를 메고 가고 있다.

면서 그 기간도 길어졌다. 300명에서 500명에 달하는 거대한 인원이 한양을 출발하여 일본까지 육로로, 해로로, 다시 육로로 다녀오는 과정은 온갖 사건의 연속이었다. 폭풍을 만나 배가 부서져 침몰하기도 하고, 화재를 만나 배가 전소하기도 했다. 병이 나서 객지에서 생을 마감하는 이도 있었다. 중간 중간 행하는 공식 의례儀禮는 양국 사이의 생생한 외교 현장을 보여주며 그 사이에서 다양한 방식의 소통이 이루어졌다. 긴 시간을 함께하는 동안 우정이 싹트기도 했다. 조선통신사의 이동은 그 자체가 총체적 문화 교류의 현장이 되었던 것이다.

숙소를 새로 짓고 좋아하는 음식 준비까지

조선에서 통신사 파견이 결정되면 일본은 조선통신사를 영접하기 위한 준비에 들어갔다. 에도 막부는 영접을 위한 주요 관료들을 임명하고 통신사가 지나가는 지역마다 들어갈 경비를 각 번에 할당시켜 조달하도록 했다. 또 통행하는 연로를 정비하고 이들이 묵을 만한 장소를 물색하거나, 장소가 마땅치 않을 경우는 새로운 숙소를 지었다. 수백 명에 달하는 거대한 인원을 한 지역에 들여야 했기에 대개는 기존 건물의 규모로 수용하기 어려웠다. 특히 큰 지역이 아닌 경우는 대부분 건물을 새로 지어야 했다. 숙소를 짓는 것도 쉽지 않지만, 통신사들이 돌아가고 난 다음에는 이를 유지할 수 없는 상황에 맞닥뜨렸다. 숙소를 애써 지었더라도 이들이 돌아간 후 건물을 다시 허물어버리는 것은 바로 그런 이유에서였다. 한편 에도성에서는 국서를 전달하는 '전명의'를 위한 준비도 함께 이루어졌다.

각 번이 조달해야 할 경비는 어느 지역에서든 커다란 부담일 수밖에 없었다. 통상 300~500명이라는 대규모의 인원이 묵을 곳과 먹을 것, 기타 생활필수품과 노동력의 조달, 물자 운반 문제, 연로 정비의 부담 등은 일본 각지의 영주가 동원되어야만 해결할 수 있는 문제였고, 때로는 지역민 전원이 참여해야 하는 큰일이었기 때문이다. 그래서 조선통신사가 한 차례 다녀가면 각 번의 경제력이 휘청거리곤 했다. 한편 이는 각 번의 세력을 약화시키는 좋은 방편이 되기도 했다.

통신사행이 통과하는 연로변의 시가지 정비 움직임을 살펴보자. 1711년, 제8차 통신사행이 갈 때 발포된 도시법령의 내용을 보면 사행을 맞이하기 위해 준비하는 과정이 잘 드러나 있다. 도시 외관의 정비, 치안과 경비, 통행 지역민들의 행동 등에 대해 구체적으로 규제 사항들이 내려졌던 것이다.

보기 흉한 물건은 모두 들여놓을 것, 처마의 차양을 청소할 것, 벽이나 담이 손상된 곳은 수리하고 칠할 것, 손상된 지붕의 기와는 수리할 것, 골목 안의 상점도 깨끗이 정리할 것, 화재 예방을 위해 힘쓸 것, 조선인이 통과하는 거리는 특히 깨끗이 청소할 것, 조선인이 통과할 때 통행인들은 긴급한 용무를 제외하면 귀천을 불구하고 도로 양쪽에 멈추어 설 것, 조선인이 통과할 때 이층이나 창문에서 구경할 때에는 발을 치고 예의를 갖추어 구경할 것, 상가의 2층에서 구경할 때에는 큰 소리로 떠들거나 웃지 말고 조용히 구경할 것이며 소란스런 행동을 일체 하지 말 것, 화려한 빛깔의 비단 천막이나 금은 병풍을 가지고 있는 사람은 그것을 써도 됨. 조선인이 통과하는 연로변의 다리에서 보이는 건너편 강가에 땔감·나무 등을 쌓아둘 경우 가지런히 정리해둘 것, 처마 밑에는 물통 등을 늘어놓지 말 것, 연변 강가의 선박들은 질서정연하게 정비해놓고 흉한 선박은 뒤로 치울 것.

이러한 도시법령은 조선통신사들이 지나가는 길 대부분에 내려졌다. 그래서인지 사행록의 내용을 보면 깨끗한 시가지와 화려한 도시 풍경을 보고 감탄하는 장면을 자주 만날 수 있다. 오늘날 일본을 갔을 때 마주치는 청결한 인상을 조선시대인들도 이미 받았

영조 24년 일본에 간 통신사들의 여정을 그린 것으로 오사카의 요도가와 하구를 건너는 장면과 에도의 쇼군이 연회를 베푼 장면(오른쪽)을 보여준다. 국립중앙박물관.

던 것이다.

조선의 사신을 맞기 위한 준비 가운데 빼놓을 수 없는 것은 바로 음식이다. 통신사 행렬이 조선 땅을 떠나 가장 먼저 도착하는 대마도對馬島. 대마도는 부산에서 50킬로미터쯤 떨어진 가까운 거리여서 조선과 큰 차이가 없으리라 생각할 수도 있겠지만 일단 음식부터 크게 달랐다. 이에 대마도 사람들은 조선 사신들이 오기 전에 이미 조선인들이 선호하는 음식의 목록을 만들어 준비해놓고 있었다. 그 목록을 보자.

• **대마도인이 파악한 조선인 선호 음식 목록**

① 육류, 어패류 등

소, 멧돼지, 돼지, 사슴, 닭, 오리, 꿩, 계란, 도미, 전복, 대구, 청어, 방어, 삼치, 문어, 새우, 게, 대합, 새 종류의 고기. 대체로 생선류를 좋아함. 소금에 절인 물고기나 민물고기는 먹기는 해도 좋아하지는 않음.

② 야채, 해조류, 건어물 등

무, 파, 미나리, 우엉, 표고버섯, 참마, 순무, 가지, 기타 채소와 야채, 튀김류, 청각채, 미역, 기타 해조류, 건어물.

③ 과일류

조선통신사를 위한 상차림으로 각 번에 사전에 배포한 그림. 삼사의 아침과 저녁상의 경우 본상에 7종, 곁상에 5종, 세 번째 상에 3종의 요리를 차렸다.

수박, 감, 배, 귤, 향귤, 유자, 포도, 오이, 수분이 많은 과일류.

④ 면, 간식류 등

국수, 메밀국수, 만두, 떡, 양갱, 막대사탕, 용안육, 빙과, 사탕류, 카스테라, 사탕절임, 꿀절임, 기타 과자류.

⑤ 주류

오래된 술, 소주 등. 대체로 술 종류는 모두 좋아함.

위의 목록을 보면 매우 다양한 종류의 음식이 차려졌음을 알 수 있다. 육류, 어류, 야채류, 과일류, 간식류, 주류에 이르기까지 대마도인들이 사신 맞이를 위해 미리 파악한 조선인 선호 음식은 문서로 작성되어 각 아문衙門에 돌려지고 그에 따라 음식을 준비했다. 목록에서 특히 눈에 띄는 것은 "대체로 술 종류는 모두 좋아한다"는 내용이다. 예나 지금이나 우리나라 사람들이 유난히 술을 좋아하는 것은 변함이 없는 듯하다.

사신들이 묵는 곳에 나오는 음식도 이들이 파악한 조선인 선호 목록을 참조하여 준비되었다. 1763~1764년의 계미사행癸未使行에 서기로 참여한 원중거元重擧가 대마도에 묵을 때 지급된 음식들을 보면, 정사와 부사의 방에는 매일 좋은 백미 7홉과 감장甘醬, 간장艮醬, 식초, 소금, 참기름, 사슴다리, 방어, 산 닭, 달걀, 견절(가쓰오부시), 강고도리, 무, 생전복, 표고버섯, 마, 겨자, 산초, 꿀, 고비 등이었다. 이러한 식재료는 사행의 일원으로 참여한 요리사(숙수熟手)의 손에서 입맛에 맞는 음식으로 조리되어 나와 먹기도 했다.

「조선통신사 내조도」, 하네카와 도에이, 종이에 채색, 69.7×91.2cm, 1748~1750년경, 일본 고베시립박물관. 1748년 일본을 방문한 제10회 조선통신사의 행렬이다. 에도의 니혼바시 부근을 지나고 있다. 통신사의 복장과 깃발 등이 꼼꼼하게 그려진 한편, 막을 치고 병풍을 세워 관람석에서 구경하는 군중의 모습도 흥미롭게 묘사되었다. 그러나 이 그림은 마츠리를 그린 그림이라는 설도 있다. 가마 안의 인물이 어린 소년의 모습이라는 점 등이 그러한 해석을 뒷받침한다. 같은 작가가 그린 그림 중 또 하나는 통신사 행렬도로 알려져 있다.

공식 의례와 필담으로 쌓은 정

통신사들의 임무 가운데 가장 중요한 것은 국왕의 국서를 안전하게 전달하는 일이었다. 중요한 장소를 지날 때에는 일본이 베푸는 공식 의례에 참여했다. 사행이 부산을 떠나 대마도에 도착하면 배에서 내리는 의례가 있었고, 대마도에서 통신사의 도착을 환영하는 연향인 하선연下船宴, 관백關白이 보낸 사자가 문안하는 중로문안의中路問安儀, 에도에 도착한 것을 환영하는 연향인 하마연下馬宴, 국서를 전달하는 전명의傳命儀, 국서에 대한 회답서를 받는 의례인 수회답의受回答儀, 에도를 떠날 때 전별하는 의미로 베푸는 연향인 상마연上馬宴, 다시 대마도로 돌아와 조선으로 향하는 배를 타기 전의 상선연上船宴 등이 이어졌다. 그 밖에 1636년(인조 14), 1643년(인조 21), 1655년(효종 6)의 세 차례 사행 때 행해진 닛코에서의 분향과 치제致祭를 비롯하여 양측의 상견례 등도 공식적으로 행해졌다.

이러한 공식 의례들 외에 일본인들의 요청에 응해 글을 지어주기도 했다. 당시 일본인들은 조선통신사의 글을 받는 것을 매우 영예롭게 여겼다. 기회가 있다면 어떻게 해서라도 그들의 글을 받아내고자 했다. 그리하여 그들 가운데 소위 문사文士라 일컬어지는 이들이 어지럽게 와서 수창酬唱을 하느라 번거로웠노라는 기록을 흔히 접할 수 있다. 심지어 말을 타고 가는 사람들에게 몰려들어 종이와 붓을 내밀며 글을 써달라고 요청하는 모습도 발견된다.

원중거의 『승사록』에는 그곳 사람들과 필담筆談으로 대화를 나누는 장면을 묘사해놓은 기록이 있다. 그들은 필담으로 묻고 답한 모든 기록을 거두어 품안에 집어넣고, 혹여 남은 자료가 있으면

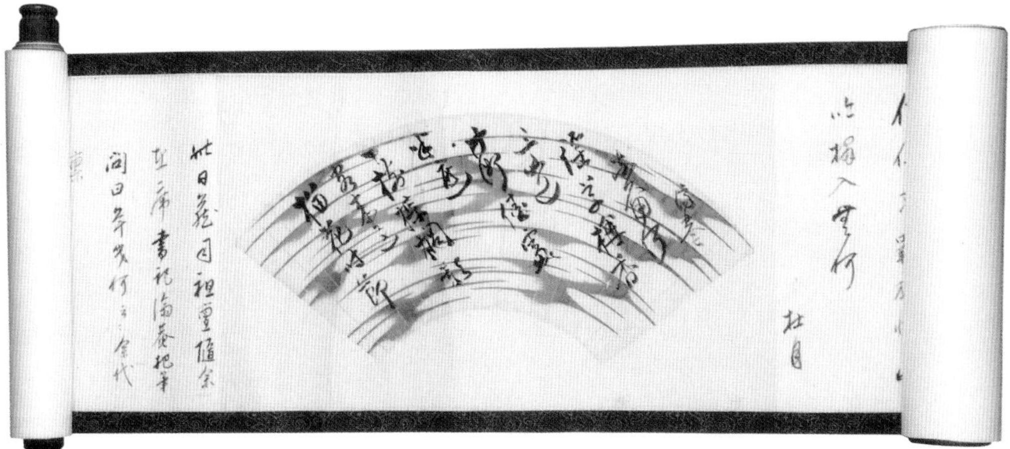

조선통신사들의 글은 일본인들에게 인기가 있어 청탁도 많이 받았다. 이 자료는 1748년 통신사로 일본에 다녀왔던 박경행, 이봉환, 이명계 등과 이들 일행을 맞이하러 나온 아간십주巖間十洲, 아산두월巖山杜月 사이에 오간 시와 필담을 모아놓은 두루마리이다. 규장각한국학연구원.

두 손을 모으면서 간절하게 달라고 청하여 모조리 가져가기도 했다. 그 지역 사람들 가운데 하나가 소매에 작은 종이 네 조각을 넣어왔는데, 부친의 60세 수연壽宴을 위한 시문詩文을 청하는 글이었다. 이들에게 시를 써주고 차운次韻을 하면서 날이 샐 때까지 긴 시간을 함께하기도 했다. 이처럼 통신사들의 글을 받기 위해 몰려드는 왜인들로 인해 밤을 지새우는 것은 흔한 일이었다.

배 위에서 펼쳐지는 즉석 음악회

왕명을 받고 사행길에 오른 후 부산을 떠나 대마도를 거쳐 에도까지 가서 국서를 전달하고 돌아와야 하는 먼 길은 통신사들의 몸을 고단하게 했다. 때로는 폭풍을 만나 목숨이 위태로운 지경에도 이르고, 때로는 신선이 머무는 장소인 듯 아름다운 풍경과 선한 사람을 만나는 등 온갖 현실이 눈앞에 펼쳐지는 것이 이 길이었다. 그나마 이들에게 포근한 안식을 주는 것은 함께 수행한 음악인들이 연주하는 조선의 음악이었다.

1763년(영조 39) 조엄趙曮(1719~1777)을 정사로 하여 떠난 제11차 통신사행에 서기書記로 참여하여 작성한 원중거의 『승사록乘槎錄』에는 긴 여정 중간 중간 펼쳐진 즉석 음악회의 장면이 잘 묘사되어 있다. 10월 7일, 일행이 대마도에 머물고 있을 때이다. 매일 제공되는 음식日供 지급이 잘 되지 않고 날씨도 으슬으슬 추운 어느 날이었다. 원중거가 정사正使와 부사副使 등이 머무는 방을 가보니 바닥의 깔개가 몹시 차가워 앉아 있기가 어려웠다. 특히 온돌에 익숙해 있는 조선인들에게 차가운 바닥은 적응하기 쉽지 않았다. 바다를 사이에 두고 멀리 떨어진 고국이 더 그리워지는 때이다. 바로 이런 때에도 사람들은 마음을 달래며 음악을 연주하고 들었다. 배 위에서 연주를 시작하니 선장이 일어나 춤을 추었다. 멋진 즉석 음악회가 열리는 순간이었다. 그러자 주변에 있던 배 수십 척이 동서로 다가와 에워싸며 구경을 하였다. 그중에는 여인이 부리는 배도 있었다. 머리를 정수리에 묶고 앞부분에는 나무로 된 빗을 꽂은 여인이었다. 여성 뱃사공도 구경하고 음악감상도 함께하는, 서로가 서로에게 무대가 되고 객석이 되었던 즉석 음악회 장면이다.

그로부터 한 달 남짓 지난 11월 17일, 이들 일행이 풍본포風本浦에 정박해서 다음 일정을 기다리고 있을 때였다. 하늘이 잔뜩 찌푸리며 비를 뿌리다가 멈추고 또다시 비가 쏟아지는 오락가락하는

일본 미녀의 전형적인 모습이다. 정수리 꼭대기에 머리를 올리고 앞부분에는 나무로 된 빗을 꽂고 있다.

날씨였다. 식사를 마친 이들 가운데 몇몇이 어울려 악대와 함께 밖으로 나갔다.

제방을 따라 남쪽으로 산기슭에 오르니 일본 사람들이 이들을 위해 자리를 깔고 사방에 대나무를 꽂아 네모난 울타리를 만들어 놓았다. 자그마한 무대가 만들어진 셈이었다. 사람들이 빙 둘러앉자 악대가 각자 담당한 악기 하나씩을 꺼내들고 연주하기 시작했다. 그 음악에 맞추어 사령使令 두 사람이 마주 대하고 춤을 추었다. 음악이 울려 퍼지자 일본의 남녀노소가 모여들어 구경을 했다. 자연스레 무대와 객석이 만들어졌다. 사람들이 몰려들자 금도禁徒(일행을 보호하기 위해 사람들의 접근을 막는 사람)들이 막대기를 휘휘 저어 이들을 쫓아버렸다. 어떤 사람들은 비실비실 물러나다가 넘어지기도 했다. 이에 원중거는 통사通事를 시켜 사람들이 그냥 구경할 수 있도록 내버려두라고 명했다. 그러자 사람들은 모두 기뻐하면서 죽 늘어앉아 구경을 했다. 이러한 정경은 통신사 일행이 지나가는 길목에서 자주 목격되는 것이었다.

괴이하고 신기한 풍속을 숭상하는 사람들

지금도 그런지 모르겠지만 조선통신사들이 접한 이들 가운데에는 전복을 먹지 않는 지역 사람들이 있었다. 원중거가 날씨 때문에 발이 묶여 어느 곳에 머물고 있던 때였다. 그 지역 태수가 '관포串鮑'라고 하는, 꼬치에 꿴 마른 전복 한 궤씩을 선물로 보내왔다. 생전복을 잘라서 대나무 꼬치에 꿰어 말린 것인데, 이를 받아 수고한 왜인들에게도 나누어주었다. 그런데 왜인 가운데 평여민平如敏이라는 사람이 있었는데, 전복을 먹지 않는다고 했다. 그 이유를 물으니 전복이 선조의 목숨을 구해주었기 때문이라고 했다. 그의 선조가 배를 타고 가다가 배가 바위에 부딪혀 그만 구멍이 뚫렸는데, 그 구멍으로 물이 들어와 배가 침몰하려 했다. 그런데 갑자기 구멍이 서서히 막히더니 점점 작아져 결국 침몰하지 않고 안전하게 배를 댈 수 있었다고 한다. 그리하여 구멍이 난 곳을 살펴봤더니 커다란 전복이 그 구멍에 달라붙어 있었다는 것이다. 이후 그 선조는 자손들에게 전복을 먹지 말라는 유언을 남겼고, 후손들은 그것을 따른다는 것이었다. 그런 이유에서인지 당시 포구에 사는 사람들도 모두 전복을 먹지 않는다고 했다. 이러한 이야기를 들은 원중거는 "풍속이 신기하고 괴이한 것을 숭상하기 때문"이라고 일갈했다.

공식 행사가 없을 때면 자칫 지루한 나날을 보내야 하는 사행원들에게 그 지역 태수가 선물을 보내오기도 했다. 원중거는 태수가 보내온 찬합에 대한 이야기도 사행록에 세밀하게 기록해놓았다. 칠을 한 삼중 찬합의 위층에는 밥을 담았는데, 흰쌀을 찧고 검은 깨를 더해 정성스럽게 만든 밥이었다. 또 가운데층에는 익힌 전복과 도미, 가물치 같은 생선 종류를 담았고 아래층에는 갖은 야채를 담았는데, 모두 깨끗하고 가지런했지만 물건을 풍부하게 담지는 않았다고 했다. 원중거는 이에 대해 "오직 정결한 것을 높인 것이다"라고 평하였다.

공식 의례로 주요 인물들이 모두 의례에 참여할 때면 숙소에는 사람들 일부가 남아 이를 지키기도 했다. 일행이 환영의례인 하선연에 참여했을 때 원중거는 숙소를 지키기 위해 남아 있었다. 그때

왜인 금도禁徒가 10세 되는 자신의 아이를 데리고 와서 인사를 시켰다. 아이는 예쁘게 절을 하고 꿇어앉았는데, 단아하고 모습이 예뻤다. 이에 떡을 내 먹도록 하니, 머리를 숙여 절을 한 후 일어나서 공손히 받고는 무릎을 꿇고 앉아 그 절반만 맛을 보았다. 그리고 이내 품안에서 종이를 꺼내어 나머지 절반을 쌌다. 갈 때에도 머리를 숙여 절을 하며 공경하는 태도를 보이니 금도가 문밖에 서서 예절바른 아이의 모습을 보고 흐뭇해했다. 원중거는 이러한 광경을 보면서 "부모의 사랑이 깊어 어려서부터 예절교육을 잘 받은 것"이라 칭찬하는 한편, "일본의 풍속을 어찌 교화하지 못하겠는가"라며 몹시 애석해했다.

통신사들의 시선에 비친 괴이한 풍속 가운데 하나는 바로 남창男娼의 풍속이었다. 통신사들이 남창에 대해 묘사한 바에 의하면 "요망스럽고 아리따운 것이 여자보다도 훨씬 더 곱다"고 했다. 남창들의 나이는 대략 열서너 살부터 스물여덟 살에 이른다고 했다. 여자보다도 예쁜 남자들의 모습은 어떨까. 머리에는 향기로운 기름을 발라 윤기가 자르르 흐르게 하여 마치 옻칠을 한 듯 곱게 빗었다. 또한 눈썹을 예쁘게 그리고, 얼굴에는 분을 하얗게 발랐다. 거기에 화려한 채색으로 그림을 그려넣은 옷차림을 하고 부채를 들고 요염하게 서 있는 모습을 보면 마치 아름다운 꽃과 같이 보인다고 묘사했다. 당시 귀족이나 부자들은 재물을 아끼지 않고 그들을 기르고 밤낮으로 출입하여 모시고 따르도록 했다고 한다. 심지어는 일반 백성들까지 남창을 사서 데리고 있었는데, 간혹 이들 사이에 질투로 사람을 죽이는 사건도 벌어졌다고 한다. 이러한 풍속은 조선통신사들의 시선에 괴이하게 비쳤을 터이고 그리하여 그 내용이 사행록에도 기록된 것이다.

통신사들은 여정이 길 때면 일본에서 새해를 맞이하기도 했다. 사행록에는 일본의 새해 풍경도 묘사되어 있다. 특히 집집마다 대문 왼쪽에 새끼로 초목의 푸른 가지를 꿰어서 문에 이어놓는 모습이 이색적으로 보였는데, 이는 새해에 화를 막는 방법이라고 했다. 또 12월 30일 밤이면 곳곳에서 북을 두드리고 굿을 하면서 묵은해가 가고 새해가 오는 것을 떠들썩하게 축하하는 모습을 볼 수 있다고 했다. 등불과 촛불은 거리에 가득하고 곳곳에서 웃음소리가 들리며 세배를 하고 축하하는 것이 우리나라와 다르지 않다고

새해 첫날 새벽 해가 돋아나자 이를 구경하고 있는 사람들. 에도시대의 그림이다.

森田座

유곽(매음하는 곳)의 풍경을 그린 것이다. 조선통신사들이 일본에서 가장 요상하게 여겼던 것은 창녀가 아닌 남창의 풍속이 있었던 것이다.

묘사했다.

또 새해의 음식인 떡을 선물로 받기도 했다. 원중거가 대마도에 머물고 있을 때 왜倭의 통사가 그 지역 태수가 보낸 '생면병生糆餅'이라는 떡을 새해 선물로 가져왔는데, 그 모양이 마치 둥근 종과 같았다. 낯선 곳에서 맞이하는 새해이지만 한 해의 시름을 모두 덜어놓고 열린 마음으로 선물을 나누고 기쁨을 함께하는 정경만은 우리와 다르지 않았다.

통신사 행렬의 흔적들

현재 전하는 일본 인형 중에 '쓰네이시 하리코 인형'이란 것이 있다. 인형 제작자가 쓰네이시沼隈常石에 살았던 사람이므로 그런 이름이 붙여진 것이다. 목형木型에 종이를 발라 말린 후 목형은 빼내고 그 위에 조개껍데기를 갈아 만든 흰빛의 안료를 칠한 위에 다시 채색하여 만든 자그마한 인형이다. 수염이 있는 남성의 모습이며 붉은색, 푸른색, 검정색 옷을 입고 손에는 누런빛의 관악기 하나씩을 들고 있는데 악기가 길어서 오른발 끝부분까지 내려와 있다. 15센티미터 정도 되는 자그마한 크기의 이 '나팔 부는 남자' 인형 제작은 메이지시대 이후 현재까지 3대째 가업으로 전해 내려오고 있다 한다.

그런데 오랫동안 제작자는 이 인형이 무엇을 모델로 하고 있는 것인지, 그의 손에 들려 있는 악기가 무엇인지 모르는 채 인형을 만들어왔다고 한다. 그러던 중 조선통신사 연구의 초기 인물인 신기수辛基秀 선생에 의해 이 인형이 조선통신사를 수행한 악사를 모델로 한 것이라는 사실이 밝혀졌다. 악기 모양으로 본다면 관악기인 '나발'을 들고 서 있는 모습이다. 나발이라 하면 한 음만 소리낼 수 있고 신호용으로 곧잘 부는 군대용 악기로서 행진 음악인 취타吹打를 연주할 때 많이 쓰였다.

300~500명에 달하는 통신사 행렬은 일본 땅 어느 곳에 가더라도 그곳 분위기를 압도했다. 거대한 규모의 인원이 전혀 보지 못했던 낯선 옷을 입고 악대가 연주하는 힘찬 음악에 맞추어 행진하는 모습을 상상해보라. 어느 누구라도 그 행렬에 압도되지 않을 수 없었을 터이다. 긴 나발을 앞으로 쭉 내밀어 '뚜-뚜' 불며 호방한 모습으로 행진하며 연주하는 악인樂人의 모습은 그들의 뇌리에 깊이 새겨져 이처럼 인형으로 재현되었던 것이다. 그리고 그 인형은 지금도 여전히 제작되어 사람들 곁에 남아 있다.

통신사 행렬에 대한 관심은 과거 통신사가 통과했던 몇몇 지역에서 지금도 행해지는 마쯔리를 통해서도 확인할 수 있다. 통신사 행렬 자체를 재현하는 마쯔리에서는 통신사가 지나갈 때 들고 다니던 깃발과 복장 등을 볼 수 있다. 현재 일본의 당인唐人 행렬과 당자唐子춤이 곧 조선통신사의 영향을 받아 만들어진 것의 한 예이다. 한때 '당인' 혹은 '당자'라는 이름에 '당唐' 자를 쓴다는 이유로 중국과 관련된 것이라는 설이 있었지만, 일본에서 사용되는 '당'은 '외국'의 개념으로도 쓰인다. 당인을 '조선인'이라는 의미로도 쓰고 있으며 여러 정황으로 볼 때 조선통신사의 영향으로 만들어진 것임에 분명하다.

당인춤은 1636년에 츠하치만궁津八幡宮의 제례의 일부로 시행되어 지금까지 전하는데, 이는 앞서 이야기한 것처럼 조선통신사의 행렬에서 모방한 것이다. 현재 연행되고 있는 당인춤의 행렬은 초인차町印車를 선두로 하여 대기大旗와 청도기淸道旗, 나발 2, 춤, 그리고 피리 2, 징 2, 큰북, 작은북 2, 영기令旗 등 스물세 명이 행렬에 포함되어 있다. 이들은 희로애락을 표현하는 가면을 쓰고 참가하는데, 매년 10월에 행해지는 이 축제에서는 아악雅樂의 하나인 월천악越天樂을 바탕으로 만들어진 '미치바야시'라는 음악에 맞추어 행진하며, 이틀에 걸쳐 300호 이상의 집을 방문하면서 춤추는 방식으로 연행된다. 지난 1991년에는 미이켄 무형 민속문화재로 지정받기도 했다.

조선통신사 행렬 중 나발을 불고 있는 이들. 쓰네이시 하리코 인형은 이들을 모델로 만들어졌다 한다.

당인춤은 엄숙한 신사의 의례적인 요소가 강한 신악神樂과는 달리 축제의 분위기를 북돋우는 예능이 되었다. 당인을 맡아 춤추는 역할은 젊은 사람이 담당하며, 오곡의 풍요를 빌면서 춤을 추는 것으로 보아 농경사회의 특유한 의미도 담고 있다. 당인춤 계열은 메이지 초기까지 히로시마현을 위시한 각지에 있었다고 하는데, 통신사가 여러 차례 왕래한 도카이도東海道의 미에현三重縣, 기후현岐爭縣, 아이치현愛知縣 등에서 특히 성행했다고 하는 것으로 보아 조선통신사 행렬과 밀접한 관련이 있었음을 알 수 있다.

또 오카야마현岡山縣의 우시마도牛窓에는 통신사 행렬 가운데 소

오늘날 일본에 전하고 있는 당자춤.

동小童 2인이 대무對舞하는 것을 보고 만든 춤으로 알려진 '당자용唐子踊', 즉 당자춤(가라코 춤)이 전하고 있다. 현재 그 지역에는 조선통신사 기념관이 조성되어 있어 관련 자료를 접할 수 있다. 당자춤의 끝부분이 세 박자로 마무리되는 점, 춤추는 소년의 의상, 2인이 대무하는 전통 등이 조선통신사의 소동춤에서 영향을 받은 것으로 이야기되고 있다.

일본에 대한 찬탄과 경계의 교차

조선은 일본에 대해 문화적 우월감에 넘쳐 있었다. 그러나 문화적 자신감으로 충만한 상태로 일본에 갔던 통신사 가운데는 일본 문화를 접하고 충격을 받아 돌아오는 이도 많았다. 특히 18세기

御茶屋
冨士川
六本松
吉原
浮嶋ヶ原

1736년에 제작된 일본 지도 중 후지산이 묘사된 부분. 워싱턴 D.C. 국회도서관. 조선통신사들은 일본 최고의 명산 후지산을 다녀오는 일도 많았음이 기록으로 남아 전한다.

일본 도시에서 사람들이 모여 공연을 감상하고 즐기고 있는 모습. 남녀노소의 화려한 모습을 볼 수 있는데, 조

일본의 번성한 출판문화는 그들에게 놀라움을 주기에 충분했다. 중국의 책과 조선의 책을 취급하는 서점의 규모는 조선에 비할 바가 안 될 만큼 월등한 규모였다. 게다가 사행 기간 동안 자신들이 써준 글이 돌아오는 길에 이미 출판·유통되는 빠른 출판 속도는 조선에서는 경험할 수 없는 경이로운 일이었다. 조선통신사가 온다는 소식이 전해지면 이미 통신사와 관련된 그림이 판화로 제작되어 불티나게 팔리기도 했다. 이러한 모든 상황은 조선과는 비교할 수 없을 정도였다.

도시문화의 화려한 면모도 그들에게는 충격이었다. 거리를 메운 남녀노소의 사치스러운 복색과 치장은 눈이 휘둥그레지도록 만들었고 주위의 화려한 건축물과 휘황찬란한 야경은 조선에서는 볼 수 없었던 풍경이었다. 그들을 태워가기 위해 나온 선박들은 엄청나게 화려해 보였다. 이러한 모든 정경은 조선의 문화적 우월감을 지그시 누르는 압력으로 느껴지기도 했다.

그런 가운데서도 일본에 대한 경계의 시선은 여전히 남아 있다. 한 예로 거리를 지나면서 우연히 마주친 일본인들의 노동 현장을 묘사한 기록이 있다. 당시 일본인들은 조선인에 비해 체격이 작은 편이었으므로, 작은 체구지만 힘을 한데로 모아 노동하는 장면이 이들에게 인상적이었던 듯하다. "사람이 연약하기에 큰 일을 맡아 할 때는 힘을 나누어 쓴다." "무거운 돌이나 큰 나무를 들어올릴 때, 선소리로 '예사曳沙'라고 소리를 하면 나머지 사람들은 비록 수십 명이라도 한목소리로 '예사' 하고 받아 소리한다." "빨리 할 때는 손을 휘둘러 몸을 흔들며 눈을 부릅뜨고 소리치는데 응하는 사람들도 똑같이 한다." "소리가 높고 낮고, 느리고 빠름에 따라 물건이 움직이는 것, 몸을 구부렸다 펴는 동작이 하나같이 한 사람이 하나의 힘으로 하는 듯하여 선혀 어긋남이 없었다." "혹시 일을 나누어 맡아 하게 되는 경우 자신이 맡은 일은 자신이 알아서 하고 일이 험하든 쉽든 피하지 않는다." 이러한 묘사 끝에는 반드시 촌평을 곁들였다. "대개 저들이 지난날 우리 땅에서 날뛰었던 것은 이와 같았기 때문인 듯하다"라고 하여 그들의 단결된 노동력, 하나로 힘을 모으는 집중성에 대해 임진왜란의 기억을 떠올리는 것을 잊지 않았다.

제11차 사행에 다녀온 원중거가 통신사행에 다섯 가지 이익과 세 가지 폐단이 있다고 지적한 점은 우리에게 시사하는 바가 크다. 외교적 수행을 잘하면 변경이 편안해진다는 점, 일본의 지세와 백성의 풍속을 살피면 그들을 인도하거나 제압할 수 있다는 점, 일본 조정과 왕래하여 대마도의 폐해가 줄어들 수 있다는 점, 일본을 예속의 아름다움으로 이끌어 전쟁의 위협에서 벗어날 수 있는 점 등이 이익이라 했다. 폐단이라고 한다면 사행 인원이 너무 많고, 역관의 권한이 너무 중하여 통역의 한계를 극복하기 어렵다는 점, 교역하는 물품이 너무 번잡하고 많다는 점을 들었다. 결국 조선통신사라는 대규모 행렬은 1811년, 제12차 사행 때 대마도까지 가는 행렬을 마지막으로 막을 내리게 되었다.

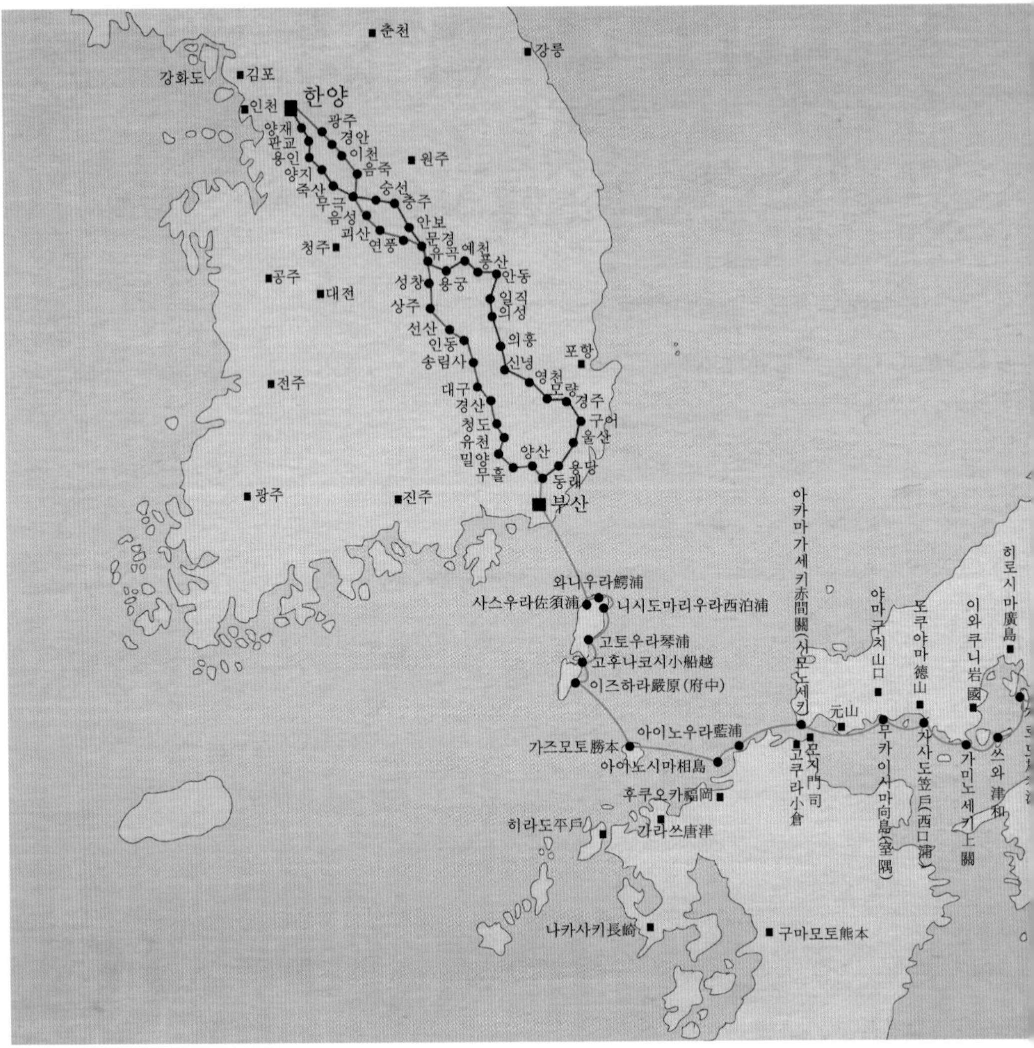

춘천
강릉
강화도
김포
인천
한양
광주
양재
경안
판교
이천
용인
음죽
원주
양지
숭선
죽산
충주
무극
음성
안보
괴산
문경
청주
연풍
예천
유곡
풍산
안동
공주
용궁
대전
일직
상주
의성
선산
인동
의흥
포항
송림사
신녕
전주
영천
대구
모량
경주
경산
구어
청도
울산
유천
양산
밀양
용당
무흘
동래
광주
진주
부산
와니우라鰐浦
사스우라佐須浦
니시도마리우라西泊浦
고토우라琴浦
고후나코시小船越
이즈하라嚴原(府中)
아이노우라藍浦
가즈모토勝本
아이노시마相島
후쿠오카福岡
히라도平戶
가라쓰唐津
나카사키長崎
구마모토熊本
아카마가세키赤間關(시모노세키)
고쿠라小倉
모지門司
元山
야마구치山口
무카이시마向島(室隅)
도쿠야마德山
가사도笠戶(西口浦)
이와쿠니岩國
가미노세키上關
쓰와津和
히로시마廣島

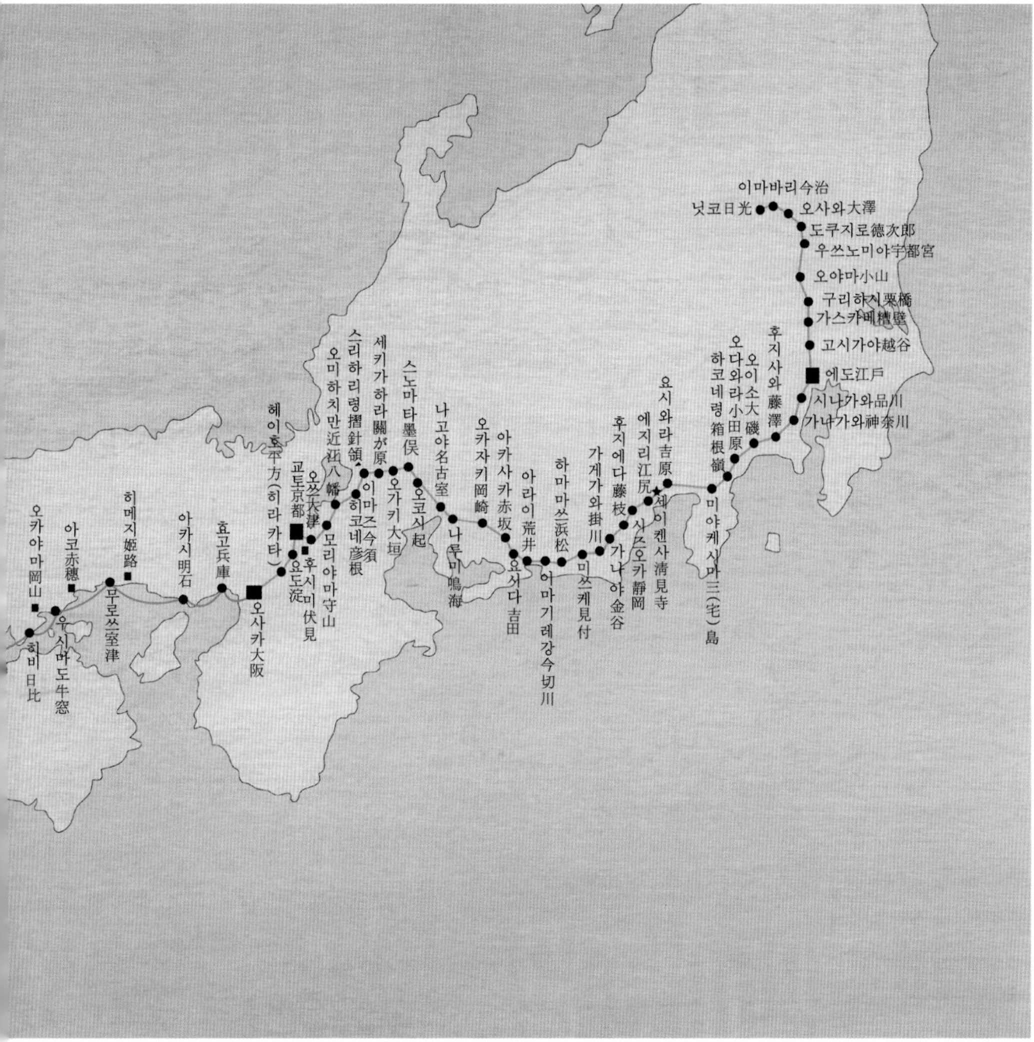
닛코日光
이마바리今治
오사와大澤
도쿠지로德次郎
우쓰노미야宇都宮
오야마小山
구리하시栗橋
가스카베糟壁
고시가야越谷
에도江戸
시나가와品川
가나가와神奈川
후지사와藤澤
오이소大磯
오다와라小田原
하코네령箱根嶺
미야케시마三(宅)島
요시와라吉原
세이켄사清見寺
에지리江尻
시즈오카靜岡
후지에다藤枝
가나야金谷
가게가와掛川
미쓰케見付
하마마쓰浜松
이마기레강今切川
아라이荒井
요시다吉田
아카사카赤坂
오카자키岡崎
나루미鳴海
나고야名古室
오코시起
스노마타墨俣
오가키大垣
세키가하라關が原
이마즈今須
스리하리령摺針領
히코네彦根
오미하치만近江八幡
모리야마守山
오쓰大津
교토京都
후시미伏見
요도淀
헤이호平方(히라카타)
오사카大阪
효고兵庫
아카시明石
히메지姬路
무로쓰室津
아코赤穗
우시마도牛窓
오카야마岡山
히비日比

조선통신사 행로.

4장

예로써 섬긴 나라 여자로 섬긴 나라

공녀로 본 여성의 해외 경험

이숙인

해외로 팔려간 여성들

전 지구가 하나의 마을처럼 그 왕래가 빈번해진 오늘날, 해외여행의 의미가 남녀 성별에 따라 크게 다를 것 같지는 않다. 그런데 단순한 여행을 목적으로 한 것이 아니라 일이나 삶과 관련된 경험의 문제로 들어간다면 성별은 유효한 분석의 도구가 될 수 있다. 자본을 따라 국제적으로 이동하는 제3세계 여성들이나 자녀 교육의 매니저 자격으로 해외생활을 하는 '기러기 아빠'의 아내들이 한 예가 될 수 있겠다. 전통시대에도 여성들의 해외 '진출'은 우리가 생각하는 것보다 훨씬 많았는데, 여행이라기보다 주로 전쟁포로나 국제관계에서 정략상의 교환 등의 형태로 이루어졌다. 그러니까 그녀들의 행로는 순전히 국가의 '부름'에 응한 결과인 셈이다. 그들 중에는 고국으로 되돌아온 여성들도 있고, 이국땅에서 자식 낳고 그곳 백성이 된 여성들도 있으며, 고국을 그리워하며 산송장처럼 살다 간 여성들도 있었다. 그중 이러한 여성을 대표하는 집단으로 공녀貢女를 들 수 있다.

공녀란 중세기 한국에서 중국으로 진상進上된 여자를 말하는데, 조공무역의 일환으로 공물貢物로 취급되었던 사람들이다. 고구려와 신라에서 중국의 북위北魏에 여자를 보냈다는 기록이 있는 것을 보면 공녀의 역사는 멀리 5세기 초까지 거슬러 올라간다. 그런데 공녀가 본격적으로 요구된 것은 원의 간섭이 시작된 고려후기부터로, 조선전기에는 명나라에, 조선후기에는 청나라에 공녀를 바쳤다. 고려 원종元宗 15년(1274) 원나라에서는 그들에게 귀순한 남송 군사들의 처를 얻어준다는 구실로 140명의 부녀자를 요구하였다. 고려에서는 결혼도감이라는 특별 관청을 설치하고 민가를 샅샅이 뒤져 그 숫자를 채웠다. 이때 끌려간 여성들 대부분은 과부, 역적의 처, 승려의 딸이었는데 북으로 끌려갈 때 그 대열의 통곡 소리가 하늘을 뒤흔들었다고 한다. 고려는 충렬왕 1년(1275)에서 공민왕 3년(1354)까지 80년간 44차례에 걸쳐 원나라에 여자를 헌납했다. 그 수는 회당 많게는 50명에서 적게는 1명까지 대략 170명 이상이 보내졌다. 그런데 이것은 공식적인 숫자일 뿐, 원나라 고관들이 데려간 사적인 공녀까지 포함한다면 실제 수는 2000명 이상일 것으로 추정하기도 한다.

조선전기에는 태종과 세종 때 20여 년간 일곱 차례에 걸쳐 114명의 공녀가 보내졌다.* 이때 중국이 요구하는 여자들의 용도도 다양하여 처녀 16명, 여종 48명, 집찬녀執饌女(음식 만드는 여자) 42

*공녀 헌납은 태종 8년(1408)에 21명, 태종 10년(1410)에 5명, 태종 17년(1417)에 14명, 세종 9년(1427)에 33명, 세종 10년(1428)에 1명, 세종 11년(1429)에 20명, 세종 15년(1433)에 20명이었다. 태종 때부터 중종 때까지 110여 년간 모두 12회에 걸쳐 공녀를 요구받았지만 실제로 보내진 것은 태종과 세종 때의 7회였다.

1907년에 그려진 그림으로, 제목은 '파련한 색시아이'이다. 이런 여성들은 중세기에는 공녀로 차출되어갈까봐 두려움에 떨어야 했다. 국립민속막물관.

명, 가무녀歌舞女 8명이었다. 여기서 '처녀'라고 한 것은 궁녀나 황실 가족의 처첩으로 삼기 위해서인데, 그들의 첫째 조건이 자색姿色, 즉 미모가 출중해야 했다. 세종 15년(1433) 이후 약 80년간은 공녀를 요구하는 일이 없다가 중종 16년(1521)에 다시 공녀를 진상하라는 통보가 왔다. 이때 조선은 중국이 요구한 숫자만큼 준비해 두었지만 명나라 황제 무종武宗의 갑작스런 사망으로 공녀를 보내지 않아도 되었다. 마지막 공녀가 명나라로 떠난 지 약 200년이 지난 인조 16년(1638)에 청나라로 정권이 바뀐 중국이 다시 공녀를 요구해왔다. 또 그 12년 후인 효종 원년(1650)에도 공녀 송출이 있었다. 조선후기인 인조와 효종 때 두 차례에 걸쳐 32명의 공녀가 청나라로 떠났다.

이상은 『고려사』와 『조선왕조실록』에 기록된바, 중국 황제의 공식적인 명령에 따라 보내진 공녀 헌납의 실태이다. 그런데 공적인 공녀 못지않게 황족이나 고관 등이 직접 오거나 간접적으로 사신을 파견하여 처첩을 구하는 사적인 공녀 숫자도 만만치 않았다고 한다. 심지어 중국의 관리들은 상관에게 바치는 뇌물용으로 황제의 명령이라고 속이고는 미혼의 여성들을 데려갔다고 한다. 이때 여자들의 나이는 대개 열한 살에서 열여덟 살 사이였다.

국가 간 무역의 형태이거나 충돌 완화의 방법으로 여자를 이용한 종류의 이야기는 많이 전해오고 있다. 고대의 중국에서는 그런 여자를 화번공주和蕃公主라 했는데, '평화의 화신'쯤 될 것이다. '화번공주'의 대표 주자로 왕소군王昭君을 꼽는 데는 이견이 없을 것 같다. 그녀는 전한前漢 원제元帝의 후궁이다가 흉노의 호한야 선우에게 바쳐졌다. "오랑캐 땅에는 꽃이 없으니, 봄이 왔으나 봄 같지가 않구나胡地無花草, 春來不似春" 라는 시로도 유명한 그녀는 '팔려간' 그녀의 신세를 애달파한 문사들에 의해 이민족에게 중국 문화를 심어준 문화 전달자로 그 역사적인 존재 의미를 부여받았다.

원과 고려도 '여자 교환', 즉 혼인을 통한 구생舅甥관계를 구축함으로써 각자의 권력을 공고히 했던 것이다. 조선시대의 공녀는 이들과는 좀 다르지만 중세기 국제관계가 낳은 역사적 산물이라는 점에서는 그 운명을 같이한다. 공녀, 그녀 자신들은 제물이 되었지만 한편에서는 그녀들로 인해 이익을 챙기는 다양한 집단이 생겨났다.

「왕소군」, 히시다 슌소, 비단에 채색, 168×370cm, 1902, 일본 산형 선보사. 국가 간 무역 충돌을 완화시키는 데는 여자들이 흔히 이용되곤 했다. 이처럼 이른바 '평화의 화신' 역할을 한 이들 중 대표적인 인물로 왕소군을 꼽을 수 있다.

공녀 '사냥'에 온 나라 벌집 되다

공녀를 구하는 사신이 압록강을 건너면 나라에서는 먼저 그녀들을 선발할 임시기구를 설치하고, 각 도에 그 할당량을 배정했다. 고려 때의 기구로는 결혼도감結婚都監과 과부처녀추고별감寡婦處女推考別監이 있었고, 조선시대에는 진헌색進獻色과 혼례도감낭청이 있었다. 중국으로 보낼 공녀를 뽑기 위해 전국에 혼인금지령을 내리고 공녀 선발을 담당할 관직을 개설했는데, 이를 경차내관敬差內官이라 하였다. 이에 중국에서 사신이 올 때마다 온 나라 백성들은 "어찌 왔을까? 동녀 잡으러 왔을까?" 하며 불안과 공포에 떨었다. 사람들은 딸을 숨기거나 머리를 깎아 중이 되게 하거나, 혹은 딸의 나이가 매우 어림에도 불구하고 재빨리 혼인을 시키는 방법으로 공녀 사냥으로부터 벗어나려 했다. 이와 함께 공녀를 선발하려는 나라의 법은 더욱더 정교해졌다.

조선 태종 8년(1408) 4월에 실시된 명나라로 보낼 1차 공녀 선발은 온 나라를 두 달간이나 불안과 공포에 떨게 했다. 이 사건은 각 도에서 30명의 처녀를 뽑아 서울로 이송함으로써 일단락되었다. 뽑힌 공녀 후보자들은 의정부의 재심을 거쳐 부모 3년상을 당한 자나 무남독녀를 제외한 7명으로 압축되었다. 다시 선발된 7명을 놓고 중국에서 온 사신 황엄黃儼 등이 경복궁에서 최종 심사를 했다. 여기서 황엄은 처녀들의 미색이 없다고 분노하였다. 거기다가 선발된 처녀 모두가 몸에 이상이 있는 것처럼 하여 뽑히지 않으려고 애를 썼다. 결국 이 여자들의 부친은 모두 딸을 잘못 가르친 죄로 파직되거나 귀양 가게 되었고, 7월에 전국을 대상으로 처녀를 다시 뽑았다. 태종은 이번에는 좀더 강력한 법을 가동시켰다.

지난번에 관찰사 등이 처녀들을 철저히 찾아내지 않았기 때문에 보고에 빠진 자가 많았다. 다시 수령·품관·향리·양반 등 모든 백성의 집을 수색하여 자색姿色이 있는 모든 처녀를 가려내라. 정결하게 빗질하고 단장시켜 명나라 사신의 심사를 기다리도록 하라. 만일 처녀를 숨기거나 침을 뜨고 약을 붙이는 등 흉하게 보이도록 꾀를 쓰는 자가 있다면 통정대부 이하는 각 도에서 직접 처단하고, 가선대부 이상은 '왕지王旨를 따르지 않은 죄'로 논하여, 직첩職牒을 회수하고 가산家産을 몰수하라.(『태종실록』 권16, 8년 7월 3일)

한편 국왕의 명을 받은 관리들의 횡포는 극에 달했고, 그 폐해는 국왕에게 보고되었다. "지금 나라에는 처녀를 숨긴 자를 찾아내어 재산을 몰수하고 있습니다. 해당 관리들은 아전과 부녀자들을 잡아가두고 매질을 하니 마을 사람들이 원통하게 부르짖어 화기和氣를 상하게 하고 있습니다." (『태종실록』 권16, 8년 7월 5일) 국가가 강력하게 나오면 나올수록 딸을 빼앗기지 않으려는 백성들의 지혜는 진화해갔는데, 세종 때는 자진 신고와 함께 남이 신고하도록 하는 방법을 개발했다.

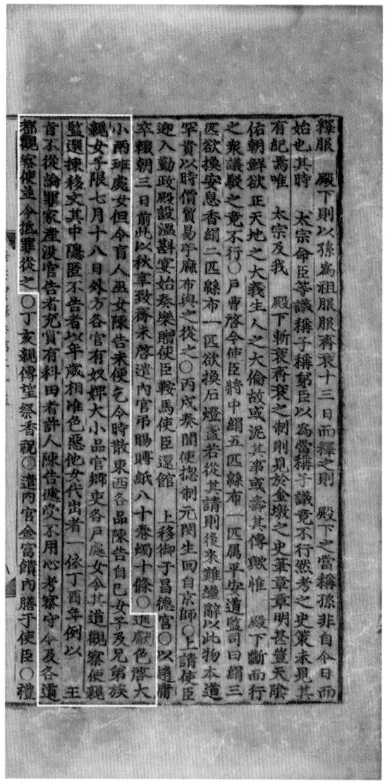
釋服 殿下則以孫爲祖服服齊衰十三日而釋之則 殿下之當稱孫非自今日而
始也其時 太宗命臣等議稱子稱弟臣以爲當稱子議竟不行然考之史策未見其
有紀焉唯 太宗及我 殿下斬衰齊衰之制則見於金墩之史筆章章明甚豈天啓
佑朝鮮欲正天地之大義生人之大倫故或泥其事或壽其傳歟惟 殿下斷而行
之衆議駁之竟不行○戶曹啓今使臣將中絹五匹綿布一匹屬平安道監司曰絹三
匹欲換安息香絹二匹綿布一匹欲換石燈盞若從其請則後來難繼辭以此物本道
罕貴以時價貿易苧麻布與之從之○丙戌奏聞使摠制元閔生回自京師○上請使臣
迎入勤政殿設溫斟宴始奏樂贈使臣鞍馬使臣還館 上移御于昌德宮○以遣盧
卒輟朝三日前此以秋草致齋未啓遣內官弔賜賻紙八十卷燭十條○進獻色啓大
小兩班處女但令盲人巫女陳告未便乞令時散東西各品陳告自己女子及兄弟族
親女子限七月十八日外方各官有奴婢大小品官鄕吏各戶處女令其道觀察使親
監選揀移文其中隱匿不告者以年歲相准色惡他女代出者一依丁酉年例以王
旨不從論罪家産沒官告者充賞有科田者許人陳告職牒不用心考察守令及各道
都觀察使並令抵罪從之○丁亥親傳望祭香祝○遣內官金富饋內膳于使臣○禮

『세종실록』 권25, 규장각한국학연구원. 공녀로 뽑혀갈 처녀를 숨겨놓는 집안에 대해 처벌을 내릴 것을 기록하고 있다.

현직이나 전직의 모든 관리들은 각자 자기의 딸과 형제 및 친족의 딸을 7월 18일까지 신고하도록 하라. 만일 처녀를 숨기고 알리지 않는 자나 나이 비슷한 못생긴 다른 아이를 대신 내놓는 자는 왕의 명령을 어긴 죄로 처벌하고 가산을 몰수하여 신고한 자에게 상으로 준다.(『세종실록』 권25, 6년 7월 13일)

공녀 선발을 위한 각종 법령은 사람들로 하여금 서로 믿지 못하게 하는 매우 심각한 분위기를 조성했다. 관리들에게는 딸이 있는 집을 관청에 비밀리에 신고하도록 하는 권한을 부여했는데, 그 가운데는 원한관계에 있던 사람이 복수할 기회로 삼아 딸이 없음에도 딸이 있다고 신고하는 일이 벌어지기도 했다. 관민官民 공조로 '숨겨진 딸'을 찾아내려는 이 시대의 풍경은 '간첩'을 찾기 위해 모두가 혈안이 되었던 한 시기를 연상케 한다. 말하자면 '딸을 숨기는 죄'는 이 시대의 '국가보안법'으로 다스려졌다.

혼인금지령을 어기고 혼인하는 자들, 딸을 숨기는 자들이 있을 경우, 그들이 속한 지역의 수령까지 처벌을 면하지 못했다. 효종 때 공녀로 뽑혀 서울로 호송되던 한 처녀가 칼로 자신의 머리칼을 잘랐는데, 이때 처녀의 고을 현감과 호송 관원들 모두 엄한 형벌을 받았다. 그럼에도 법령과 함께 그 위반 사례들이 속출하였고, 공녀 선발과 관련된 새로운 각종 범죄들이 발생했다. 경상도의 정황鄭煌이라는 사람은 딸이 공녀 후보자로 뽑혀 서울로 올라오게 되자, 오는 도중에 딸의 얼굴에 약을 발라 얼굴을 상하게 했다. 이때 정황은 이 사실을 숨기기 위해 그의 딸을 호송한 향임 최응벽崔應壁이라는 자가 자신의 딸을 강간하려다가 상처를 입힌 것이라고 무고하였다. 조정에서는 최응벽을 사형에 처했다. 그러자 그 후 최응벽의 아들이 아버지의 원수를 갚기 위해 정황을 칼로 찔러 살해했다.

공녀로 간다는 것이 무엇을 의미하는지는 누구보다 국가가 더 잘 알고 있었다. 중종은 "여자를 뽑는 일이 부득이한 데서 나온 일이지만 어찌 원통하지 않겠는가? (…) 혹시라도 선발된 처녀들이 구덩이에 몸을 던진다든가 목매어 자살하는 일이 있을까 염려스럽다"(『중종실록』 권42, 16년 6월 2일)고 하였다.

그녀들의 행로

우여곡절을 겪으면서 선발된 공녀, 특히 명나라 황제의 후궁이 될 그녀들은 두 달 이상 걸리는 긴 여행길에 오를 채비를 하였다. 건강 상태를 점검하고 외모를 가꾸는가 하면, 왕비가 차린 전별연에 불려가 위로도 받았다. 태종대와 세종대의 일곱 차례에 걸친 공녀 전송이 모두 똑같은 순서와 형태로 이뤄진 것은 아니지만, 대체로 왕과 왕비가 참석하는 전송식을 했던 것 같다.

> 여인들은 다 슬피 흐느끼고 먹지 않았으며, 물러나올 때에는 낯을 가리고 우니 부모와 친척들이 서로 붙들면서 데리고 나왔는데, 곡성이 뜰에 가득하여 보는 사람들이 눈물을 흘리었다. 임금이 근정전에 납시어 창가녀 등을 불러 노래를 듣던 중 한 여자가 이번에 가면 다시 오지 못한다는 뜻을 노래하였는데, 그 가사가 몹시 처량하고 원망스러웠다.(『세종실록』 권45, 11년 7월 18일)

그녀들이 출발할 때 왕과 왕비는 지금의 독립문 자리인 모화루까지 나와 눈물로 전송하였다. 여자들의 부모와 친척들의 통곡이 하늘을 울리고 눈물은 거리를 적셨다.

> 일곱 명의 처녀가 상림원上林園으로부터 근정전으로 들어와서 집이

있는 교자轎子에 나누어 들어갔다. 성씨만은 한 교자에 혼자 들어가고 그 나머지는 두 사람이 한 교자를 같이 탔는데, 사신이 직접 자물쇠를 채웠다. 집찬비와 비婢들은 모두 말을 탔다. 건춘문建春門에서 길을 떠나니 그들의 부모와 친척들이 거리를 막아 울면서 보냈고, 구경하는 사람들 또한 모두 눈물을 흘렸다.(『세종실록』 권37, 9년 7월 20일)

서울을 출발한 그녀들의 행렬은 개성을 지나 평양에 이르고, 안주를 거쳐 의주에 닿는다. 의주에서 압록강을 건너는데 요동까지는 8참이 있다. 구련성—책문–봉황성—진동보—진이보—연

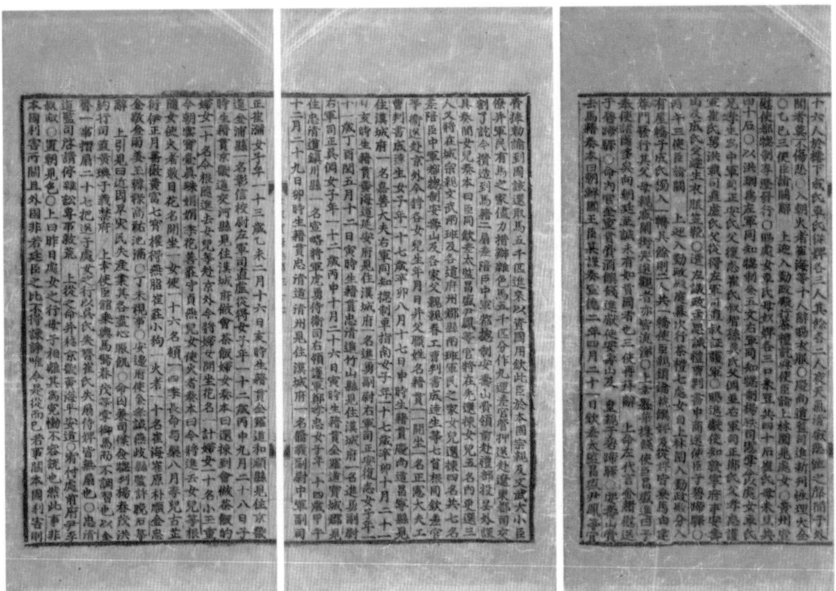

『세종실록』 권37, 규장각한국학연구원. 왕과 왕비, 그리고 공녀의 일가족이 공녀를 떠나보내는 장면이 실록에 상세히 기록되어 있다.

공녀들의 행로.

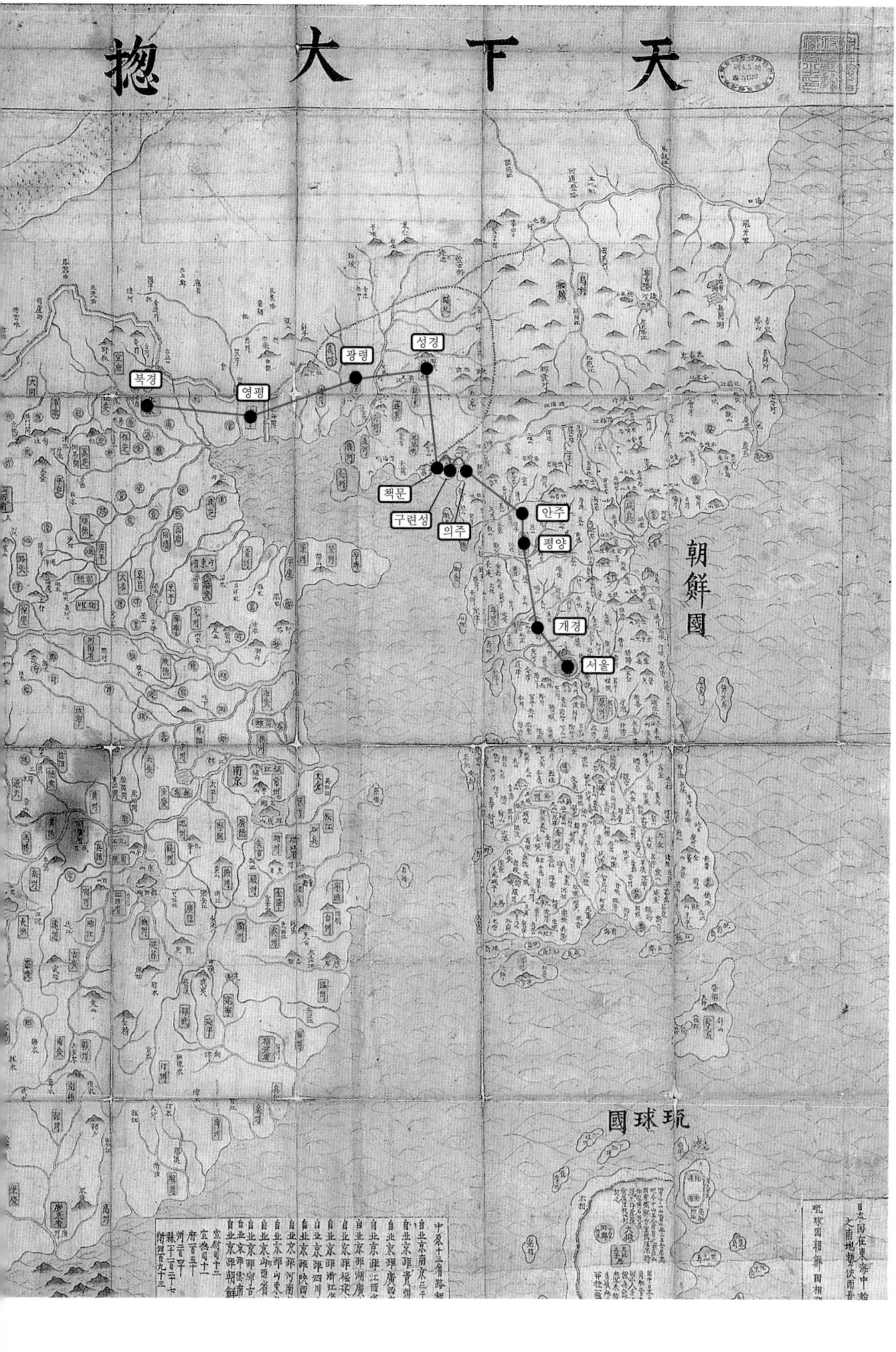
天下大摠
북경
영평
광령
성경
책문
구련성
의주
안주
평양
개경
서울
朝鮮國
琉球國
南京

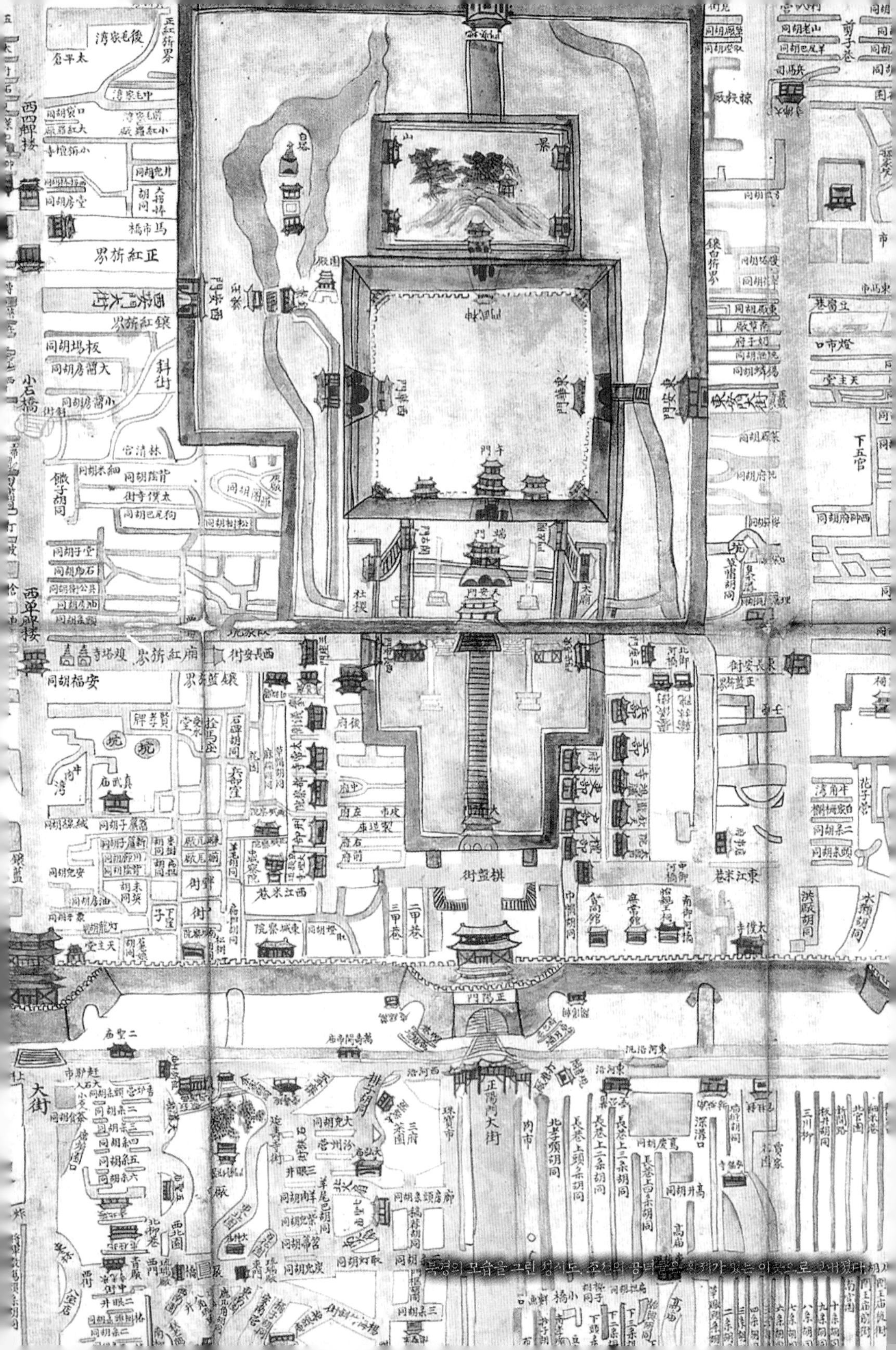

북경의 모습을 그린 성시도. 조선의 공녀들은 황제가 있는 이곳으로 보내졌다.

산관—첨수참—요동(요양)이 그것이다. 그리고 요동에서 북경으로 가는 길에서 거쳐야 했던 지명들이 기록 곳곳에 보인다. 안산—해성—우가장—반산—광녕—십삼산역—영원—산해관—영평—옥전현—통주—북경 등의 지명을 찾아볼 수 있다. 이들과 함께 가는 중국의 사신들과 본국의 사신들도 임시로 지은 각 참의 숙소에서 잤다. 공녀를 수행해갔던 진헌사 안수산이 그녀들의 여정과 상황을 알려왔다.

처녀와 사신이 이달 17일 요동에 도착하니, 도지휘사 왕진王眞·유청劉淸 등이 유하柳河에서 맞이하여 집이 있는 수레 여덟 채로 여사女使와 집찬비執饌婢를 나누어 태워 성안에 숙박시키고 처녀들은 한군데에 함께 묵게 했습니다. (…) 왕진은 '처녀를 영접하려고 내관 3인은 광녕에 도착하고 2인은 옥전현에 남아서 기다린다' 했습니다.(『세종실록』 권37, 9년 8월 26일)

조선초기의 권근權近(1352~1409)은 떠나는 공녀를 위해 시를 지었다.

구중궁궐에서 요조숙녀를 생각하여
만 리 밖에서 미인美人을 뽑는다
꿩 깃 장식의 수레가 멀리 떠나가면서
고국은 점점 아득해진다
부모를 하직하니 말이 끝나기 어렵고
눈물을 참자니 씻으면 도로 떨어진다

슬프고 섭섭하게 서로 떠나는 곳에

여러 산들이 꿈속에 들어와 푸르도다

가족과 친지들의 눈물과 통곡을 뒤로 하고 떠난 공녀들이 목적지인 북경에 도착한 것은 출발로부터 약 두 달 뒤였다. 가는 도중에 호송하는 환관들의 희롱에 수모를 당하는 것은 예사이고, 겨울이라면 매서운 만주 벌판의 추위 속에서, 여름이라면 무더위로 병을 얻기 일쑤였다.

명나라 3대 황제 영락제. 조선의 권씨 등이 그의 후궁이 되었다.

이국에서의 삶

태종 8년(1408)에 선발된 다섯 명의 처녀들은 이문화李文和를 진헌사로 하여 11월 12일에 북경으로 출발한 후 다음 해 2월 9일에 북경에서 황제를 직접 알현하였다. 이들은 모두 영락제永樂帝의 후궁이 되었다.

이중 권씨는 뛰어난 미모와 훌륭한 옥퉁수 실력으로 영락제의 총애를 받아 현인비顯仁妃에 봉해졌고, 나머지 네 명의 처녀도 각각 순비順妃, 소의昭儀, 미인美人 등에 봉해졌다. 태종 10년(1410) 10월 28일에는 명나라 사신이 정윤후의 딸 정씨를 데리고 북경으로 떠났다. 부친 정윤후와 어린 환자 2인, 여사 4인이 동행했다. 북경으로 간 정씨는 영락제의 총애를 받았는데, 태종 13년 4월에는 부친이 황제의 안부를 여쭐 겸 북경을 다녀왔다. 같은 해 8월에 태종 임금은 정씨의 부친을 초청하여 연회를 베풀었다. 세종 1년(1419)에 정윤후가 세상을 떠나자 명나라 예부禮部에 보고되었고, 부친 정씨의 영전에 황제와 황비가 제문을 보내왔다.*

그런데 옥퉁수를 잘 불어 명나라 미인들 사이에 퉁소 바람을 일으켰던 현인비 권씨가 태종 10년 10월에 갑자기 사망하였다. 처음에는 병사한 것으로 알려졌으나 사실은 독살된 것이었다. 그것은 조선에서 함께 간 공녀 여미인의 소행으로 꾸며졌다.

> 역관 원민생이 중국 황제의 성지聖旨를 받드니 '황후가 죽은 뒤로 너희 나라 사람 권비로 하여금 육궁六宮의 일을 주관하게 하였는데, 너희 나라의 여씨呂氏가 고려 출신의 내관內官인 김득金得과 김량金良을 사주하여 은장銀匠에게서 비상을 얻어다가 호도차胡桃茶에 타서 권비에게 먹여 독살시켰다. 이에 짐이 이미 내관과 은장을 처형하였으며, 또 불에 달군 쇠젓가락을 가지고 여씨를 한 달 동안 지져서 죽였다. 너는 이 사실을 권영균에게 말해주어 알리라' 하였다.(『역대요람歷代要覽』「영락永樂」;『해동역사海東繹史』권70)

그러나 여씨의 독살설은 무고임이 밝혀졌는데, 그전에 조선에

*황제의 제문은 이렇다. "너(정윤후)는 명문의 귀족으로 동쪽 나라에 표표하게 드러났고 (…) 짐의 가까운 친척이 되었으므로, 이에 높이 발탁하여 광록의 관직을 주었더니, 어찌된 일이던가. (…) 영혼이 없어지지 않았거든 와서 흠향하라." 황비의 제문은 이렇다. "슬프외다. 우리 아버님은 독실하시고 (…) 하늘의 은총을 입사와 궁중 안에서 빈嬪이란 영광을 얻었사온데, 황상께서는 아버님에게까지 은택을 내리셔서 (…) 어찌 하루아침에 급하게 영결하시어 슬픈 소식이 멀리 들려오니, 애통함을 어찌 견디오리까. (…) 흠향하소서!!"

중국 궁궐에서 황제가 궁녀들과 함께 있는 모습이다. 조선의 공녀들의 모습이 연상된다. 「역조현후고사도歷朝賢后故事圖」 중, 고궁박물원.

「명선종원소행악도」, 명나라, 중국국가박물관. 명나라 선종이 궁궐에서 황후 및 궁녀들과 함께 있는 모습이 묘사되어 있다.

서 간 공녀 대부분이 이 사건과 관련 있다 하여 이미 처형되었던 것이다. 태종 17년(1417)에 공녀로 간 한씨 처녀는 영락제의 여비麗妃에 봉해졌는데, 권씨 독살 사건과 연루된 참형에서는 다행히 벗어났지만 세종 6년 영락제의 사망으로 순장되었다. 태종 때 끌려간 8명의 처녀 중 7명이 비참하게 죽어갔고, 여종 등의 공녀들도 거의 몰살당했다. 역사에서는 영락제의 후궁 현인비 권씨의 죽음과 관련된 이 사건을 '어려의 난魚呂之亂'이라고 하였다.

대부분의 공녀는 이역만리 타국의 구중궁궐에 유폐되어 산송장처럼 살다 생을 마감하거나 성 노리개로 전락하였다. 황제의 눈에 들어 비빈妃嬪에 봉해졌을 경우 조선에 사는 그 가족들과 왕래가 가능했지만 그렇지 않은 대다수의 공녀들은 그 부모를 평생 만날 수 없었다. 어쩌다 인편이 닿아 조선의 부모와 형제들에게 보내온 서신에는 모두 고생하며 지낸다는 내용과 깎은 머리털이 들어 있었다. 가족들은 이를 보고 눈물 흘리며 "평생토록 상견相見할 것은 다만 이 머리털뿐이다"(『세종실록』 11년 4월 12일)라고 하였다.

영락제의 여비에 봉해진 한씨의 경우, 자신이 순장되는 대신에 유모 김흑을 고국 조선으로 보내줄 것을 눈물로 호소하였다. 김흑은 또한 공녀로 온 조선의 집찬녀와 가무녀들도 함께 보내줄 것을 눈물로 간청하여 허락받았다. 그리하여 세종 17년(1435) 4월에 김흑을 비롯한 여종 9명, 집찬녀 37명, 가무녀 7명 등 모두 53명이 조선으로 송환되었다(『세종실록』 6년 10월 17일).

영락제의 죽음으로 순장된 여비 한씨, 그녀가 죽은 지 4년이 지난 세종 10년에 동생 한씨가 선덕제의 후궁으로 들어가 공신부인恭愼夫人에 봉해졌다. 이에 앞서 한씨의 오빠 한확이 여동생을 진헌녀로 가게 했는데, 어느 날 그 여동생이 병이 나자 약을 주었다. 누이 한씨는 "동생 한 명을 팔아 부귀영화를 누렸으면 되었지 남아 있는 동생마저 팔려고 약을 주는가?"라며 울부짖었다고 한다(『세종실록』 9년 5월 1일). 동생 한씨는 명 선종에서 헌종까지 4조祖를 섬기고 1482년(성종 14년)에 74세의 일기로 세상을 떠났다. 「명선종황제 공신부인明宣宗皇帝 恭愼夫人 묘지명」에 그녀를 칭송하는 시가 있다.

동국에서 태어나 중원으로 나오셨네	生乎東國進乎中原
황실을 섬기고 그 몸은 향산에 묻혔네	恭事天府埋玉香山

그립고도 서러운 조국과 소통하다

대부분의 사람들은 자신의 딸이나 누이가 공녀로 끌려가는 것을 극력 반대했지만 일부에서는 딸이나 누이를 통해 출세를 꿈꾸는 자도 있었다. 비록 의도했던 것은 아닐지라도 딸이나 누이가 공녀가 되면 나라에서는 나머지 가족에게 관직과 재물을 주며 위로하는 분위기였다. 즉 딸이나 누이의 희생으로 남은 남자들은 관직과 재물을 얻는 것이었다. 만일 공녀가 중국 황제의 후궁이 되어 황제 권력 내에 있을 경우라면 고려나 조선의 조정에서는 그들의 아버지, 오빠, 친족을 '황친皇親'이라 하여 매우 극진하게 예우하였다.

태종 17년(1417)과 세종 10년(1428) 두 차례에 걸쳐 누이동생 둘을 공녀로 보낸 한확이야말로 누이 팔아 출세한 대표적인 사례이다. 한확은 우의정과 좌의정 등 요직을 두루 거쳤고, 그의 딸들을 왕자들과 혼인시키는 등 최고 권력과 밀착되어 있었다. 한확과 한명회 등 청주 한씨 가문이 조선전기의 최고 명문으로 자리를 굳힐 수 있었던 것은, 또 그들의 딸들을 차례로 왕족과 혼인시키고 왕비가 되게 할 수 있었던 것은 공녀로 간 두 누이와 무관하지 않을 것이다. 세조의 며느리로 들어간 한확의 딸은 성종의 모후 소혜왕후로 『내훈』의 저자이기도 하다. 조선과 명나라, 각각의 궁중에 살던 한확의 딸과 누이는 서로 자주 편지 연락을 하며, 각종 토산물을 교환하면서 서로의 권력 유지에 힘을 보탰다. 앞서 죽은 현인비 권씨도 태종의 후궁 정의궁주貞懿宮主 권씨에게 백은白銀 100냥을 보냈고, 이에 대한 보답으로 정의궁주는 저포와 마포 등을 보냈음을 기록은 전해준다.

구종이 편지를 드리는 장면, 국립민속박물관. 중국에 바쳐진 공녀들은 편지글로 조선의 식구들과 왕래하였다.

한편 그녀들을 버린 '조국'은 그녀들을 여러모로 활용하였다. 그녀들의 조국에서는 자신들 때문에 얻게 된 재물을 서로 나누었고,

그것으로 서로의 정치세력을 굳건히 하였다. "한확과 김덕장이 황제로부터 하사받은 금은金銀·저사紵絲·채견綵絹 따위의 물건을 양전兩殿에 바쳤다"(『태종실록』 17년 12월 20일)고 하였고, "한확은 중국에서 선사받은 염소 20마리, 말 2필을 바치고, 상왕전에도 이와 같이 바쳤다"(『세종실록』 1년 1월 22일)고 하였다. 또한 조정에서는 공녀들의 가족을 외교에 적극 활용하였다. 세종은 한확 등을 북경에 보내 금·은의 공물을 면제해줄 것을 요청했다.(『세종실록』 2년 1월 25일)

공녀를 담보로 갖은 이익을 구가하는 '조국'의 사람들, 그렇다면 공녀는 다만 조국을 위해 바쳐진 희생자일 뿐일까? 공녀들은 조국을 어떻게 이해했을까? 그녀들은 조국의 번영을 위해 자기 한 몸을 순순히 희생만 한 것은 아니었다. 그녀들 중에는 자신의 권력 형성에 조국을 적극 활용한 인물도 있었는데, 조국을 향해 무리한 공물을 요구하기도 했다. 특히 성종의 모후인 소혜왕후, 그녀의 고모였던 공신부인 한씨가 그러했다. 성종대 조정에서는 한씨에게 보낼 물목에 대한 논의가 많이 나온다. 한씨가 구하는 물건은 넉넉히 갖춰주어야 한다든가 중국에서 돌아온 사신에게, 물건을 받는 한씨가 어떤 반응을 보였는가를 묻는 등 많은 신경을 썼다. 이에 한씨에게 보내는 선물이 점점 후해지고 한씨 또한 조선에 요구하는 물품이 점점 많아진다는 불만이 조정대신들 사이에서 터져 나왔다.

황제의 후궁이 된 공녀들, 조선에 남겨진 그녀의 가족들은 국왕도 함부로 할 수 없을 정도의 권력을 누렸다. 예컨대 조선의 국법에서 볼 때 명백한 범죄 행위였음에도 그가 만일 후궁이 된 공녀의 가족이었다면 논죄의 대상에서 제외되곤 했다. 중국 황제와 '은밀한' 만남을 가지는 공녀의 가족들에게서 조선의 국왕은 '제국'의 권력을 체감했기 때문일 것이다. 이렇게 공녀를 통해 본 조선시대 여성들의 해외 경험은 미지未知의 세계에 대한 열망과 기대에 반응하는 순수 여행의 의미보다는 국가 간 성별 간 권력관계를 함축하는 중세기적 정치의 연장이었다.

5장

북경 여행,
조선 실학의 숨은 추동력

홍대용의 중국 기행과 서양 과학의 전래

전용훈

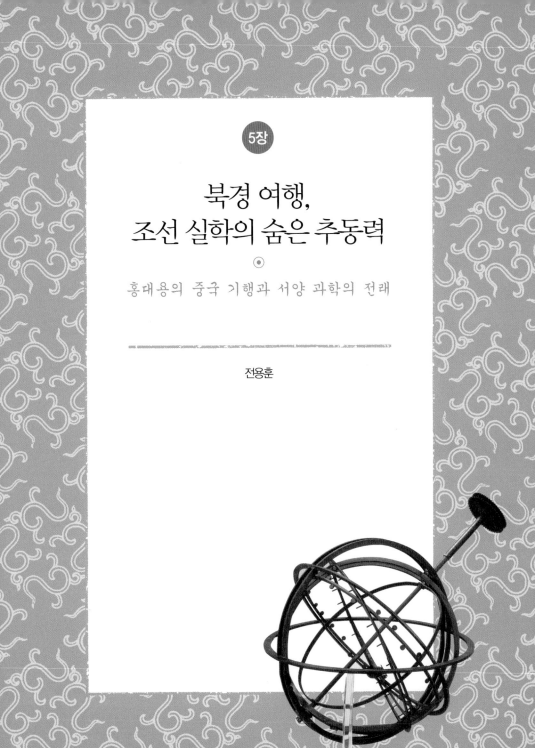

조선은 병자호란으로 청에 패배해 해마다 청나라에 사절단을 파견하기로 약속했다. 청나라의 수도 북경은 흔히 연경燕京으로도 불렸는데, 이 때문에 북경에 파견된 조선 사절단을 연행사燕行使라고 불렀다. 조선후기 연행사의 왕래는 나라 바깥 정보의 수집 통로이자 문화 교류의 장이었다. 특히 조선의 입장에서 볼 때, 북경은 선진문물을 경험하고 수입할 수 있는 거의 유일한 곳이었다. 북경은 조선이 서양 과학을 흡수하는 거의 하나밖에 없는 통로이기도 했다. 조선의 사신들은 북경에서 한문으로 번역된 서양 과학 서적을 구입해 국내에 들여왔으며, 조선의 학자들은 이런 책을 탐구하며 서양과 서양 과학에 대한 지식을 넓혀갔다. 또 연행에 참여한 조선의 학자들은 가톨릭 성당인 천주당天主堂을 방문해 서양 문물을 경험하고 과학에 밝은 서양 신부들에게 수학과 천문학을 배우기도 했다.

조선후기에는 거의 매년 두세 차례 연행사가 파견되었고, 그때마다 다양한 모습의 문화 교류가 이루어졌다. 그중에서도 탁월한 유학자이자 과학사상가로 이름이 높았던 담헌湛軒 홍대용洪大容(1731~1783)의 북경 여행을 주목할 필요가 있다. 그는 북경을 체험함으로써 새로운 문물에 대한 견문을 넓히고, 서양 과학을 흡수하여 학문적 시야를 확대한 조선후기 지식인을 대표한다. 홍대용은 수학, 천문학, 우주론 등에 깊은 관심을 가졌고 발군의 성취를 보였다. 이렇게 된 데에는 여러 가지 이유를 찾을 수 있겠지만, 몸소 북경에 가 그곳 문물을 체득했던 연행의 경험이 그 가운데서도 단연 중요할 것이다. 『의산문답毉山問答』이나 『주해수용籌解需用』에서 보이는 천문학과 수학 방면의 성취는 연행에서 중국의 학술 경향을 목격하고 천주당에서 서양 과학을 접한 이후에 이 방면의 연구에 깊이를 더한 결과로 볼 수 있다. 홍대용의 북경 여행이 그의 학술적 성취에서 어떤 역할을 했는지 좀더 구체적으로 살펴보자.

석실서원에서 싹튼 천문학에 대한 관심

홍대용은 열두 살 때부터 남양주의 석실石室서원에서 스승 김원행金元行(1702~1772)의 지도를 받았다. 석실서원에서 10여 년을 수학한 후에는 서울에 거주하면서 중앙의 신진기예들과도 교유했다. 이십대 중반에는 연암 박지원朴趾源(1737~1805)과 깊이 사귀었으며, 황윤석黃胤錫(1737~1805)과도 교분을 가졌다. 특히 석실서원에서 학문을 배운 것을 계기로 홍대용은 평생 천문학과 수학 방면

「연행도」 중 제9폭 '조공', 숭실대 한국기독교박물관. 조선후기 조공을 드리러 북경에 간 연행사들과 그 일행이 북경 거리를 지나고 있는 장면으로, 오른쪽 하단의 인물들이 조선 사신들이다. 홍대용 역시 연행사에 동참할 기회를 얻어 북경으로 향했다.

홍대용은 상수학의 전통이 강했던 석실서원에서 수학했다. 「석실서원」 『경교명승첩』 상, 정선, 비단에 채색, 20.8×31.2cm, 1741, 간송미술관.

에 관심을 갖고 깊이 탐구해 들어갔다. 석실서원은 경학은 물론 우주 변화의 원리를 주역의 괘나 수학적 원리에 연결시켜 논의하는 상수학象數學의 전통이 강한 곳이었다. 당시 석실서원을 중심으로 활동하던 학인들 사이에서 선배인 김석문金錫文(1658~1735)의 역학易學이 많이 알려져 있었다. 김석문은 지구가 자전한다는 설을 제시하기도 했는데, 홍대용의 지전설도 선배인 김석문과 관계가 있을 것으로 보인다.

홍대용은 이십대에도 수학과 천문학에 대한 관심을 계속해서 넓혀갔던 듯하다. 그는 이십대 후반의 나이에 나주 목사로 부임한 아버지를 따라 호남에 내려가 화순 동복에서 천문학과 기계 제작에 밝은 나경적羅景績을 만났다. 그는 나경적에게 부탁해 기계식 혼천의渾天儀를 두 대나 제작했다. 혼천의는 천체운동을 관측하는 기구이자 운동 원리를 보여주는 시연 기구로, 당시로서는 가장 대표적인 천문 기구였다. 여기에 태양의 위치, 달의 위상 변화 등이 그대로 구현되도록 했다. 특히 기계식 혼천의는 서양의 기계를 참고하여 만든 톱니바퀴로 각 부분의 회전 속도를 조절했기에 굉장히 정확했다고 한다. 이때 제작된 혼천의는 나중에 충청도 천원에 있던 홍대용의 고향집에 건설된 농수각籠水閣에 설치되었다. 이후 홍대용은 혼천의로 직접 천문 관측을 하는 것은 물론 천문학을 깊이 연구한 듯하다. 그는 북경에서 중국 학자들에게 자신이 농수각에 천문 기구를 설치한 일과 천문학 연구를 했던 일을 언급하기도 했다.

혼천의, 홍대용, 35×50.2×35cm, 18세기, 숭실대 한국기독교박물관.

학문을 오로지해 북경 갈 기회를 얻다

1765년(영조 41) 홍대용은 작은아버지 홍억洪檍(1722~1809)의 자제군관 자격으로 북경을 여행했다. 신년하례에 맞추어 동짓달에 파견되는 동지사행에는 보통 300~500명의 대인원이 동원되었다. 사절단은 정사正使가 통솔하고, 그 아래에 부사副使와 서장관書狀官을 두었다. 통역 및 여러 가지 예물의 운반과 인도를 맡은 사람들도 있었다. 자제군관은 정사, 부사, 서장관이 각각 몇 명씩 데리고 갈 수 있었다. 이들은 특별히 맡은 임무가 없었기에 자유롭게 여행하며 세상에 대한 지식을 넓힐 수 있었는데, 그런 까닭에 사절단에 임명된 사람은 자기 가문에서 촉망받는 젊은이들을 자제군관으로 데려가는 일이 많았다. 홍대용은 일찍부터 과거시험을 단념하고 오직 학문에만 힘쓰는 학자가 되려고 했다. 그가 어린 나이에 석실서원의 김원행을 찾아간 것도 그 때문이었다. 홍대용은 학문적인 명망을 인정받아 나중에 세손(훗날의 정조)을 보필하는 자리에 임명되는 44세(1774)까지 벼슬에 나아가지 않고 오로지 학문에만 정진했다. 그가 작은아버지의 자제군관이 되어 북경을 갈 수 있었던 것도 그의 학문적 재능에 대한 집안의 기대가 더해진 결과일 것이다.

홍대용이 북경 여행을 위해 준비한 것은 여러 가지가 있었다. 그중에서도 특히 알찬 일정을 꾸리는 데 도움이 되었던 두 가지는, 앞서 여행한 사람들의 여행기를 읽은 것과 중국어 회화를 익힌 것이었다. 당시에 북경을 다녀온 사람들은 여행기를 작성했는데, 대개 연행기燕行記라 불리는 것들이었다. 당시 인기가 높았던 연행기는 홍

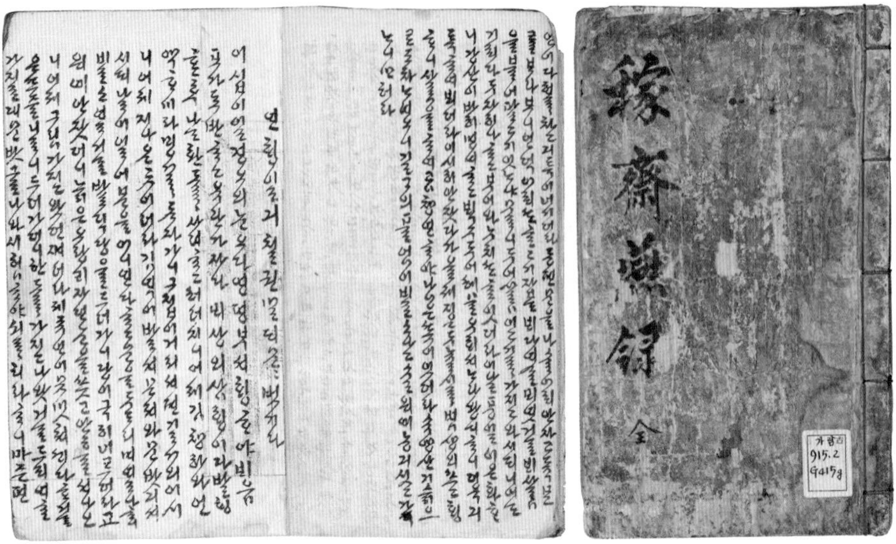

『노가재연행기』, 김창업, 1712, 규장각한국학연구원. 김창업이 중국 사신 일행과 함께 북경에 다녀온 후 쓴 이 연행일기는 9권6책으로 한문본이 규장각에 전한다. 이중 일부는 한글본으로 번역되어 널리 읽혔는데, 홍대용 역시 이 책을 여러 차례 숙독하면서 북경 여행을 준비했다.

대용의 스승인 김원행의 작은할아버지 김창업金昌業(1658~1721)이 쓴 『노가재연행기老稼齋燕行記』(1712년의 연행을 기록)였다. 홍대용은 이 책을 여러 차례 숙독하면서 여정을 가늠하고 볼거리와 생각거리를 점검했다. 또한 중국어에 능통한 역관에게 중국어를 배우며 여행을 준비했다. 그는 중국어 실력을 늘리기 위해 여행하는 내내 일부러 역관과 중국어로 대화했다. 홍대용은 중국 땅에 들어서자마자 중국인에게 말을 걸어 자신의 중국어 실력을 시험해보기도 했다. 나중에 그는, 어려운 주제에 대해 중국어로 토론할 정도는 못 되었지만 가게에서 물건을 사고 흥정하는 정도는 거의 문제가 없었다고 자평하기도 했다.

『담헌연기』, 홍대용, 규장각한국학연구원. 홍대용이 1765년부터 이듬해까지 사은사 일행을 따라 북경을 다녀온 후 그 견문을 주제별로 기록한 연행록이다. 6권6책의 한문 필사본으로, 담헌연기, 연행잡기, 간정필담으로 구성되어 있다.

홍대용은 북경 여행 후에 각각 한문본과 한글본의 두 가지 여행기를 남겼다. 『담헌연기湛軒燕記』와 『을병연행록』이 그것이다. 두 책은 서술 형식은 물론이고 내용도 많이 다르다. 한문본 『담헌연기』가 감정을 드러내지 않고 견문을 주로 기록한 사대부 학자들을 위한 여행기라면, 『을병연행록』은 날짜별 일기 형식으로 개인적인 신변 기록이 많아 여성과 서민들을 위한 여행기라고 할 수 있다. 아마도 홍대용이 어머니와 집안의 부녀자들을 위해 쓴 것이 아닌가 한다. 이 책에는 『담헌연기』에는 없는 여행 일정이 꼼꼼히 기록되어 있어서 북경까지 오가는 여정과 경험한 일들에 대해서 샅샅이 알 수 있다. 반면 『담헌연기』는 북경에 도착해서부터 겪은 일에 대해서만 기록하고 있다. 여기에는 중국인 선비들과 나눈 대화 내용과 주고받은 편지가 실려 있어 홍대용의 사상을 탐구하는 데에 좋은 자료가 된다.

정기적인 사신인 동지사의 경우 음력 11월 초에 서울을 출발해 북경까지 2개월, 북경에서 2개월 정도를 머무른 다음, 다시 북경에서 서울까지 2개월로 총 6개월 정도가 걸렸다. 1765년(영조 41) 12월 27일(음력) 북경에 도착한 홍대용은 다음 해 3월 1일(음력) 떠나기까지 약 2개월간 북경에 머물렀다. 이 기간 중에 여러 가지를 구경하고 경험했겠지만, 가장 중요한 것은 중국인 지우를 사귄 것과 천주당을 찾아서 서양인 신부를 만난 것이었다. 그는 서점 거리인 유리창琉璃厰에서 과거시험을 보러 지방에서 올라온 젊은 중국인 학자들을 만나 깊은 우정을 나누었다. 또한 세 차례나 천주당에 찾아가 서양의 문물을 견학하고 서양신부들과 대화했다.

삼대를 이은 중국 선비와의 우정

홍대용이 북경에서 사귄 중국인은 엄성嚴誠, 반정균潘庭筠, 육비陸飛 등이었다. 이들은 남쪽의 절강성 출신으로 과거시험을 보기 위해 북경의 유리창에 머물고 있었다. 유리창은 명나라 말기부터 책방과 골동품 가게가 번창하고 지방에서 올라온 과거 지망생들이 머물곤 하던 문화의 거리였다. 지방의 과거시험을 통과한 이들은 중앙에서 치르는 시험을 보기 위해 북경으로 올라와 이곳에 체류하며 시험을 준비하고 있었다. 이들은 안경을 구입하려고 애쓰던 조선 사신단의 한 사람에게 쓰고 있던 안경을 벗어주었는데,

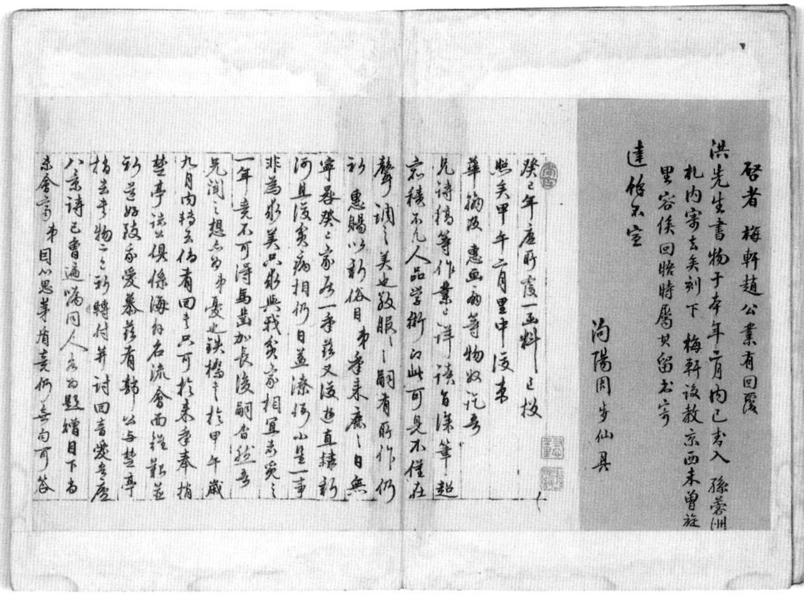

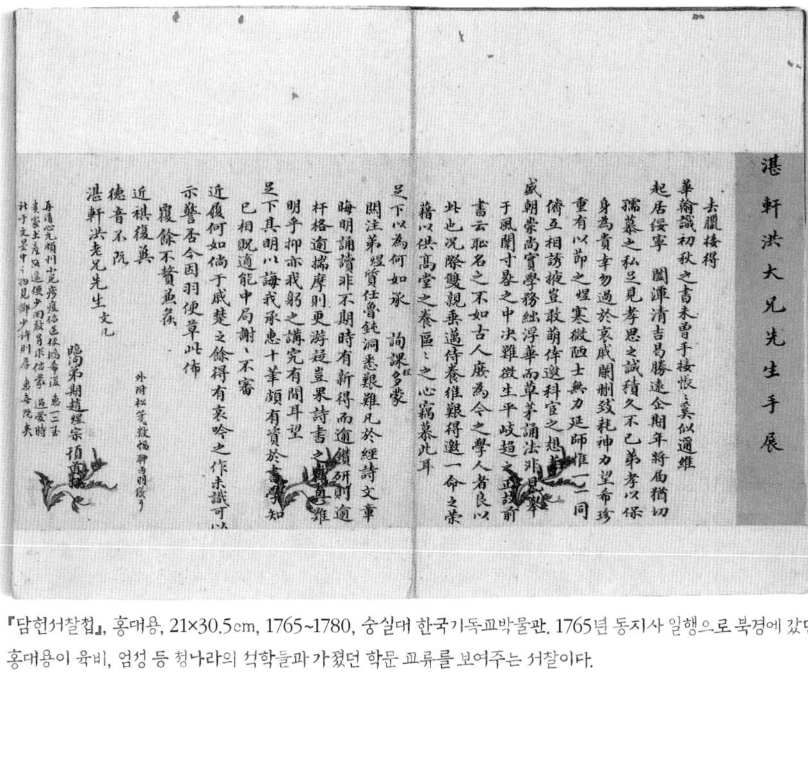

『담헌서찰첩』, 홍대용, 21×30.5cm, 1765~1780, 숭실대 한국기독교박물관. 1765년 동지사 일행으로 북경에 갔던 홍대용이 육비, 엄성 등 청나라의 석학들과 가졌던 학문 교류를 보여주는 서찰이다.

홍대용이 방문했던 북경의 유리창 거리. 「연행도」 제13폭 '유리창', 숭실대 한국기독교박물관.

홍대용은 그 호의에 감사하는 뜻으로 이들을 직접 찾아갔다. 그리고 마음이 맞아 여러 번 자리를 함께하며 필담으로 깊이 있는 대화를 나누었다. 홍대용은 나중에 이들과 나누었던 이야기를 『간정동회우록乾淨衕會友錄』이라는 책으로 펴냈다.

홍대용은 세 사람 중에서 특히 엄성과 깊은 친교를 나누었는데, 그와는 귀국 후에도 계속해서 편지를 주고받았다. 엄성 또한 홍대용과의 학술적인 교유와 우정을 잊지 않았다. 홍대용과 나눈 필담과 둘 사이에 오간 편지는 엄성의 유언에 따라 『일하제금합집日下題襟合集』이라는 책으로 편찬되었다. 이 책은 1999년에야 북경대 도서관에 보관되어 있음이 알려졌는데, 여기에는 홍대용을 비롯해 정사, 부사, 서장관의 초상화가 그려져 있어 중요한 사료로 평가되고 있다. 홍대용의 손자인 홍양후洪良厚(1800~1879)는 1826년에 북경에 갈 기회를 얻었는데, 조부와 엄성이 맺은 인연의 흔적을 찾아 엄성의 후손들을 수소문했다. 아쉽게도 홍양후는 엄성의 후손을 직접 만나지는 못했지만 그가 남긴 편지는 후손에게 전달되었다고 한다. 조선과 중국 사이의 국경을 넘어서 삼대에 걸친 인연이 계속되었던 것이다.

홍대용이 중국인들과 교유한 것을 기록한 『간정동회우록』은 조선의 젊은 학자들에게 커다란 영향을 끼쳤다. 이 책은 당시로서는 드물게 조선의 학자가 외국 학자와 학술적 논의를 하고 국경을 초월하여 우정을 나눈 예를 보여주었기 때문이다. 박지원은 특히 이 책에 감동하여 서문을 썼다. 박지원, 이덕무(1741~1793), 박제가(1750~1805), 유득공(1749~1807) 등 홍대용과 깊은 교분을 맺었던 학자들은 이후 앞서거니 뒤서거니 북경을 방문했다.

『일하제금합집』에 실린 홍대용 일행의 초상화이다. 위 왼쪽부터 부사의 군관 김재행, 상방 비장 이기성, 서장관 홍억, 부사 김선행, 정사 이훤의 모습이다.

이들이 청나라의 문물을 배우려는 "북학北學"이라는 새로운 학문적 경향을 연 데에는 홍대용의 북경 여행이 끼친 영향이 컸다.

천주당에서 서양 문물을 접하다

홍대용이 머물 당시 북경에는 남당南堂(1601년 건립), 동당東堂(1628년 건립), 북당北堂(1703년 건립), 서당西堂(1723년 건립) 등 네 개의 천주당이 있었다. 이중에서 남당과 동당은 조선의 사신들이 머무는 숙소와 가까워서 특히 많이 찾았다. 예수회에 소속된 천주교 신부들은 포교를 위해서 성당을 이끄는 한편 청나라 정부를 위해 일했다. 청나라 정부는 수학, 천문학, 지도 제작 등 중국보다 뛰어난 서양 지식이 필요한 분야에 이들 신부를 관리로 등용했다. 홍대용은 선배들의 여행기를 읽었던 덕에 북경에 오기 전부터 천주당과 천주교 신부들에 대해서 잘 알고 있었다. 그는 서양인 신부들이 천문학과 역법에 대해 굉장히 정확한 지식을 갖고 있으며, 이 때문에 청나라에서 이들에게 관직을 주어 부리고 있다는 사실을 알고 있었다. 또한 북경에 천주당이 네 곳 있다는 것도 알고 있었다.

홍대용은 1777년 음력 1월 9일, 19일, 2월 2일 등 세 번에 걸쳐 남천주당을 찾았다. 당시 남천주당에 기거하던 신부는 둘이었는데, 유송령劉松齡(A. von Hallerstein)과 포우관鮑友管(A. Gogeisl)이라는 중국식 이름으로 불렸다. 유송령은 당시에 청나라의 천문관서인 흠천감欽天監의 책임자로 있었고, 포우관은 부책임자 격이었

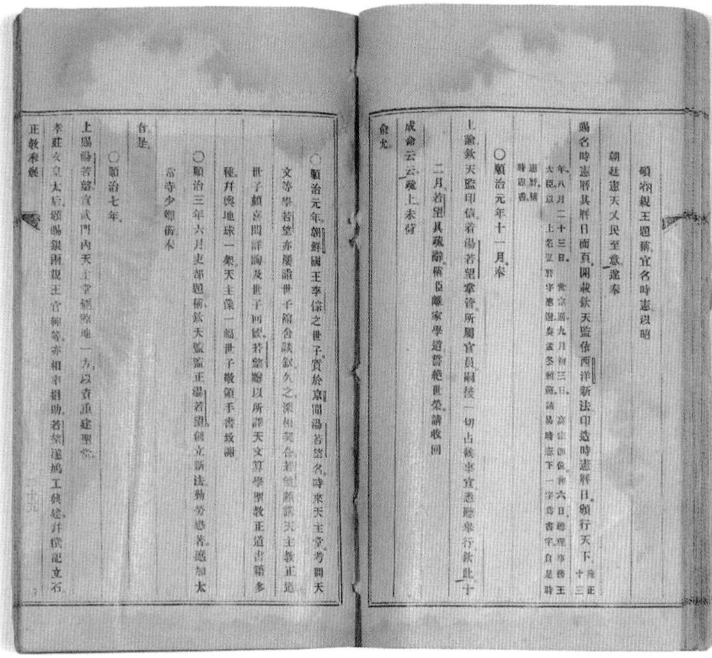

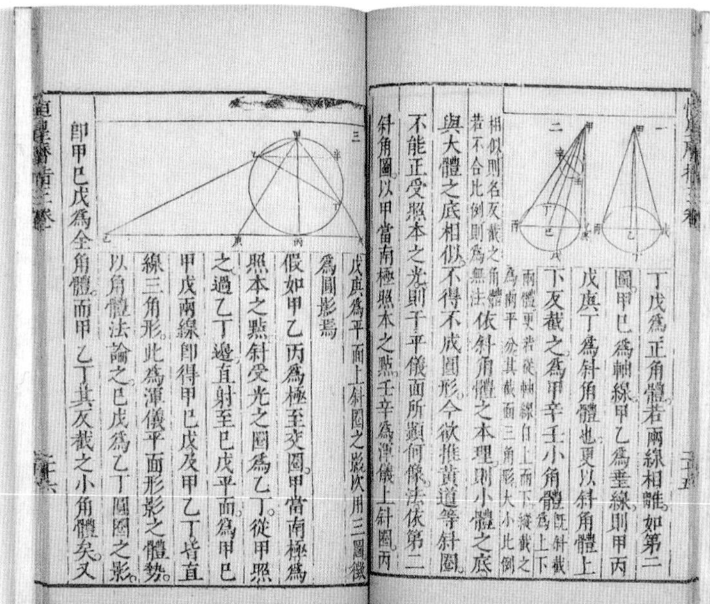

예수회 소속 천주교 신부들은 중국뿐 아니라 조선의 지식인들에게도 서양의 지식을 전수해준 주역들이었다. 『정교봉포』, 황비묵, 26×15.1cm(위). 『서양신법역서』, 아담 샬, 26×16.5cm, 명말, 숭실대 한국기독교박물관. 『정교봉포』의 저자 황비묵은 남천주당의 주임신부였으며, 아담 샬은 서양 천문학서를 중국어로 번역하여 숭정제에게 바친 인물이다.

다. 이들은 흠천감을 이끌고 있었던 만큼 수학과 천문학에 매우 밝은 사람들이었다.

홍대용이 방문했던 북경의 남천주당.

홍대용은 천주당을 방문하여 서양화, 파이프오르간, 망원경, 자명종 등을 구경했다. 서양화는 원근법을 적용하고 색이 진한 유화물감으로 그려진 성화가 대부분이었기에, 조선 사신들의 눈에는 대단히 이국적인 그림으로 여겨졌다. 자명종은 시각마다 종이 울리도록 설계된 기계식 시계인데, 당시로서는 서양의 발전된 기계기술을 대표하는 기구였다. 또한 홍대용은 망원경으로 태양을 관측했는데, 흐린 날씨에 해를 보는 것처럼 눈을 깜박거릴 필요가 없고, 아주 작은 것도 자세히 볼 수 있어서 참으로 기이한 기구라고 감탄했다. 아마도 태양 관측을 위해 빛을 줄여주는 장치를 부착했기 때문에 눈을 깜박거릴 필요가 없었을 것이다. 당시 조선에서는 천체관측용 망원경이 극히 드물었기에 홍대용도 전에는 망원경을 본 적이 없었던 것 같다. 그는 망원경의 렌즈에 그려진 가늠선을 몰라보고 깜짝 놀라기도 했다.

홍대용은 천주당에서 탁월한 음악적 감각을 발휘하기도 했다. 그가 난생 처음 접한 파이프오르간을 연주해 보이자 서양 신부는 깜짝 놀랐다. 예리한 관찰력으로 악기의 구조와 조음의 원리

자명종, 48.3×23.5×16.6cm,
18세기, 숭실대 한국기독교박물관.
북경 천주당 신부들에 의해 만들어진 시계로, 북경 사신으로 갔던 조선의 관리가 가져온 것으로 추정된다.

를 한눈에 파악하고, 평소 알고 있던 음률을 연주해냈던 것이다. 홍대용은 평소 거문고 연주자로 이름이 높았으며, 음악에 대해서는 특별한 재능을 지니고 있었던 듯하다. 특히 현악기는 무엇이든지 연주하지 못하는 것이 없었다고 한다. 박지원에 따르면, 홍대용은 서양에서 들어온 양금의 연주법을 개발하여 보급하기도 했다. 양금은 홍대용이 살았던 시기보다 앞서 들어와 있었지만, 이 악기를 조선의 곡에 맞추어 연주한 것은 홍대용이 처음이었다.

통역을 통해 습득한 천문학 지식

청나라는 1645년부터 예수회 신부들이 전해준 서양 천문학을 적용하여 만든 시헌력時憲曆을 사용했다. 예수회 신부들은 중국인들과 협력하여 서양 천문학에 관한 책을 한문으로 번역해 소개했다. 조선에서도 1654년부터 이 역법을 적용했지만 관련 서적에는 이해되지 않는 것이 많았다. 조선에서는 관상감에서 일하는 천문관원 중에서 우수한 사람을 중국에 파견하여 질문하거나 관련 서적을 사오도록 했다. 하지만 청나라는 천문관원을 파견하는 것이나 전문가를 접촉하여 궁금한 것을 질문하는 것이나 관련 서적을 사들이는 것 모두를 금지했다. 조선에서는 신분을 위장시킨 천문관원을 청나라에 파견하는 사신들에 딸려 보냈다. 조선의 천문관원들은 북경 천주당의 신부 중에서 천문학에

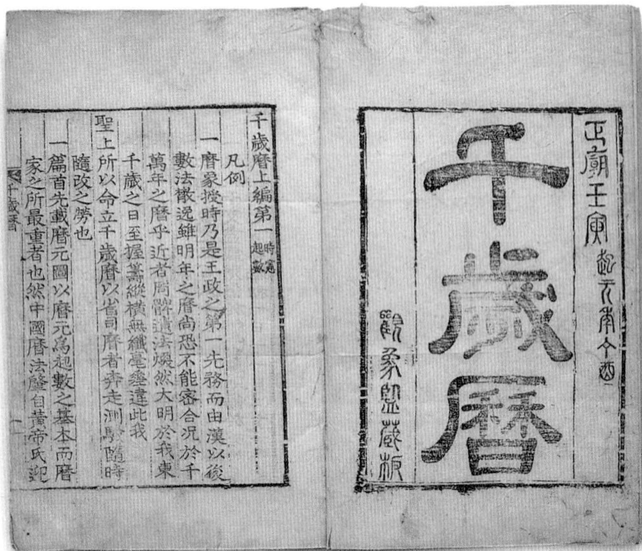

『천세력』, 24.3×16.2cm, 철종연간, 서울역사박물관. 조선의 시헌력은 서양 문물을 받아들인 청나라의 것을 참조하여 만들어지곤 했다.

밝은 사람들을 찾아갔다.

홍대용이 참가한 사절단에는 조선의 관상감에서 비밀리에 파견된 이덕성李德星이라는 천문관원이 있었다. 이덕성은 이전에도 여러 차례 중국에 파견되어 천문학 지식을 습득한 베테랑이었다. 이덕성은 홍대용이 남천주당을 찾아갈 때 두 번이나 동행하여 긴 시간 천문학에 관한 내용을 문의했다. 하지만 대화의 주제는 매우 전문적인 내용이었기에 통역이 있다고 하더라도 서로 이해하기란 쉽지 않았다. 이덕성이 우리말로 물으면 조선 통역관이 중국어로 말을 옮겼다. 하지만 천문학을 전혀 모르는 통역을 가운데 두고 논하다보니 의사소통이 제대로 될 리 없었다. 홍대용은 하루 종일

대화를 나누어도 시원하게 의사가 통한 것이 없다며 한탄했다. 하지만 이렇게 더딘 과정을 통해서나마 조선에서는 서양 천문학을 완전히 습득하기 위해 노력했다. 계속해서 천문관원들을 파견하고, 또 새로 구입해온 책으로 연구를 게을리 하지 않았다. 그리하여 18세기 후반 정조 시대에는 중국의 천문관원들과 거의 대등한 천문학 실력을 갖출 수 있었다.

수학과 천문학 서적이 바꿔놓은 학문 경향

신년을 축하하거나 황제의 생일을 축하하는 의례를 수행하는 것은 연행사의 일차적인 임무였다. 또한 북경을 오가며 청나라의 사정을 정탐하여 보고하는 것도 그들에게 부과된 몫이었다. 나아가 연행사에게 부여된 또 하나의 중요한 임무는 중국에서 출간된 최신 서적이나 요긴한 책을 구입해오는 것이었다. 『규장각지奎章閣志』(1784)에는 중국 도서의 구입 절차와 원칙이 명시될 정도로 연행사들의 서적 구입은 새로운 학술과 문물 수입의 중요한 수단이었다.

사신단에 속한 개인들도 다투어 최신 서적들을 구입하려 했다. 이들이 입수한 서적들은 국내에서 널리 유통되었고, 그 결과 18세기 후반부터 서울에는 방대한 양의 서적을 보유한 수장가들이 여럿 나타났다. 18세기에는 과학기술 관련 도서들도 상당수 수입되었다. 17세기 말까지 조선의 유학자들은 사서오경四書五經을 교과서로 삼고 주자朱子와 역대 유학자들의 책을 해설로 삼아, 이기理氣

나 심성心性의 문제를 주로 논의했다. 수학, 천문학 등은 그런 유학자들이 그다지 중시하지 않아도 좋은 지엽적인 학문에 속했다. 그런데 18세기 초부터 청나라에서는 고증학의 기풍을 타고 수학과 천문학이 고대 경전을 이해하는 데 꼭 필요하다는 인식이 생겨났다. 청나라 정부 주도로 『수리정온數理精蘊』(1723)이나 『역상고성曆象考成』(1723) 같은 전문적인 수학, 천문학 서적이 출간되었다. 또한 매문정梅文鼎(1633~1721)의 『역산전서曆算全書』(1723)와 같이 수학과 천문학을 전문적으로 연구한 개인의 저작도 출간되었다. 이러한 과학기술 서적들은 재빠르게 조선에 수입되었으며, 그 양도 굉장히 많았다.

18세기 후반 서울의 학자들은 중국을 통해 손에 넣은 서적들을 폭넓게 학습하고 토론했다. 그러는 사이 수학이나 천문학처럼 과거에는 중시되지 않았던 과학기술에 속하는 전문 지식들이 유학자들이 탐구해야 할 중요한 지식으로 인식되었다. 홍대용이 수학과 천문학에 관심을 두고 깊이 탐구했던 것은 18세기의 조선 학계에 이런 학문을 중시하는 인식의 전환이 있었기 때문이다. 이런 분위기 속에서 홍대용은 북경에서 많은 과학서적을 구입해왔던 것 같다. 황윤석은 그의 일기 『이재난고頤齋亂藁』에서 당시로서는 구하기 쉽지 않은 거질의 책인 『수리정온』 『역상고성』 『역상고성후편』 등을 홍대용에게서 빌려 봤다고 쓰고 있다.

실사구시의 학문을 여행길에서 얻다

홍대용의 『주해수용』은 실용 산술에서부터 방정식, 서양의 삼각함수, 천문기구 제작법 등을 폭넓게 다룬 수학책이다. 여기 실린 내용을 분석해보면 홍대용이 『수리정온』 같은 서양 수학을 담은 전문적인 수학서를 깊이 이해하고 저술에 활용했음을 알 수 있다. 북경 여행의 경험이 홍대용의 학술과 사상에 미친 영향은 『주해수용』에 실린 수학 문제에서도 간접적으로 확인할 수 있다. 그는 북경으로 가는 길목에 있는 도시인 요양遼陽에 우뚝 세워진 백탑白塔의 높이를 구하는 문제를 내고, 이에 대한 풀이법을 설명했다. 특히 풀이에는 삼각함수 코사인cosine 값을 이용하는 방법이 포함되어 있다. 서양 수학의 이론을 이용하는 문제에 여행에서 인상 깊게 보았던 요양의 백탑을 등장시킨 것을 보면, 북경을 오가며 얻은 새로운 지식과 견문에 그가 얼마나 큰 의미를 부여했는지 짐작할 수 있다.

홍대용의 다른 저술인 『의산문답』의 의산醫山은 북경으로 가는 길에 지나쳤던 의무려산醫巫閭山의 다른 이름이다. 『의산문답』에서는 허자虛子가 실옹實翁을 만나 지구가 둥글다는 파천황의 사실을 알게 되고, 허례허식을 버리고 실사구시實事求是 정신으로 거듭나는 이야기가 나온다. 홍대용 자신에게도, 그리고 그가 깨우치고자 했던 당대의 수많은 사람에게도, 타성과 인습에 젖은 허학虛學을 버리고 실증적 학문으로 나아가는 인식의 전환이 이루어지는 공간이 바로 중국을 오가는 여행길이었다는 것을 보여주는 예이다.

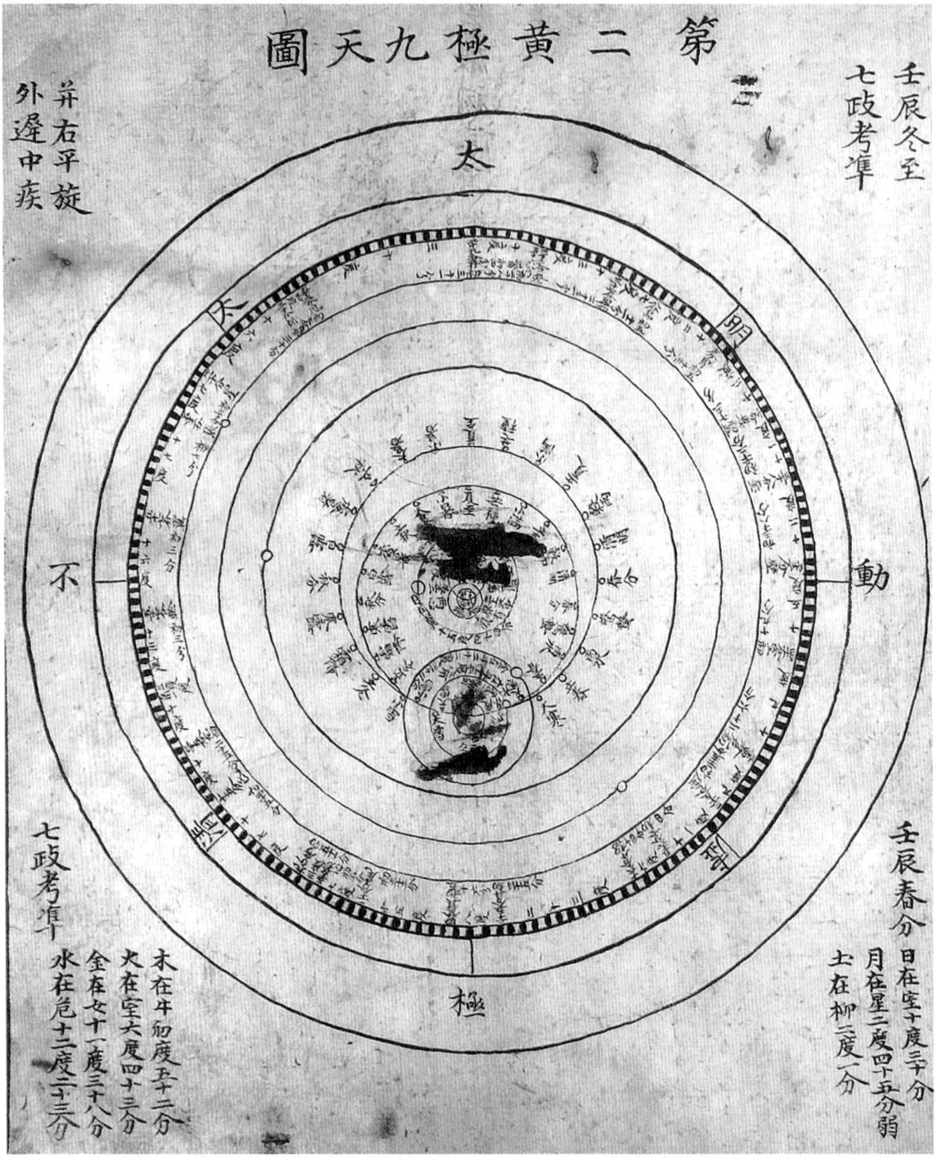

『역학이십사도총해』, 김석문, 18세기경, 규장각한국학연구원. 한국의 코페르니쿠스라 할 수 있는 김석문은 조선에서 처음으로 지전설을 주장해 새로운 우주관을 제시한 인물이다. 그의 밑에서 학문을 한 홍대용 역시 그와 같은 천문학적 입장에 서서 조선의 과학을 이끌어나갔다.

나아가 『의산문답』에서 홍대용은 실옹의 입을 빌려 기일원론, 지전설, 무한우주설, 탈중화주의 같은 심오하고도 획기적인 주장을 피력하고 있다. 그는 지구가 둥글다는 설을 믿지 않으려는 당시의 고루한 선비들을 비판하며, 기가 회전하기 때문에 땅이 둥글 수밖에 없다는 것을 설명한다. 또한 기가 회전하기 때문에 기에 감싸인 지구는 회전하지 않을 수 없다는 지전설을 제안하기도 했다. 당시까지 많은 사람들은 하늘은 둥글지만 땅은 네모졌다고 생각했다. 그리하여 중국은 문화가 번성한 세상의 중심이고 주변의 오랑캐들은 중국의 교화를 입어야 한다는 중화주의적인 생각에 사로잡혀 있었다. 하지만 홍대용은 지구가 둥글다면 중심과 주변이라는 생각이 성립할 수 없고, 따라서 중화와 오랑캐의 구별도 없어져야 한다고 역설했다. 당시의 상식을 뒤엎는 이러한 생각들은 홍대용이 평생 연마해온 학문 전체의 결실이라고 할 수 있을 것이다. 그리고 북경 여행의 경험과 수학과 천문학 같은 과학기술 지식에 대한 탐구가 그의 생각을 발전시키는 데 큰 기여를 했으리라는 것은 짐작하고도 남는다.

6장

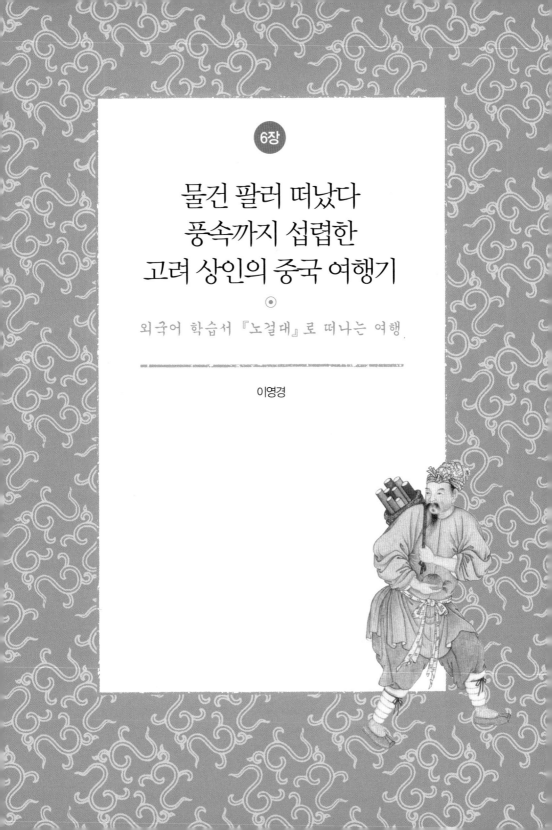

물건 팔러 떠났다 풍속까지 섭렵한 고려 상인의 중국 여행기

⊙

외국어 학습서 『노걸대』로 떠나는 여행

이영경

외국어 교재가 담아낸 생생한 중국 체험기

조선시대에 나라 밖을 여행한 사람은 흔치 않았다. 국제무역을 했던 상인, 외교 업무를 수행했던 사신, 이들의 통역을 맡은 역관 등 대외 교류에 직접 종사한 이들이나 표류, 납치, 조공 등에 의해 예기치 않게 해외로 가게 된 이들 말고는 가까운 중국이나 일본조차 조선 사람들은 여행할 기회를 갖기 어려웠다. 그리하여 당시 조선 바깥 나라의 실상을 알 방법이라고는 기록이나 책, 구술 등을 통한 간접경험뿐이었을 것이다. 특히 여행기의 성격을 지닌 책들은 그 나라를 간접적으로 경험하고 엿볼 수 있는 창窓의 역할을 가장 충실하게 했을 것인데, 그중 대단히 특이한 존재로 『노걸대老乞大』가 있었다.

『노걸대』는 조선시대에 가장 널리 사용되었던 한어漢語 학습서였다. '중국인씨中國人氏'(중국인의 애칭 또는 경칭) 또는 '중국통中國通'(중국 사정에 훤한 사람)이란 뜻의 『노걸대』는 중국으로 말, 모시, 인삼 등을 팔러 간 고려 상인이 여행과 교역을 하면서 겪는 여러

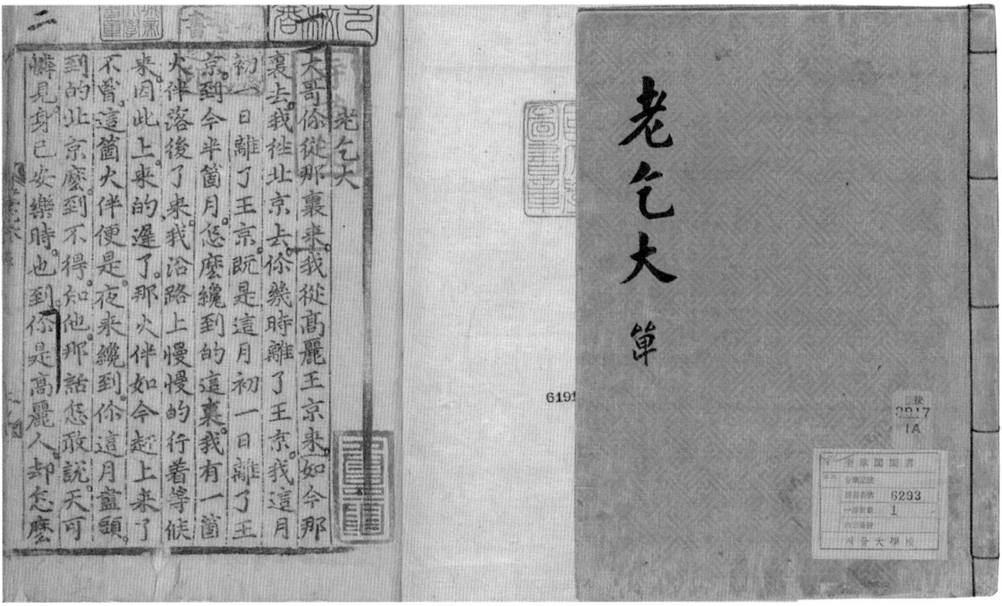

『노걸대』, 조선전기, 규장각한국학연구원.

가지 일들을 회화체로 꾸민 책이다. 말하자면 회화체로 서술된 중국 여행기라는 독특한 성격을 지녔다. 이 책은 중국의 풍물과 생활문화에 관한 이야기를 역시 회화체로 꾸민 『박통사朴通事』와 함께 고려말기에 당시의 한어를 학습할 목적으로 편찬되었는데, 이들은 조선시대 들어 사역원司譯院의 한어 교재로 채택되면서 여러 차례 개수改修되고 한글로도 번역되어 널리 쓰였다.

『노걸대』가 『박통사』와 함께 조선초기부터 줄곧 중국어 학습 교재로 애용되었던 것은 무엇보다 그 실용성 때문이다. 우선 『직해소학直解小學』처럼 문어체로 된 이전의 교재들과는 달리, 이 책들은 회화체로 쓰여 있어 중국어를 배우는 데 좀더 실용적인 교재가 되었다. 오늘날 대부분의 외국어 교재들이 여러 상황에 맞게 대화로 구성되어 있는 것과 대단히 유사한 모습이다. 더구나 『노걸대』는 일상 회화를 주로 한 초급 단계의 회화 교재로, 『박통사』는 다채롭고 수준 높은 어휘를 담은 고급 단계의 회화 교재로 활용됨으로써 꽤 효율적인 중국어 학습이 이루어졌을 듯하다. 한편 『노걸대』는 언어적 지식뿐 아니라 여행자나 상인, 역관 등 여러 목적으로 중국어를 학습하는 사람들에게 필요한 상식을 제공하는 역할도 했다. 예컨대 중국 여관에 드는 방법, 중국에서의 상거래 관행, 우리나라 상품에 대한 중국인의 기호, 당시의 물가 등에 대한 정보를 이 책을 통해 얻을 수 있었다. 이런 점에서 『노걸대』는 중국 여행과 교역의 길잡이이기도 했다.

외국어 학습 교재로서 『노걸대』가 지닌 또 하나의 강점은 회화 교재이지만 일정한 스토리가 있어 이야기책 못지않게 흥미롭고 실제 일어나는 일처럼 생생하다는 점이다. 『노걸대』는 그것이 지닌 언어적·역사적 가치는 접어두고라도 일단 읽기 시작하면 멈추기 힘들 정도로 그 내용이 흥미진진하다. 숙박비나 물건 값을 깎기 위해 옥신각신하는 대목, 중국인에게 전해 듣는 노상강도 사건, 하자 있는 말을 무르는 장면, 위조지폐를 받지나 않을까 걱정돼 중개인에게 보증을 요구하는 장면, 싼값으로 물건을 구입해 고려에 가서 비싸게 되파는 일, 귀국 날짜를 택일하기 위해 점쟁이를 찾는 장면 등이 주인공 일행의 여정을 따라 차례로 펼쳐진다. 더구나 상황에 따른 대화가 너무나 사실적이고 생생해서 마치 한 편의 로드무비를 보는 듯하다. 아니, 14세기로 가서 그들과 같이 중국 대륙을 여행하는 듯한 느낌마저 든다. 『노걸대』의 내용이 이렇게 현실감 있게 쓰인 것은 이 책이 실제로 14세기 중엽에 중국을 여행한 고려인의 저술로 여겨지는 것과 무관하지 않다. 실제 경험에 바탕을 두지 않고서는 상황 설정이 이렇듯 구체적이고 세밀할 수는 없었을 것이다.

이처럼 『노걸대』는 회화 교재이면서 중국 여행과 교역에 관한 생생한 체험기였던바, 조선 사람들은 『노걸대』를 통해서 중국어를 배우는 동시에 간접적으로나마 중국을 여행하고 그 풍물을 맛보는 경험을 했던 것이다. 그렇다면 그들이 경험한 중국 여행은 어떠했으며 당시의 중국은 어떤 모습이었을까? 이제 『노걸대』와 함께 14세기의 중국으로 떠나보자. 『노걸대』에는 많은 이본과 한글 번역본들이 있는데, 이 글에서는 17세기 중엽 간행된 한글 번역본 『노걸대언해』를 바탕 삼아 여행을 떠나려 한다.

고려 상인, 중국 상인을 만나 북경으로 동행하다

『노걸대』는 고려 상인이 도중에 만난 중국 상인과 함께 중국을 두루 돌아다니며 물건을 팔고 다시 고려에 갖다 팔 물건을 산 후 귀국길에 오르기까지의 긴 여정을 106개의 상황으로 설정해, 그에 맞는 대화를 꾸미며 내용을 전개한 책이다.

이야기는 어느 고려 상인(주인공)이 사촌 이씨와 김씨, 같은 마을의 조씨와 함께 말, 인삼, 모시, 삼베 등을 팔러 개경을 출발하여 북경北京으로 가던 중 요양遼陽을 지날 때 중국 상인 왕씨를 만나 동행하게 되는 것으로부터 시작된다. 『노걸대언해』에 실린 다

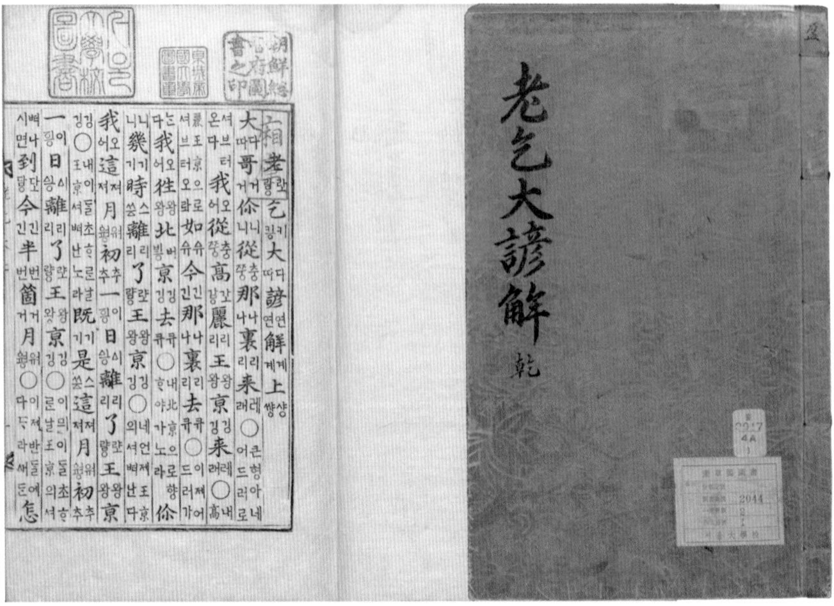

『노걸대언해』, 1670, 규장각한국학연구원.

음의 내용이 그것인데, 이 자료는 중국어와 함께 당시 국어의 모습도 볼 수 있다는 점에서 언어적인 가치도 상당히 크다.([漢]은 대화의 주체가 중국 상인, [高]는 고려 상인임을 가리키며 옆의 작은 글씨는 현대역이다.)

[漢] 큰 형아, 네 어드러로셔브터 온다 형님, 당신들은 어디서 왔소?

[高] 내 高麗王京으로셔브터 오롸 나는 고려의 서울에서 왔소.

[漢] 이제 어드러 가는다 이제 어디로 가시오?

[高] 내 北京으로 향ᄒᆞ야 가노라 나는 북경 향하여 가오.

(…)

[高] 큰 형아 네 이제 어듸 가ᄂᆞᆫ다 형님, 당신은 이제 어디로 가시오?

[漢] 나도 北京 향ᄒᆞ야 가노라 나도 북경 향하여 가오.

[高] 네 이믜 北京을 향ᄒᆞ야 갈 쟉시면 나ᄂᆞᆫ 高麗ㅅ사ᄅᆞᆷ이라 漢ㅅ ᄯᅡ히 니기 ᄃᆞᆫ니디 못ᄒᆞ엿노니 네 모로미 나를 ᄃᆞ려 벗 지어 가고려 당신이 이미 북경 향하여 가신다면 나는 고려 사람이라 중국 땅에 익숙하게 다니지 못하니 당신이 모름지기 나와 동행하여 가 주시구려.

[漢] 이러면 우리 ᄒᆞᆷᄭᅴ 가쟈 그렇다면 우리 함께 갑시다.

[高] 형아 네 셩이여 형님 당신의 姓은?

[漢] ᄂᆡ 셩이 王개로라 내 성은 왕가라오.

[高] 네 집이 어듸셔 사ᄂᆞᆫ다 당신은 어디서 사시오?

[漢] ᄂᆡ 遼陽 잣 안해셔 사노라 나는 요양성 안에 살고 있소.

[高] 네 셔울 므슴 일 이셔 가ᄂᆞᆫ다 당신은 서울(북경)에 무슨 일이 있어서 가시오?

[漢] ᄂᆡ 이 여러 ᄆᆞᆯ 가져 ᄑᆞᆯ라 가노라 이 몇 마리의 말을 가져다가 팔러 가오.

[高] 그러면 ᄀᆞ장 됴토다 나도 이 여러 ᄆᆞᆯ ᄑᆞᆯ라 가며 이 ᄆᆞᆯ쎄 실은 져근 모시뵈도 이믜셔 ᄑᆞᆯ고져 ᄒᆞ야 가노라 그렇다면 매우 잘됐군요. 나도 이 몇 마리의 말을 팔러 가며 또 말에 싣고 있는 많지 않은 모시도 이제 팔고자 하여 갑니다.

[漢] 네 이믜ᄆᆞᆯ ᄑᆞᆯ라 가거든 우리 벗 지어 가미 마치 됴토다 당신들이 이제 말을 팔러 간다니 우리 동행하는 것이 마침 좋겠군요.

위의 대화에서 고려 상인 일행이 중국 상인을 처음 만나 인사를 나누면서 행선지와 여행 목적이 같음을 알고 동행하자고 청하는 상황이 잘 드러난다. 대화가 대체로 기본 인사법으로 이뤄져 있어 초급 회화 교재의 성격에 적절하게 들어맞는다.

동행을 시작하면서 이들은 말이나 베의 시세가 어떠한가에 대한 정보를 교환하고 숙박할 곳을 의논하는 등 앞으로의 교역과 관련한 대화를 주고받는다. 이 가운데 고려 상인의 통상적인 교역 내용, 즉 말이나 베를 판매한 후 북경에서 다시 어떤 물품을 구입해 고려에 가서 되파는지, 통상 어느 정도의 이익을 남기는지에 대한 대화는 특히 흥미롭다. 고려 상인의 말에 따르면 보통 산동山東 지역에 가서 깁과 능綾, 무늬 있는 비단과 솜을 구입하는데, 깁은 1필당 3돈에 사서 2돈을 들여 염색한 후 고려에 가서 은 1냥2돈에 팔며 능은 1필당 2냥에 사서 아청鴉青색은 3돈, 분홍색은 2돈을 들여 염색하여 각각 은 3냥6돈, 은 3냥에 판다고 하면서(솜은 원가와 비슷한 수준으로 판매하였다) 합산하면 중개료와 세금을 제하고도 5할 이상의 큰 이익을 남긴다고 한다. 원가의 몇 배나 되는 값으로 판매되는 물건이 흔하디흔한 오늘날의 가격 구조에 비추어 보면, 더구나 수입품으로 이 정도의 이윤을 얻는 것은 그리 대단치 않아 보이지만, 당시의 경제체제에서는 꽤 남는 장사였던 것 같다. 그리고 이러한 교역 행위가 약 1년을 주기로 이루어진다는 것, 즉 북경에서 물건을 팔고 사는 데 9~10개월, 고려에 와서 물건을 팔고 사는 데 2~3개월이 걸린다는 대화가 이어진다.

흥정하고 바가지 쓰고…

이렇게 함께 북경으로 향하게 된 일행은 도중에 여관에 투숙하고 민박도 하면서 우여곡절 끝에 목적지에 도착하는데, 그 과정에서 겪는 갖은 일들이 당시 중국의 세태와 인심, 생활문화의 일면

베나 비단을 팔고 물을 길어 나르는 등 중국의 각종 직업 전문가들을 묘사한 그림. 중국 상인들의 모습을 엿볼 수 있다.

을 엿볼 수 있게 한다.

이들은 북경까지 300킬로미터 좀 못 되는 지점에 있었던 듯한 와점瓦店이라는 곳에 처음 투숙하는데, 여관 주인은 중국 상인 왕씨와 안면이 있었지만 말 사료 값을 너무 비싸게 받아 왕씨와 시비를 벌인다. 또 식사도 제대로 준비해놓지 않아 나그네들이 손수 음식거리를 사다가 만들어 먹게 한다. 그러나 왕씨가 사료며 밀가루 등을 모두 이 집에서 샀으니 가격을 좀 깎아달라고 요구하자 총 500돈의 가격에서 50돈을 흔쾌히 깎아주기도 한다. 지금으로 치면 10퍼센트 에누리를 해준 것이다. 물건을 같은 집에서 여러 개 구입할 경우 좀 깎아줄 것을 기대하고, 실제로도 그렇게 인심을 베푸는 것은 예나 지금이나 다름없는 관행인 듯하다. 어쨌든 왕씨의 도움으로 무사히 하룻밤을 보내긴 했지만 고려 상인들에게는 적잖이 힘든 하루였다.

이튿날에는 길을 가는 도중 날이 저물어 한 민가를 찾아 투숙

주인공 일행은 북경까지 향하는 여정 중에서 한 여관에 머무는데, 그곳에서 여러 가지 우여곡절을 겪는다. 이 그림은『점석재화보』제20호(1884. 11)에 실린 소주에 있는 여관 풍경으로 역사 속 중국 여관의 한 모습을 짐작할 수 있게 한다. 다만 이 그림에선 아편 등을 하는 비교적 근대의 모습이 담겨 있는 것이 다르다.

을 부탁했는데, 인심이 까다로운 집주인은 낯선 사람이라 믿지 못하겠다며 이들에게 숙박을 허락하지 않는다. 결국 일행의 간곡한 부탁에 중국인 왕씨와 고려 상인의 신원을 캐물은 다음에야 마지못해 수레 두는 헛간을 잠자리로 내준다. 게다가 식사 대접은커녕 저녁 지을 쌀을 좀 팔라고 해도 손을 내젓다가 겨우 죽을 쑤어 먹을 만큼의 쌀을 비싼 값으로 판다. 북경에 도착한 일행이 여장을 푼 순성문順城門 관점官店이라는 여관에서도 인심은 여전히 각박하다. 여관 주인은 바쁘다는 이유로 손님에게 방 안내도 하려 하지 않고, 식사도 알아서 해 먹으라고 그릇만 빌려준다.

주인공 일행이 여로에서 겪는 이런 각박한 인심은 보통의 중국 사람들의 인심이라기보다는, 그해 연이은 가뭄과 홍수로 흉년이 든 시대 상황에서 기인한 듯하다. 이로 인해 당시 중국에서는 노상강도가 횡행하고 낯선 사람을 경계하는 등 사회 분위기가 무척 흉흉했던 것 같다. 처음 묵었던 여관의 주인은 새벽에 길을 떠나려는 일행을 말리며 노상강도 이야기를 해준다. 한 나그네가 전대에 종이 한 권을 넣어 허리에 매고 길가 나무 밑에서 자다가 강도를 만나 큰 돌에 머리를 맞아 죽은 일, 또 한 나그네가 당나귀에 대추를 싣고 가다가 강도가 쏜 화살에 등을 맞고 당나귀를 빼앗긴 일(그 강도는 자신을 쫓는 포졸까지 활을 쏘아 맞혔다) 등은 일행의 간담을 서늘하게 한다. 또한 이튿날 저녁에 주인공 일행이 찾은 민가의 주인은 관아에서 인가에 낯선 사람을 들이지 못하도록 엄중하게 감시하고 있다는 것과, 어느 집에서 나그네 몇 사람을 몽골인인 줄 모르고 재웠다가 그들이 도망가는 바람에 주인도 함께 연루되어 낭패를 보았다는 이야기를 하면서 재워달라는 부탁을 한사코 거

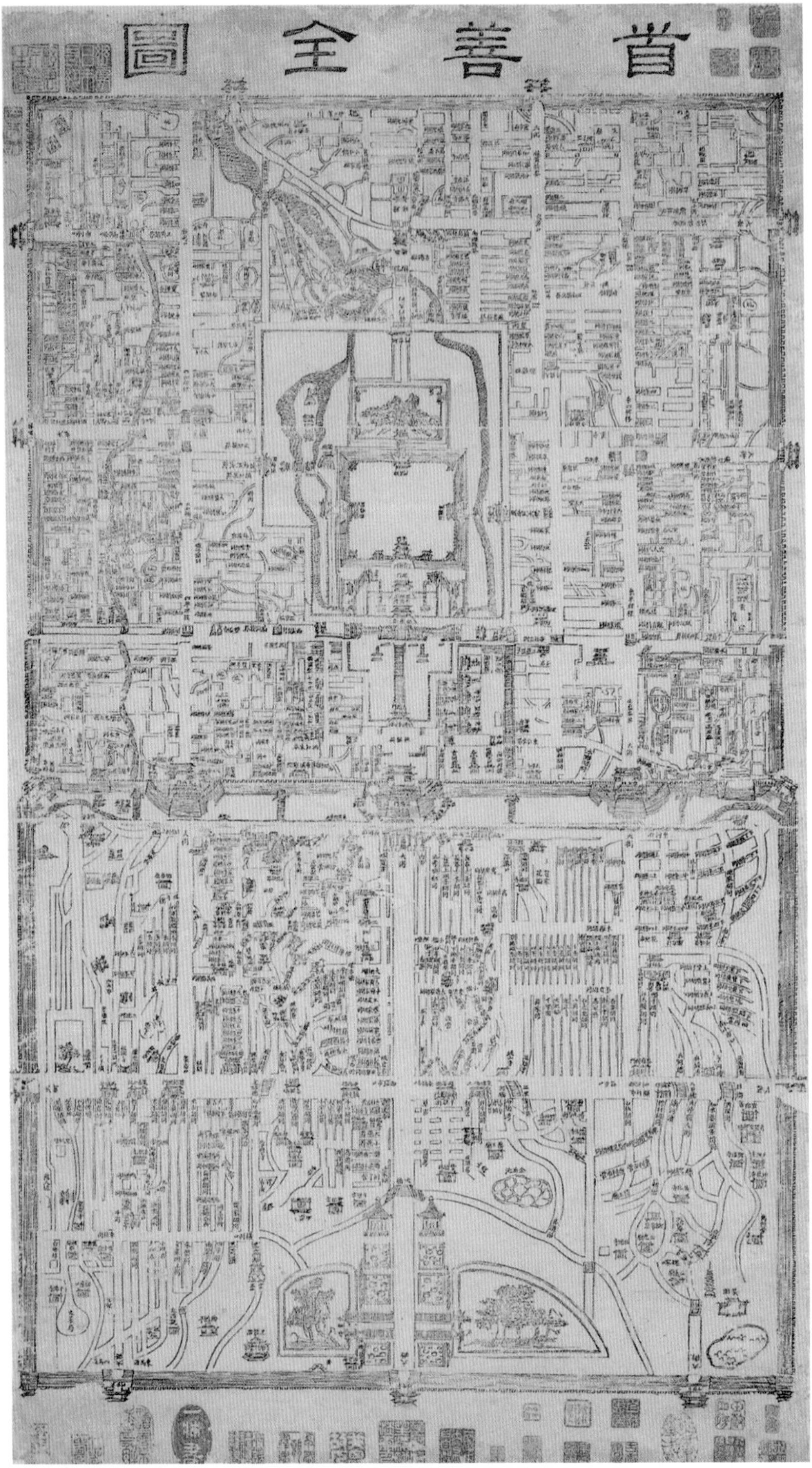

「수선전도」, 작자미상, 117.5×65.8cm, 숭실대 한국기독교박물관. 북경 시가지 지도로 사각의 성곽 안에 황제의 성과 가옥, 하천, 도로망 등이 자세히 그려져 있다. 주인공 일행은 북경에 도착해서 북경 사람들의 인심을 겪고, 또 그곳의 풍속들을 하나하나 경험해나간다.

절한다. 이러한 내용들은 원나라 말기의 어수선하고 혼란스러운 사회상을 알려주고 있다.

중국인 중에는 후한 인심으로 일행을 감동시킨 이도 있었다. 와점에서 첫 숙박을 한 다음 날 일행은 길에서 점심을 지어 먹을 쌀을 구하려고 한 인가에 들르는데, 집주인은 자신들이 먹으려고 지어 놓은 밥을 선뜻 내주고 밖에서 말을 지키고 있는 이에게까지 하인을 시켜 음식을 보내는 훈훈한 인정을 베푼다. 이 대목에서는 특히 상황에 딱 들어맞는 중국 속담들이 인용되고 있는 점이 흥미롭다. 예컨대 자기도 여행자가 되면 언제든 같은 처지가 될 수 있다는 주인의 말에 왕씨가 '일찍이 여행에 익숙한 자는 특별히 나그네를 동정하며 자기가 술을 탐하면 취한 사람을 아낀다'는 속담을 인용한다거나, 오히려 찬이 없는 밥을 먹게 했다는 주인의 겸사謙辭에 대해 왕씨가 '배고플 때에 한 입 얻어먹는 것이 배부를 때의 한 말보다 낫다'는 속담으로 화답한다거나, 일행의 감사 인사에 대해 주인이 '천 리를 여행하는 나그네를 좋게 돌봐주면 그 이름은 만 리에 옮긴다'는 속담을 인용해 답하고 있는 것이다. 직접적인 말보다 상황을 더욱 효과적으로 드러낼 수 있는 속담을 써서 그 나라의 풍습이나 전래까지 알 수 있게 배려한 흔적이 묻어난다.

한편 북경까지의 여로에서 이들이 경험하는 일상은 당시 중국과 고려의 생활문화 일면을 엿보게 한다. 가령 주인공 일행이 처음 묵은 여관에서 바쁜 주인을 도와 음식을 준비할 때 고기볶음을 할 줄 모르는 고려 상인에게 중국 상인이 그 방법을 자세히 일러주는 장면, 북경에 거의 다다라 들른 음식점에서 고려 상인이 아침으로 물국수 먹기를 꺼리는 장면 등에서 고려와 당시 북방

「매장도賣漿圖」, 요문한, 청대. 송·원 교체기의 간편하게 먹을 것을 파는 곳의 모습을 그린 그림이다. 『노걸대』의 주인공 역시 길을 가던 중 음식점에 들렀다가 중국인의 독특한 식문화를 알게 되고 또 고려와의 차이점을 비교하곤 했다.

중국의 식생활의 차이를 엿볼 수 있다. 끼니마다 돼지고기나 양고기 등의 고기볶음을 떡餠(밀가루를 반죽하여 얇게 만들어 굽거나 찐 것)이나 면과 함께 먹는 중국인들과 달리 고려인들은 고기볶음이나 물국수 등을 별로 먹지 않았다는 것, 나아가 말여물로 쓸 짚을 써는 일과 콩을 삶는 일도 서투르고 물긷기도 여자들이 주로 해서 자신들은 익숙하지 않다는 고려 상인의 말로부터 요리를 비롯한 대부분의 가사 일을 고려에서는 여성들이 주로 맡았음을 알 수 있다.

"콧물 흘리는 말은 물러달라"

우여곡절 끝에 북경에 도착한 주인공 일행은 가져온 말을 판매하는 일을 시작으로 본격적인 교역에 들어가는데, 이 부분은 이야기의 가장 중심이 되는 곳으로 장면마다 매우 생생하고 역동적으로 묘사되어 있다. 일행은 여관 주인의 소개로 찾아온 중국 상인들에게 말을 파는데 양쪽이 제시하는 말 값이 너무 차이가 나서 한참을 옥신각신하다가 즈름(중개인)의 중개로 결국 말 15마리를 모두 100냥에 우수리 5냥을 얹은 가격으로 판다. 140냥을 기대했던 고려 상인은 적이 실망하지만 좋은 은으로 값을 지불해달라는 요구로 거래를 수용하면서 다음과 같은 계약서를 작성한다.

요양성遼陽城 안에 사는 왕 아무개가 (…) 붉은색의 불깐 말 한 마리를 파는데 나이는 다섯 살이고 왼쪽 뒷다리 위에 낙인찍힌 표시가 있다. 북경 양시羊市 시장 거리의 북쪽에 살고 있는 장삼張三을 의거하여 중개인으로 삼고 산동山東 제남부濟南府 객상客商인 이오李五에게 팔아주어 영원한 소유자가 되게 하리니, 양쪽의 말로 의논하여 시가로 십푼十分 은자 열두 냥에 정하고 그 은자를 계약서를 작성한 날에 모두 일시불로 하여 따로 외상은 없게 할 것이다. 만일 말의 좋고 나쁨에 대하여는 산 사람이 스스로 보았으며 만일 말의 내력이 분명하지 않은 일일랑 판 사람이 혼자 그 책임을 지기로 한다. 흥정이 끝난 다음에 각자 무를 수는 없다. 만일 먼저 무르자고 한 사람은 관은官銀 5냥을 벌금으로 내어 무르자고 하지 않은 사람을 주어 쓰도록 하여

도 할 말 없으리라. 후에 믿을 끗이 없을까 하여 일부러 이 문기文記를 작성하여 쓰교자 한다.

모년모일某年某日

계약인 왕객王客 서명署名

중개인 장삼張三 서명署名

이 계약서는 지금 봐도 꽤 구체적이고 합리적이다. 판매 물품에 대한 정확한 정보와 가격, 판매인·중개인·구매인의 신원뿐 아니라, 상품 하자 및 계약 파기에 대한 책임 소재와 벌금 액수까지 규정해놓음으로써 이후에 있을지도 모를 분쟁을 조정할 근거를 마련해둔 것이 인상적이다. 이어지는 대화를 통해서 세금과 중개료에 대한 관행도 언급되는데, 세금은 산 사람이, 중개료는 판 사람이 부담하며 각각 판매액의 0.03퍼센트를 지불한다는 내용이다. 그리고 계약 직후 말 구매자는 콧물을 흘리는 말 한 마리를 무르겠다면서 계약서의 내용대로 실제로 5냥의 벌금을 내고 말을 무른다. 이러한 내용은 당시 중국에서의 상거래 관행에 대한 꽤 유용한 정보를 제공했을 것이다.

말을 판매한 후 고려 상인은 탁주涿州(현재 허베이성河北省 소재)에 가서 팔 물건을 사러 가는 중국 상인 왕씨를 따라다니며 양, 옷감, 활과 화살, 식기 등을 구입하는 것을 본다. 흥미로운 것은 중국에 가서 물건을 살 때는 부르는 값의 반을 깎아야 한다는 우스갯소리가 660여 년 전의 중국에도 그대로 적용된다는 점이다. 다섯 마리의 양을 은자 3냥에 팔겠다는 양 장수의 말에 왕씨가 터무니없다는 반응을 보이면서 2냥으로 흥정하는 장면이 단적인 예인데, 양

북경에서 말을 사고파는 데는 까다로운 계약서가 작성되었다. 하자가 있는 말일 경우 그에 대한 책임 소재를 물을 뿐 아니라 계약 파기에 대한 벌금 액수까지 상세히 적혀 있다. 「구마도九馬圖」, 임인발, 비단에 먹과 채색, 원나라, 미국 넬슨 갤러리.

장수 스스로도 '부르는 값은 거짓이고 지불하는 것이야말로 진짜 값'이란 속언俗言을 인용하며 순순히 흥정에 임하는 것이 재미있다. 일단 높은 값을 부른 후 상대의 반응을 봐가며 에누리를 해주는 중국 상인들의 관행은 오랜 세월이 지난 지금도 크게 달라지지 않은 듯하다.

이후 나머지 물건도 만족스러운 가격에 구입한 왕씨와 일행은 활쏘기 내기 시합도 하고 음식을 만들어 잔치를 벌이기도 한다. 술을 많이 마신 왕씨는 술병이 나서 의원의 치료를 받는데, 맥을 짚고 약(빈랑환檳榔丸)을 처방하고 유의 사항을 알려주는 장면에서

「남도번회도권(南都繁會圖卷)」, 작자미상, 견본설채, 32×2182.6cm, 명나라 만력 37년(1609) 경 남경의 번화한 시가지와 사회생활의 정경을 그린 그림이다. 여기에서 [illegible]을 흥정하고 구입하는 풍속이 생생히 묘사되어 있다.

당시 중국 의술의 일면도 엿보인다. 겨우 몸을 회복한 왕씨는 마침내 탁주로 장사를 떠난다.

어떻게 처세하며 살 것인가

전체적인 이야기의 줄거리와 다소 동떨어진 내용이 실려 있는 이색적인 부분도 있다. 이 부분은 여행 중에 일어난 일이 아니라 사람의 도리, 처세의 방법 등을 설교식의 산문체로 서술함으로써 회화체로 이어지던 스토리 전개가 잠깐 끊기는데, 아마도 원래는 없었던 내용을 나중에 삽입한 것으로 보인다.

> 우리는 해마다 달마다 날마다 즐겁게 인생을 즐기고 춘하추동 하루라도 버리지 말자. 우리 사람이 오늘 죽을지 내일 죽을지 모르는 것이니 편안할 때 즐기지 아니하면 참으로 어리석은 사람이다. 죽은 후에는 아무것도 가리지 못하고 모두 자기 마음대로 못하는 것이니 잘 달리는 말도 다른 사람이 타고 좋은 옷도 다른 사람이 입으며 좋은 마누라도 다른 사람이 얻으니 살아 있을 때에 무슨 이유로 쓰지 않겠는가?

이처럼 인생을 유쾌하게 즐기라는 내용으로 시작하지만 이어서 자식 교육의 중요성, 친구 사귀는 방법, 상전을 모시는 도리 등 처세에 관한 내용과, 좋은 가문에 태어나서 부모가 이루어놓은 가법家法과 명성, 재산을 지키지 않고 나쁜 친구들과 어울려 방탕한 생활을 하다가 가산을 탕진하고 결국은 남의 말고삐나 잡아주면서

주인공인 고려 상인은 중국에서 물건을 구입하는 것뿐만 아니라 술병이 난 왕씨를 동행하면서 중국의 치료시설도 목격한다. 그림은 1830년대 중국의 치료 시설의 모습이다.

밥을 얻어먹는 하인의 신세가 되는 어느 귀공자의 이야기가 이어진다. 결국 인생을 즐기며 살되 도리와 분수에 맞게 처세해야 함을 강조한 것이라 할 수 있다.

특히 여기서는 귀공자의 방탕한 일상과 함께 사치스러운 의생활, 식생활이 자세히 묘사되고 있어 당시 지배층의 생활문화를 엿볼 수 있다. '소매 없는 윗옷'을 가리키는 '탑호搭胡'나 금과 옥 등의 보석으로 장식한 허리띠, 화려한 모자, 가죽 신발 등은 일반 한인漢人의 의상이 아니라 몽골인의 옷차림인바, 당시 지배 민족인 몽골인의 복식 문화를 연구하는 자료가 된다. 또 귀공자는 아침 식사로 해장국醒酒湯이나 간식(작은 만두)을 조금 먹은 후 밀가루 떡에 양고기 삶은 것을 먹는데, 이 또한 북방 유목 민족의 음식 습관을 반영하는 것이다.

귀국 준비와 작별

왕씨가 탁주로 떠나자 주인공 일행은 아직 팔지 못한 인삼과 모시, 삼베를 팔아 거금을 마련한다. 여기서도 당시에 가장 상품上品으로 인정받았던 주인공의 신라 인삼을 중국인 구매자가 중품中品으로 폄하한다거나 원래 말한 것보다 무게가 적다, 모시의 짜임새와 폭이 고르지 않다며 트집을 잡는 등 옥신각신하는 장면이 나온다. 또 고려 상인이 구매자가 지불하는 은자에 대해 중개인에게 보증을 요구하는 장면도 나오는데, 가짜 은에 자주 속는다는 고려 상인의 말에서 당시에도 위조화폐 문제가 큰 골칫거리였음을 알 수 있다.

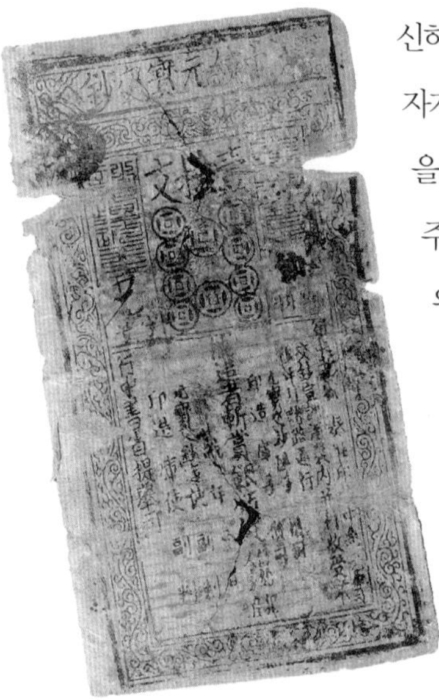
상거래를 할 때 쓰였던 원나라 때의 지폐로 '중통원보교초中統元寶交鈔'이다.

물건을 다 처분하고 나서 일행은 때맞춰 탁주에서 돌아온 왕씨의 도움을 받아 고려로 돌아가서 팔 물품을 구입하는데, 이때 사들인 것은 비단과 서적, 그리고 바늘, 화장품, 장식품 등의 잡화였다. 고려에서 중국으로 간 물품

중국에서 생산된 장식 그릇과 비단신. 고려, 조선의 상인이 중국에서 들여오는 것은 고도의 완제품으로서, 우리나라의 말, 인삼, 모시 등을 팔고 구입해왔다.

은 말, 인삼, 모시, 삼베 등 주로 농수산물이나 간단한 가공품이었던 데 반해, 중국에서 고려로 건너온 물품은 장식품이나 잡화 등의 고도의 완제품이 주류였다는 점에서 양국 간 상품 경제 수준의 차이를 파악할 수 있다. 또한 어떤 물품을 사갈까 고민하는 고려 상인에게 왕씨가 고려에서는 고급품이 오히려 잘 안 팔리고 적당히 싼 물건이 잘 팔린다는 조언을 해주는 장면은 실소를 자아낸다. '싼 게 비지떡'이라는 속담도 있지만 지금도 여전히 싼 것을 좋아하는 우리네 속성을 참으로 잘 짚어낸 말이 아닌가.

이렇게 중국에서의 모든 용무를 마친 주인공 일행은 귀국 길일을 잡기 위해 근방에서 유명한 점집을 찾아가서 자신의 사주와 돌아갈 날을 점친다. 점쟁이로부터 주인공은 팔자가 매우 좋고 장사와 여행 운이 순조로우며 금년에 특히 대운이 달하여 재산이 많이 모인다는 점괘와 귀국 길일을 받는다. 생생한 대화 내용을 통해 당시에도 중요한 일을 앞두고 점을 보는 풍토가 성행했음을 짐작할 수 있다. 정해진 날 주인공 일행이 왕씨와 작별 인사를 하고 마침내 귀국길에 오르는 것으로 이야기는 끝이 난다.

『노걸대』는 한 권의 중국어 학습 교재일 뿐이지만 경험을 토대로 한 정교한 스토리와 생생한 장면 묘사로 그것을 읽는 내내 실제로 주인공과 함께 14세기의 중국 대륙을 여행하는 듯한 느낌, 바로 옆에서 그들의 대화와 행동을 직접 보고 듣는 듯한 느낌을 받게 되는 독특한 책이다. 이런 점에서 『노걸대』는 당시의 조선 사람들에게 간접적이지만 너무나 사실적인, 색다른 중국 여행 경험을 제공하는 존재였음에 틀림없다. 그리고 현대의 우리에게도 당시 중국의 사회상, 생활문화, 경제 등을 연구할 수 있는 역사적 자료로, 또한 어학 교재라는 성격에 걸맞게 그 시대 중국어와 국어의 구어적 모습을 살필 수 있는 언어 자료로 귀중한 문헌이 되고 있다.

7장

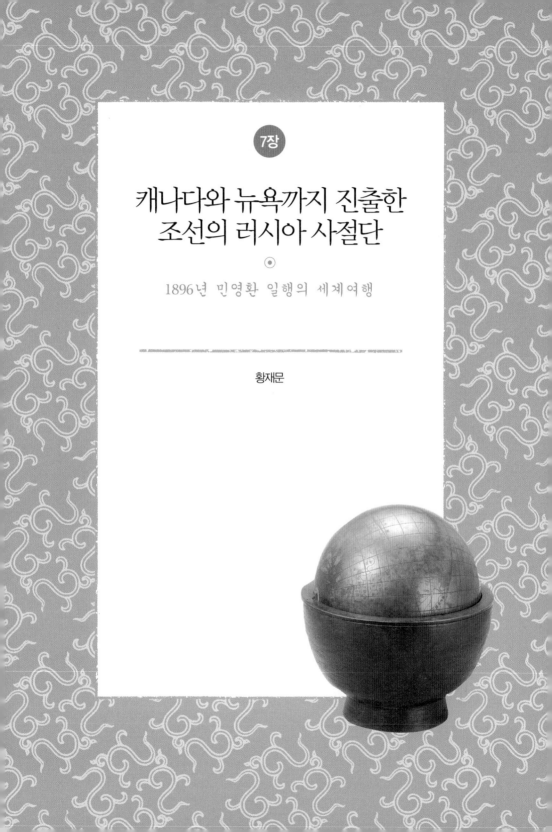

캐나다와 뉴욕까지 진출한 조선의 러시아 사절단

1896년 민영환 일행의 세계여행

황재문

'코가 큰 오랑캐'로부터 '이웃 나라'로

숙종 9년(1683) 3월 사은사謝恩使 김석주가 돌아와서 청나라의 정세를 보고했다. 그중에는 이런 대목이 있었다.

> 대비달자大鼻㺚子들이 사는 땅은 산이 높고 진흙 구덩이가 많은데, 오곡은 심지 않고 짐승을 날로 먹으며, 포砲와 창을 사용하는 법을 익힌다고 합니다. 지난가을에 대신을 보내 초무招撫했지만, 황제의 교지를 받지 않고 사나운 말을 했기 때문에 청나라에서는 지금 군대를 동원하여 토벌하려고 합니다.

청나라에서 '대비달자' 즉 '코가 큰 오랑캐'를 토벌하려 한다는 것인데, '대비달자'란 어떤 종족일까? 그것은 네르친스크 조약(1687)이 체결되기 전까지 수년간 청나라와 충돌하고 있던 러시아였다. 사실 조선은 이보다 앞서 러시아와 접촉한 일이 있었다. 효종대에 "영고탑寧古塔 옆에 있는 별종別種"과 싸운 나선 정벌(1654,

러시아 한 부족의 사냥하는 모습. 중국이나 조선에서 아라사인(러시아인)에 대한 편견은 쉽사리 사라지지 않았다. 그들을 흉악하고 사나운 야만인으로 취급했던 것이다.

營中有器械製造
廠其薰陶成樣不
用人力完就巧成之
法目難見而口不能
勝言也營西有美國
電線官又有日本領
事官及青樓東西
有男女西齋二中住
徒數百其文方各項
用節自王府領下應用也

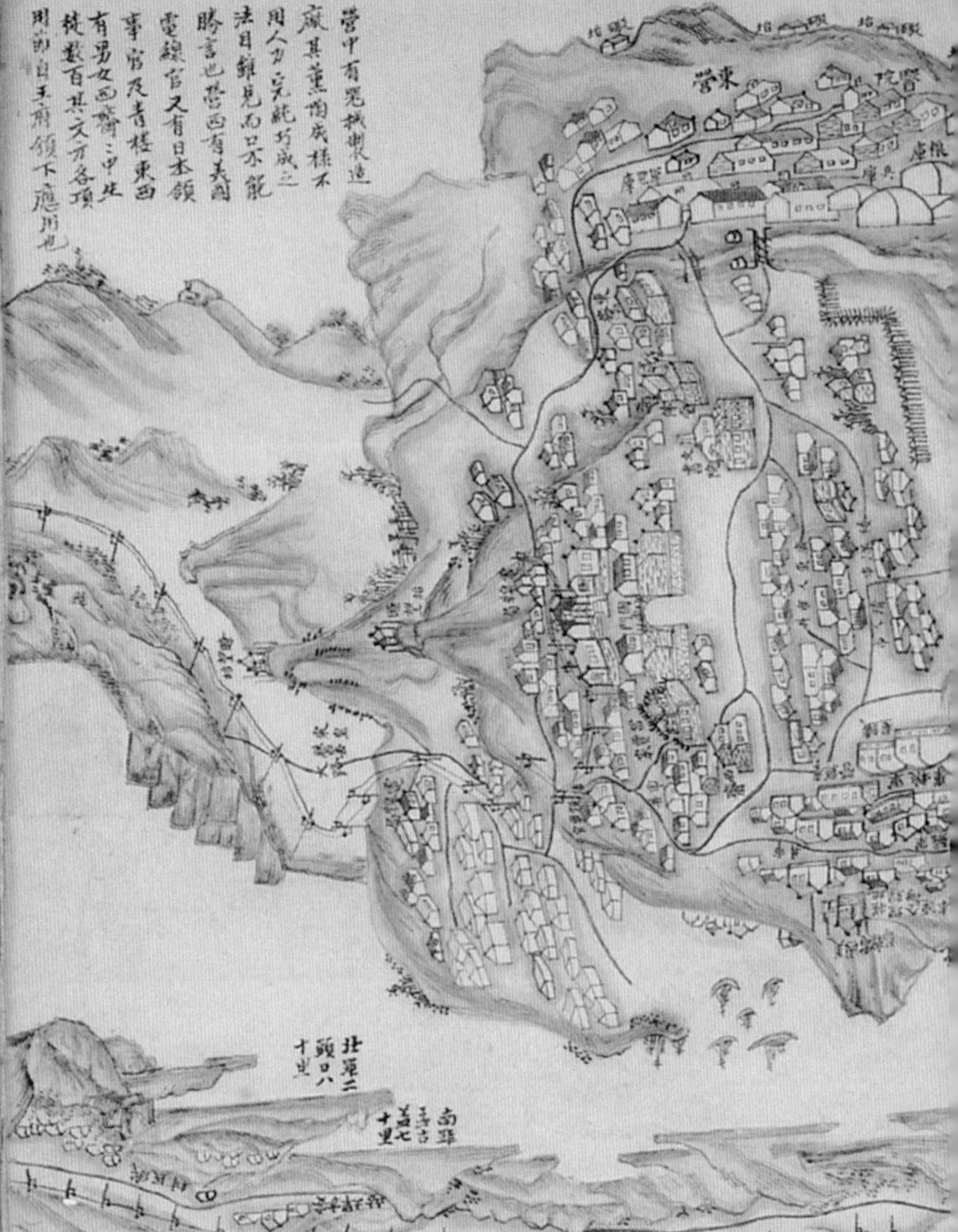

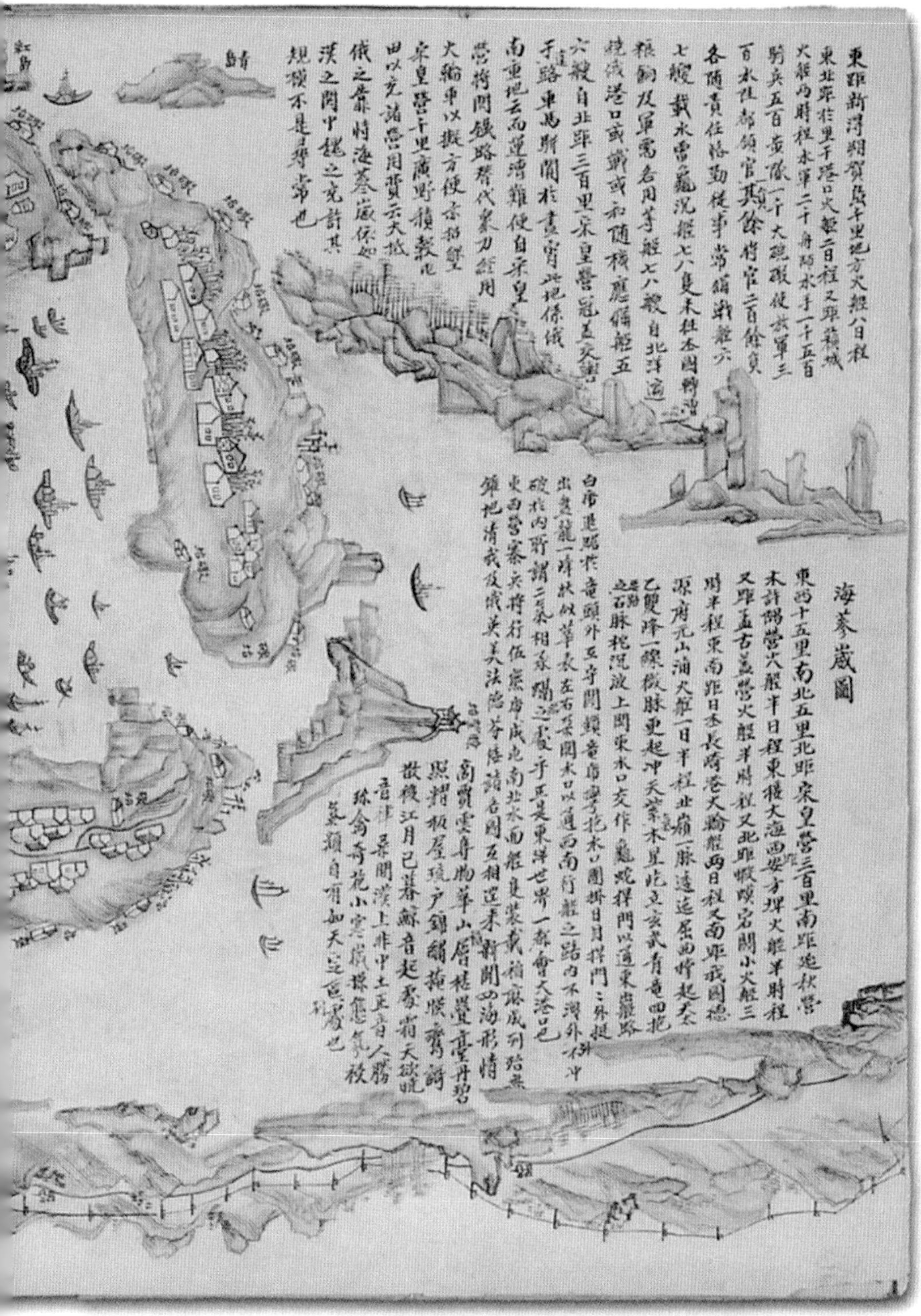

『아국여지도』, 종이에 수묵담채, 김광훈·신선욱, 36×27.2cm, 보물 제1597호, 1883, 한국학중앙연구원. 이 지도는 아라사국, 즉 러시아 동쪽 연해주 땅을 그린 것이다. 재러 한인들의 초창기 이주 현황을 알 수 있으며, 한·러·청 간의 국경 현황을 파악할 수 있는 중요한 자료이다.

1658)이 그것이다. 그렇지만 이때는 상대에 대한 별다른 정보도 갖지 못한 채 전투를 벌였을 뿐이었다. 그래서 러시아에 대한 정보는 '코가 큰 오랑캐' 수준에 머물렀던 것이다.

조선인이 러시아인과 직접 접촉한 것은 북경에 러시아인들이 체류하면서부터다. 러시아인이 묵었던 곳은 '아라사관'으로, 이는 과거 조선의 사신이 묵었던 옥하관玉河館 건물이었다. 홍대용을 비롯하여 많은 사람이 연행록에 아라사관에 대한 기록을 남겼는데, 러시아인에 대해서는 주로 부정적인 관점을 취하였다. 흉악하고 사나운 야만인이어서 사람에게 개를 풀어놓고 놀리거나 부녀자를 겁탈하여 처형당했다는 등의 소문과 함께, "코가 큰 몽골의 별종"이라는 부정확한 정보를 남겼던 것이다. 홍대용 등은 주로 역관으로부터 들은 바를 기록한 것인데, 당시 역관들은 러시아로부터 가죽이나 거울 등을 구매하곤 하였다.

그런데 19세기 후반에 이르면, 조선과 러시아의 관계는 이전과는 다른 국면에 접어든다. 19세기 초의 천주교 금지 이후에는 조선 사신이 북경의 천주당 대신 아라사관을 찾아 서양 문물을 접하게 되었고, 이어서 19세기 후반에는 조약을 맺은 이웃 나라가 되었기 때문이다. 즉 두 나라는 러시아가 연해주를 얻은 1860년대부터 국경을 맞대게 되었고, 1884년에는 통상조약을 맺었던 것이다.

니콜라이 2세의 대관식을 둘러싼 삼국의 사정

1896년 러시아는 새로운 황제의 대관식을 거행하기로 하였다.

1894년 11월에 사망한 알렉산드르 3세의 뒤를 이은 니콜라이 2세가 즉위한 지 1년쯤 지나 대관식을 치르게 된 것이었다. 러시아는 국력을 과시할 만한 화려한 식을 준비했으며, 세계 각국에 이를 알리고 공식으로 초청장을 보냈다.

동아시아의 세 나라 역시 이 대관식에 초청받았다. 그런데 누가 사절로 갈 것인가를 결정하는 일은 간단한 문제가 아니었다. 확정된 관례가 없고 거리가 멀 뿐 아니라, 러시아와의 관계에 있어 각기 특별한 사정이 있었기 때문이다. 게다가 청일전쟁, 삼국간섭, 명성황후의 시해와 아관파천 같은 중대한 사건들이 이어지던 시점이기도 했다.

청나라에서는 리훙장李鴻章이 사절이 되었다. 이는 러시아의 요청에 의한 것이었다. 러시아는 시베리아 철도가 청나라 땅을 횡단하여 연결될 수 있도록 동청철도東淸鐵道의 부설권을 얻고자 했으며, 그러한 비밀 교섭을 할 만한 권력 있는 인물을 사절로 원했다. 러시아는 여행 도중 리훙장이 유럽의 다른 나라를 방문하기를 원하지 않았는데, 이는 "유럽의 여러 정치가의 갖가지 계교의 영향을 깊이 받을 것"을 염려했기 때문이었다. 그래서 러시아는 자국의 배를 파견하여 리훙장 일행을 수에즈 운하에서 오데사Odessa로 직접 갈 수 있도록 조처했다. 다른 유럽 국가와의 접촉 가능성을 차단한 것이다.

일본의 경우는 좀더 복잡한 사정이 있었다. 우선 정치적으로 삼국간섭 이후 일본은 러시아와 협상할 필요성을 느끼고 있었는데, 그 협상의 중심 문제는 조선에 관한 것이었다. 그래서 일본에서도 실권을 지닌 인물을 사절로 보낼 필요가 있었다. 이토 히로부미가 거론되기도 했지만, 결국은 당시 이토의 라이벌이었던 야마가타 아리토모山縣有朋가 사절을 맡기로 했다. 야마가타는 이토와 같은 조슈長州 출신으로 당시 일본의 무관을 대표하는 인물이었다. 러시아로 향하는 야마가타는 노래를 남겼는데, 그 노래는 "임금의 뜻 기어이 관철하고야 말리라. 애당초 이 늙은 목숨 버릴지라도"와 같은 비장한 내용을 담고 있었다. 그만큼 러시아와의 협상이 중요하다고 인식했기 때문일 것이다.

그런데 야마가타가 이처럼 비장한 심정을 품은 것은, 한편으로는 러시아의 새 황제 니콜라이 2세와 일본 사이에 악연이 있기 때문이기도 했을 듯하다. 악연이란 바로 1891년에 일어난 오쓰大津 사건이다. 시베리아 철도 기공식을 앞두고 일본을 방문한 러시아의 황태자를 일본 순사 쓰다 산조津田三藏가 칼로 내리쳐서 상처를 입힌 것이 오쓰 사건인데, 이때 화를 입은 황태자가 바로 러시아의 새 황제로 즉위할 터였다. 강대국 러시아의 황태자가 경호를 맡은 일본 관헌의 칼을 맞았으므로, 당시 일본에서는 큰 소동이 벌어졌다. 황태자의 어머니인 황후가 "이게 만약 꿈이라면 끔찍한 악몽"이라고 쓴 편지를 보낼 정도로 러시아로서도 중대한 사건이었다. 그것이 불과 5년 전의 일이었다.

조선은 당시 러시아와 특별한 관계에 있었다. 국왕 고종이 궁궐을 떠나 러시아 공사관에 머문 아관파천俄館播遷(1896년 2월~1897년 2월)의 시기였기 때문이다. 관계가 급속도로 가까워진 러시아로부터 일본에 대항할 만한 수단을 얻어야 했으며, 러시아 또한 조선으로부터 이권을 얻어내고자 했다. 조선의 입장에서는 독립국가로서의 입지를 굳히고 이를 천명할 기회를 마련한다는 점에서도

니콜라이 2세의 결혼식 때의 모습. 이 사진은 황제 대관식이 이뤄지기 전의 모습으로, 민영환은 그의 황제 즉위식에 초대받아 러시아를 여행했다.

중요한 의미가 있었다. 이러한 점은 사절단이 귀국했을 때의 신문 기사로부터도 확인해볼 수 있다. 아래 기사의 '아라사'는 당시에 러시아를 부르던 명칭이다.

> 아라사 갔던 공사 민영환씨가 여러 달 만에 본국에 돌아왔으니, 우리는 민공사를 반갑게 치하하고, 조선 정부를 외국에 가서 대접받도록 행세를 하고 왔으니 어찌 가히 치하치 않으리오. 조선서 아라사로 사신 보낸 것이 여러 가지가 도움이 되는지라. 첫째는 아라사 황제 대관례에 세계 각국이 다 대사를 보내어 아라사 황제와 인민을 대하여 치하를 하는데, 조선도 남의 나라와 같이 사신을 보냈은즉, 양국 교제상에 매우 도움되는 일이고, 둘째는 조선 역사에 처음으로 공사를 보내어 조선이 자주독립한 나라로 세계 각국에 광고를 하였으니 나라의 경사요, 셋째는 공사가 아라사 정부의 허락을 받아 육군 교사를 얻어오는데…(『독립신문』 1896년 10월 24일자 논설)

민영환의 아라사 사절단, 길에 오르다

조선에서는 궁내부 특진관 민영환閔泳煥(1861~1905)을 특명전권공사特命全權公使로 임명하여 사절로 삼았다. 민겸호의 아들로 태어나 민태호에게 입양된 민영환은, 바로 전해 명성황후를 잃은 고종이 가장 신임할 수 있는 인물이었다. 그는 이듬해인 1897년에는 6개국 특명전권공사로 빅토리아 여왕 즉위 60주년 축하식에도 참석하게 된다.

민영환, 55×40cm, 1896, 고려대박물관.

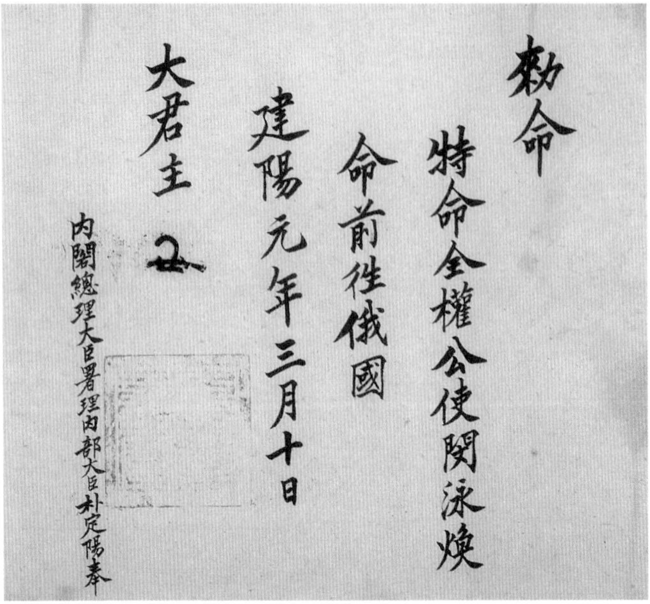
勅命
特命全權公使閔泳煥
命前往俄國
建陽元年三月十日
大君主
內閣總理大臣署理內部大臣朴定陽奉

민영환 임명장, 37.8×46㎝, 1896, 고려대박물관. 1896년(건양 1) 민영환을 러시아 특명전권공사로 임명하는 임명장이다.

사절단에는 당시 학부협판이었던 윤치호尹致昊(1865~1945)가 수원隨員으로 선발되었고, 김득련金得鍊(1852~?)과 김도일金道一이 참서관參書官으로 참가하였다. 또 러시아공사관의 서기관 스테인師德仁과 민영환의 종인從人인 손희영孫熙榮이 일행에 합류했다.

사절단의 구성은 이전과는 달랐다. 러시아로 가는 공식 사절이 처음이니만큼 러시아인이 동행해야 했고, 중국어나 일본어 이외의 언어에 익숙한 역관이 필요했다. 스테인이 동행한 것이나 중국어 역관인 김득련 외에 영어를 할 수 있는 윤치호와 러시아어를 구사하는 김도일이 참여한 것은 이 때문이었다. 그 결과 문화적 또

5월 25일 모스크바에서 촬영한 조선의 러시아 사절단. 민영환 일행과 러시아 관원들의 모습인데, 앞줄 왼쪽부터 김득련, 윤치호, 민영환, 불란손(외부관), 파스코프(동행무관)이고 뒷줄 왼쪽부터 김도일, 스테인, 손희영이다.

는 지적 배경에 상당한 차이가 있는 인물들이 동행하게 되었다.

그로 인해 사절단이 남긴 기록 또한 다양했다. 우선 전통적인 양식을 취한 사행록으로 『해천추범海天秋帆』과 『환구일록環璆日錄』이 있다. 각각 민영환과 김득련의 저작으로 알려진 두 책은, 개인 신상에 관련된 일부분을 제외하면 내용이 거의 같다. 실제로는 김득련의 『환구일록』을 바탕으로 하여 일부 내용을 수정하거나 가필한 것이 『해천추범』일 가능성이 높다. 이밖에 『부아기정赴俄記程』도 남아 있는데, 이 책은 『환구일록』의 축약본 격이다. 김득련은 여행 중에 보고 느낀 점들을 한시로 읊기도 했다. 그는 이 작품들을 모아서 시집인 『환구음초環璆唫艸』를 일본 교토에서 간행했다. 초고본을 비롯하여 이 시집의 필사본도 현재 여러 종이 남아 있다.

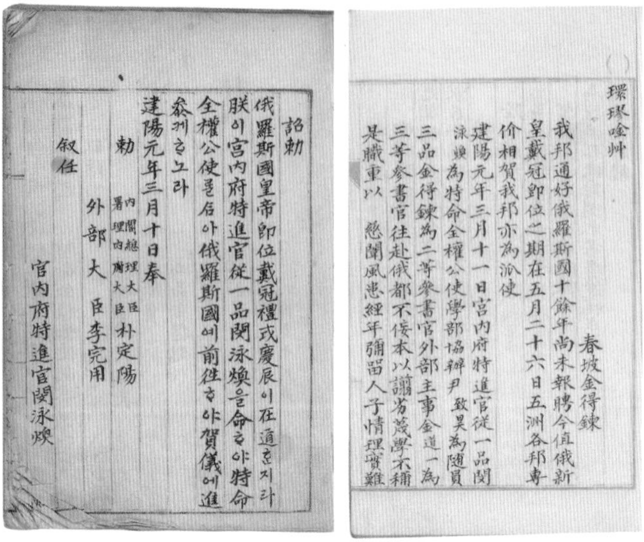
環璆唫艸
春坡金得鍊
我邦通好俄羅斯國十餘年尚未報聘今値俄新
皇戴冠卽位之期在五月二十六日五洲各邦專
价相賀我邦亦爲派使
建陽元年三月十一日宮內府特進官從一品閔
泳煥爲特命全權公使學部協辦尹致昊爲隨員
三品金得鍊爲二等參書官外部主事金道一爲
三等參書官往赴俄都不佞本以謭劣蔑學不稱
是職重以 慈闈風恙經年彌留人子情理實難

詔勅
俄羅斯國皇帝卽位戴冠禮式慶辰이在邇혼지라
朕이宮內府特進官從一品閔泳煥을命호야特命
全權公使를삼아俄羅斯國에前往호야賀儀에進
參케호노라
建陽元年三月十日奉
勅 內閣總理大臣署理內部大臣 朴定陽
外部大臣 李完用
敍任 宮內府特進官閔泳煥

『환구음초』(오른쪽)와 『환구일록』, 김득련, 규장각한국학연구원. 일본과 미국, 유럽을 돌아보고 남긴 기록으로, 『환구일록』은 이때 쓴 일기다. 특히 『환구일록』 첫 장에는 아라사국 황제 대관식에 민영환을 보낸다는 조칙이 보인다.

이 사절단의 여행은 새로운 방식으로도 기록되었다. 수원인 윤치호는 거의 평생 동안 일기를 썼는데, 이 여행 또한 그의 영문 일기에 남겨졌기 때문이다. 윤치호는 1883년부터 한문과 국문으로 일기를 썼으며, 1889년 이후에는 영문으로 써나갔다. "영어를 배우기가 빠른 까닭"이라는 이유로 윤치호가 쓴 영문 일기에는, 공적인 기록에서부터 지극히 사적인 감상에 이르기까지 온갖 경험과 생각의 흔적들이 고스란히 배어 있다.

여행을 시작하다, 중국과 일본

민영환에게 조칙이 내린 것은 3월 10일이었다. 이어 3월 19일에 윤치호 등의 수행원 임명이 이루어졌다. 그달 30일에 국기 3장과 '조선국특명전권공사'의 인장과 도장이 내려졌다. 4월 1일에 고종을 알현하고 친서 등을 받은 사절단은 드디어 낯선 땅, 러시아로의 여행을 떠난다.

제물포항에서 일행은 러시아 군함 '꾸레맛시 호'에 올랐다. 상하이까지 가기 위해서였다. 이날 저녁 서양 음식을 처음 접한 김득련은 정결하고 비위에 맞았다고 기록했다. 또한 이 일을 한시로 표현했다.

대조선국특명전권공사지인, 조선말기, 고려대박물관. 특명전권공사가 사용하던 관인으로, 민영환은 러시아 특명전권공사로 임명된 후 이듬해에는 영국, 독일, 프랑스, 이탈리아, 오스트리아 등 6개국을 방문했다.

천 깔린 긴 탁자에 식단이 펼쳐지고	舖巾長桌食單開
우유와 빵은 눈앞에 쌓여 있네.	牛奶麵包當面堆
국과 고기, 생선과 채소는 차례로 제공되고	羹肉魚蔬供次第
칼과 포크, 숟가락과 접시는 돌려가며 쓰네.	刀叉匙楪換輪回
철 아닌 진기한 과일 유리쟁반에 오르고	不時珍果登玻架
각양의 향기로운 술은 유리잔에 가득하네.	各樣香醪滿瑪杯
마무리로 나온 커피 마시고 나선,	終到珈琲茶進後
긴 회랑을 거닐며 담배를 피우네.	長廊散步吸烟來

— 서양 음식을 먹으며 장난스레 짓다 喫洋餐戱題

4월 2일에 인천을 떠난 러시아 군함은 4일에 상하이에 닿았다. 이곳에서 프랑스 공사선公司船을 타고 홍콩을 경유해서 갈 계획이었지만, 이 배를 타지 못했다. 상하이에 조금 늦게 도착하는 바람에 다른 선객들이 승선했기 때문이었다. 이에 스테인이 상하이에서 마련한 배편은 영국 상선 황후 호the Empress였다. 서쪽 항로보다 사흘쯤 더 시간이 걸리는 동쪽 항로를 택한 것은 이 때문이었는데, 이로 인해 민영환 일행은 세계 일주를 경험하게 된 셈이다.

황후 호의 항로를 따라 일본에 닿은 사절단은 나가사키, 고베, 요코하마, 도쿄 등의 도시를 잠시 거쳐갔다. 김득련은 나가사키에서 서양식 경관으로부터 일본의 경장更張을 볼 수 있다고 읊었고, 도쿄에서는 정밀하고 새로운 도시 경관에서 서법西法을 부지런히 공부하여 개명한 길로 나아간 점에 경탄했다. 또 당시 일본에 있던 의화군, 즉 뒷날 의친왕이 되는 이강李堈을 찾아본다. 윤치호는

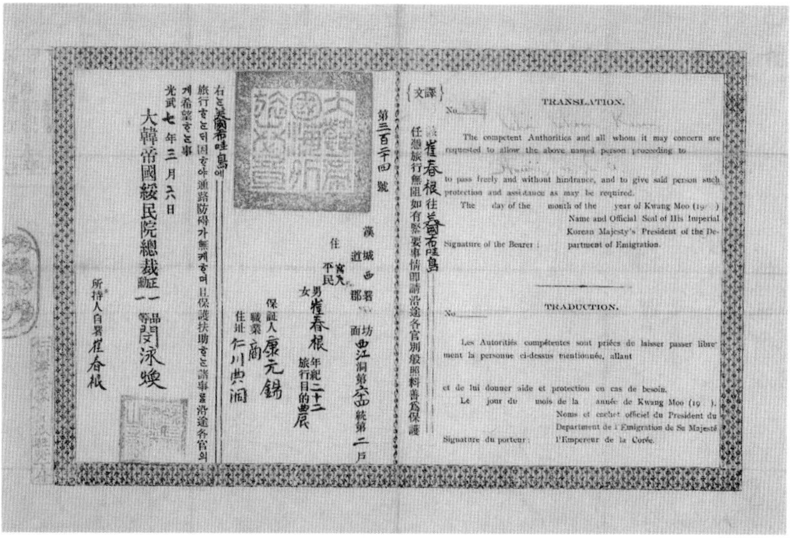
第三百二十四號

漢城 西署 坊 洞第六十四統第二戶

道 郡 面

住 富人 平民 男 女 崔春根 年紀二十二 旅行目的 農

保證人 康元錫 職業 商 住址 仁川 洞

右는 美國布哇島에 旅行하는딕 因하야 通路防碍가 無케하며 且保護扶助하는 諸事를 沿途各官의게 希望하는 事

光武 七 年 三 月 六日

大韓帝國綏民院總裁 勳二 正一品 閔泳煥

所持人自署 崔春根

{文譯} 該崔春根往美國布哇島任憑旅行無阻如有緊要事情卽請沿途各官別般照料善爲保護

TRANSLATION.

No.

The competent Authorities and all whom it may concern are requested to allow the above named person proceeding to

to pass freely and without hindrance, and to give said person such protection and assistance as may be required.

The day of the month of the year of Kwang Moo (19)

Name and Official Seal of His Imperial Korean Majesty's President of the Department of Emigration.

Signature of the Bearer :

TRADUCTION.

No.

Les Autorités compétentes sont priées de laisser passer librement la personne ci-dessus mentionnée, allant

et de lui donner aide et protection en cas de besoin.

Le jour du mois de la année de Kwang Moo (19).

Noms et cachet officiel du President du Department de l'Emigration de Sa Majesté l'Empereur de la Corée.

Signature du porteur :

여권, 22.1×33.2cm, 1903, 숭실대 한국기독교박물관. 1903년 수민원綏民院의 총재 민영환의 명의로 발급된 제국 초기의 여권이다. 수민원은 1902년 외국여행권을 관장하기 위해 궁내부 부속기관으로 설치되었는데, 오늘날 외교통상부 여권과 비슷하다.

일기에서 이 만남에서의 인상을 기록하고 있는데, "도약하려는 정신이 없다"는 인상을 서술하고 조선왕조가 불쌍하다고 탄식하기도 하였다.

윤치호의 시선으로 본 조선의 사절단

의화군에 대한 묘사에서 볼 수 있듯이, 윤치호는 일기에서 어느 정도 주관적인 판단을 기록해두곤 했다. 자신이 포함된 사절단의 구성원들에 대해서도 자기 나름의 시선으로 관찰해 이를 글로 남

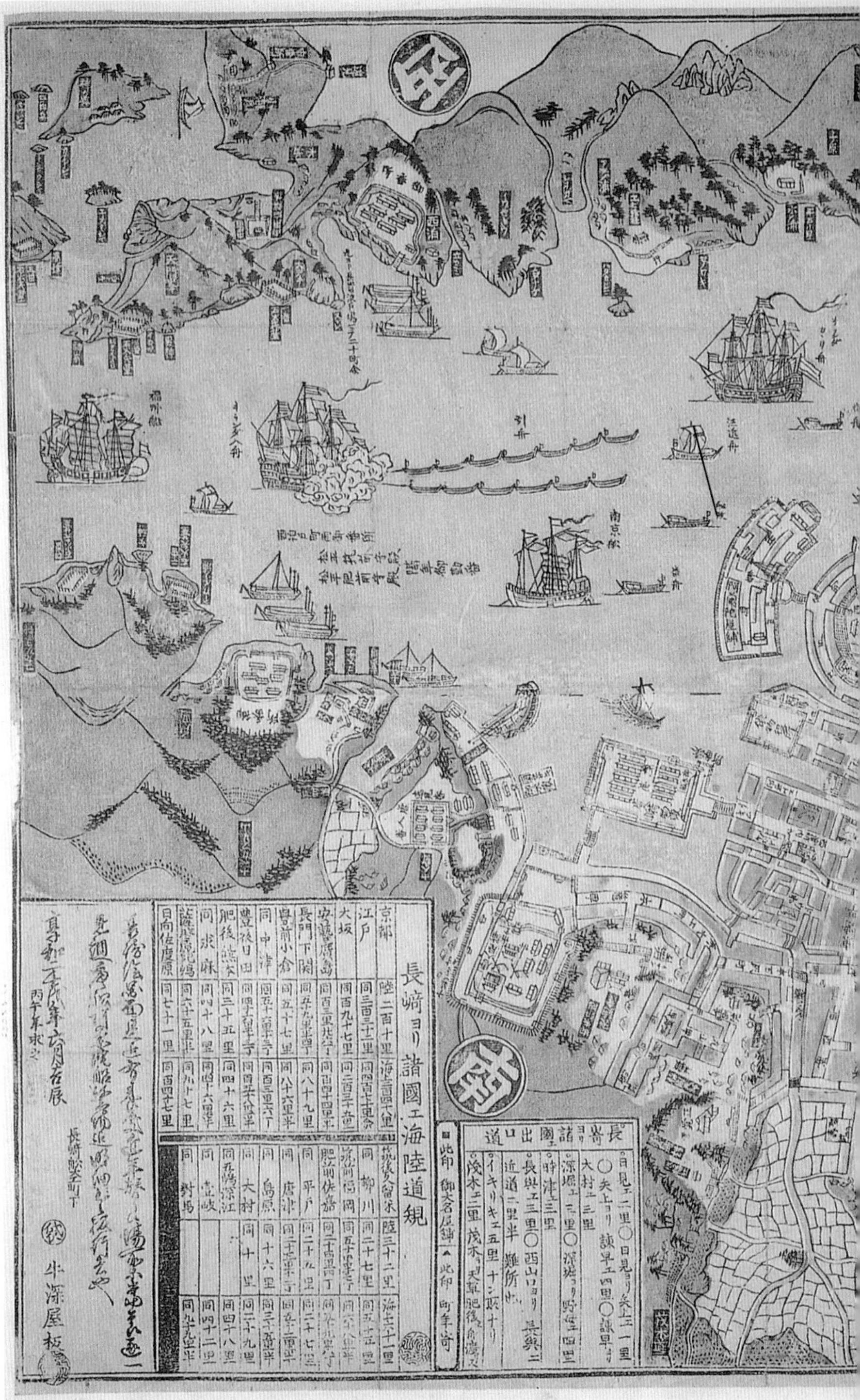

長崎ヨリ諸國エ海陸道規
京都 陸二百十里
江戸
大坂 同百九十七里
安藝廣嶋
長門下関 同八十九里
豊前小倉 同五十七里
同中津
豊後日田
肥後熊本 同三十五里 同四十六里
同求麻 同四十八里
薩摩鹿兒嶋
日向佐度原 同七十一里 同百四十七里
筑後久留米 陸三十二里
同柳川 同二十七里
筑前福岡
肥前佐嘉
同平戸 同二十九里
同唐津
同島原 同十六里
同大村 同十里
同五嶋深江
同壹岐
同對馬
長崎ヨリ諸國出口道
日見エ二里 日見ヨリ矢上
矢上ヨリ諫早エ四里
大村エ三里
深堀エ三里
時津エ三里
長與エ三里 西山口ヨリ
近道二里半 難所也
イキリキエ五里
茂木エ三里 茂木ヨリ天草
此印 御大名屋鋪
此印 町年寄
牛深屋板

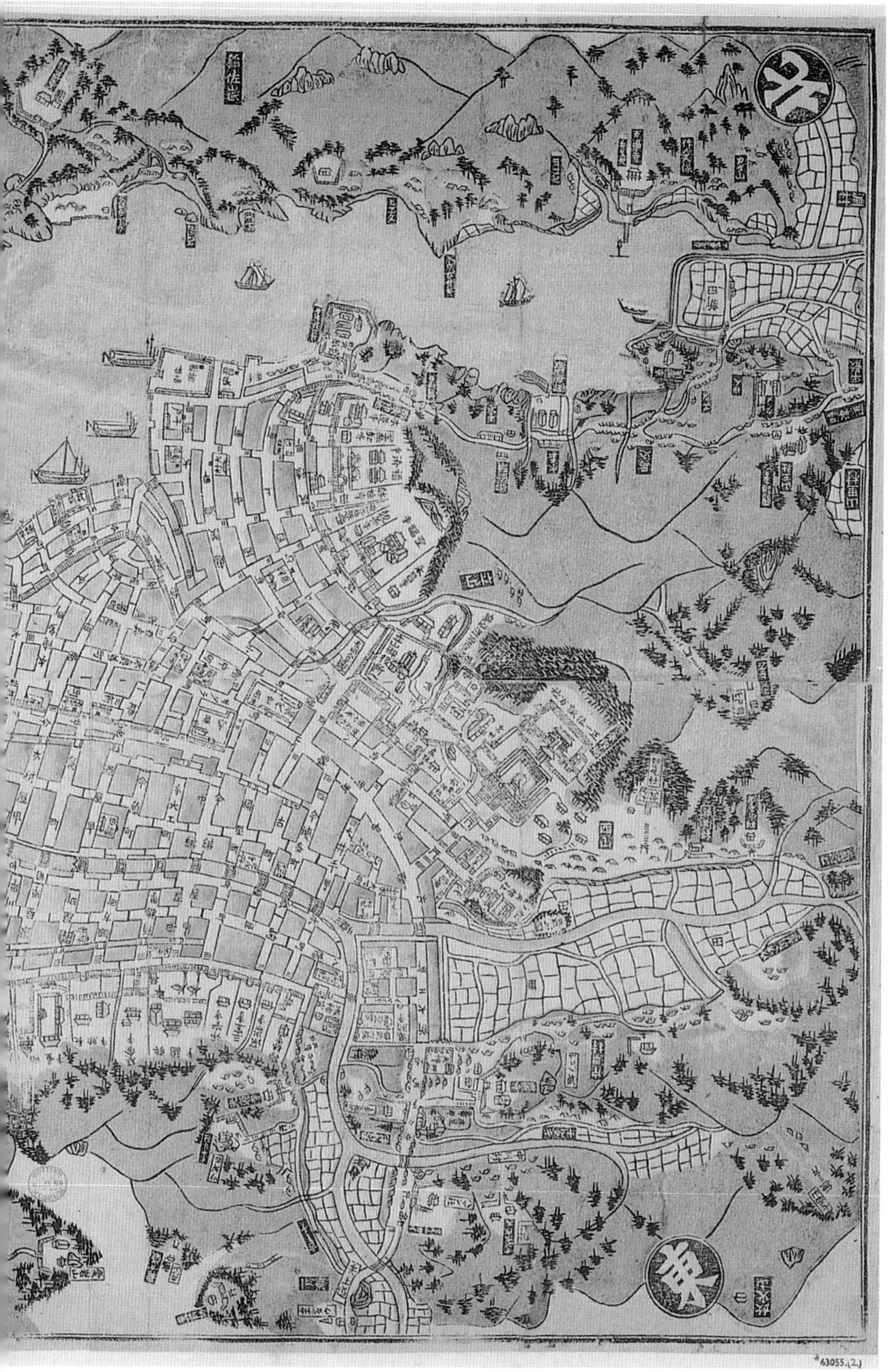

민영환·윤치호 일행이 여행했던 나가사키 항구의 모습이 세밀히 그려진 일본 목판지도이다. 1680년에 제작된 것으로, 당시 네덜란드 선박이 아시아 선박과 나란히 떠다니고 있다. 영국 대영도서관.

겼다. 이는 윤치호의 재능을 높이 평가하면서 어느 정도는 의례적인 묘사를 한 김득련의 경우와는 대조적이다. 눈에 띄는 조선의 복장이 부담스러웠던 윤치호는, 사절단의 동행자들에 대해서 상당히 부정적인 묘사를 하고 있다. 몇 가지 예를 살펴보자.

① Mr. Min은 전형적인 조선의 '양반'이다. 그는 모든 일에 하인의 봉사를 필요로 한다. 옷을 입고 양말 신는 일, 코트의 단추를 채우는 일조차도 말이다. 나는 그가 다른 사람의 도움 없이 잠자고 먹을 수 있는지 의심스럽기도 하다.

②-1 민영환의 개인 비서인 김득련은 뚱뚱한 사내이다. 그는 심하게 술을 마셨기 때문에, 스타인이 그에게 "Mr. Fish"라는 별명을 붙여주었다. 그것은 마치 물고기처럼 술을 마신다는 뜻이었다.

②-2 김득련을 식탁에서 보는 것은 유쾌하지 못한 일이다. 그는 말처럼 시끄럽게 소리 내고, 물고기처럼 술을 마시며, 마치 돼지처럼 먹는다.

③-1 그(김도일)는 한자나 한글을 전혀 읽지 못한다. 불과 몇 달 전까지 공사관에서 러시아 선원의 통역자로 일했을 뿐이다.

③-2 김도일의 한국어 실력은 너무 부족하다. 그는 황태후를 "황제 에미"라고 부를 정도이다.

④ 민영환의 하인인 손희영은 온화하고 특별히 말쑥한 젊은이이다. 김도일과 비교한다면, 손희영 쪽이 신사나 학자인 것같이 보인다.

양반인 민영환에 대한 불만도 일부 있지만, 이는 김득련과 김도일에 대한 시선과 비교할 바가 아니다. 김득련을 "개인 비서"라고 한 것은, 중국어 역관인 김득련이 민영환의 대화나 한시 수창 상대역을 하는 이외에 특별히 하는 일이 없는 듯 보였기 때문일 것이다. 사행의 역관으로서의 기본적인 임무에 충실하고자 한 김득련에게는 억울한 일이겠지만, 적어도 윤치호의 생각은 이러한 인식을 벗어나지 않는다. 김도일에 대해서는 통역자로서의 능력 자체를 불신하고 있는데, "황제 에미"라는 사례는 그렇게 생각한 원인을 짐작하게 한다. 윤치호의 단정이 지나친 점은 있지만, 러시아 이주민 출신인 김도일이 교양을 갖출 만한 교육을 받지 못한 것은 사실일 것이다.

조선의 멸망을 떠올리다

4월 17일에 일본을 떠난 사절단 일행은 황후 호로 태평양을 건넜다. 배는 심하게 요동치고 보이는 것은 끝없는 바다뿐이지만, 일행은 스테인 등으로부터 서양의 풍속에 대해 듣기도 했다. 또 날짜변경선에 대한 설명도 있었다.

4월 29일에 일행은 드디어 캐나다 밴쿠버에 당도했다. 이후 기차를 타고 몬트리올을 거쳐 뉴욕에까지 이르게 된다. 새로운 문물을 접한 김득련은 높이 치솟은 건물과 넓은 땅과 호수, 그리고 신기한 기술에 감탄을 금치 못했다. 그렇지만 그의 관찰은 윤치호에 비한다면 그리 정밀하지 못한 것이었다. 윤치호는 3년 전에 방문한 밴쿠버와 비교하여 달라진 점을 기록했고, 기차 속 풍경에 대해서도 차분히 묘사했다. 또한 뉴욕에서는 일본과 조선에

옛 뉴욕의 모습이다. 민영환 일행은 태평양을 건너 뉴욕도 여행했다.

ISLELAND
Nutt Iland
Heads
Heads
ye Governours House
Governours Garden
Hudsons River
The Maine Land

hoove
Churche
hoove
village

1539~1545년에 제작된 잉글랜드의 지도. 민영환 일행은 잉글랜드의 리버풀도 방문했다.

대한 그곳 사람들의 지식이나 시각에 대해서도 언급하고 있다. 과거의 경험이 견문의 깊이에 어떤 차이를 가져오는지 보여주는 대목일 것이다.

김득련이 "뉴욕의 부유하고 화려함은 입으로 형언하거나 붓으로 기술하기 어렵다"는 긴 제목의 시를 읊어 뉴욕의 부유함을 칭송한 데 비해, 윤치호는 뉴욕의 발전상을 언급하면서도 한편으로는 그곳 식당에 대해 불평하기도 한다. 이 또한 경험의 차이에서 온 것이리라.

> 뉴욕에서는 웨이터를 제외하고는 모두가 빠르다. 이곳에서는 굶어죽는 두 가지 방법이 있다. 아무것도 먹지 않거나 호텔에서 주문한 음식을 기다리거나.(윤치호 일기, 5월 9일자)

다시 대서양을 횡단하기 위해 사절단이 탄 배는 영국 상선 루카니아 호였다. 이 배는 황후 호보다 세 배 정도 커서 흔들림이 적었고, 바람 또한 비교적 잠잠했다고 한다. 5월 9일에 출발해 15일에 유럽에 이르렀다. 16일에는 영국 리버풀에 도착했고, 이후로 플나싱(네덜란드), 베를린, 바르샤바를 거쳐서 러시아로 들어갔다. 일정이 촉박했던 까닭에 많은 곳을 둘러볼 수는 없었는데, 윤치호는 특히 런던에서 두 시간 정도밖에 머물지 못한 점을 안타깝게 여겼다. 유럽의 역사와 문학을 접했던 윤치호로서는 그동안 보고 듣기만 한 풍경들을 직접 볼 수 있는 기회였기 때문이다.

이처럼 김득련과 윤치호가 같은 곳을 방문하면서 서로 다른 감상을 표현한 예는 적지 않지만, 바르샤바에서만큼은 비슷한 감정을 나타냈다. 폴란드의 멸망이 조선의 위기 상황을 상기시켰기 때문일 것이다. 윤치호는 "가난한 나라의 운명—마치 세 마리의 늑대에 의해서 갈가리 찢긴 양처럼 세 이웃 나라에 의해 분할되어버린 왕국—을 생각하고서 나는 슬픔을 느꼈다"고 기술하였고, 김득련은 두 수의 시로 자신의 감회를 노래하였다. 다음은 그 가운데 둘째 수이다.

노래하고 춤추며 번화하던 땅	歌舞繁華地
시든 꽃만 적막하게 붉었네.	殘花寂寞紅
유민들은 나라 잃은 슬픔이 있어	遺民禾黍感
때로 봄바람에 눈물짓곤 한다네.	時有泣春風

-폴란드의 옛 도읍에서 波蘭國古都

군중의 죽음을 외면한 화려한 대관식

러시아에서는 19일에 무관 파스코프를 보내 조선의 사절단을 맞이하게 했다. 상트페테르부르크에 머물던 러시아 황제가 대관식을 위해 이미 모스크바로 들어온 시점이었다. 기차로 모스크바에 온 조선의 사절단은 20일에 숙소에 도착하여 그곳 옥상에 국기를 걸었다. 김득련은 인천에서부터의 여정이 4만2900여 리라고 기록하였다.

모스크바에는 황제의 대관식을 앞두고 엄청난 군중이 모여들었다. 김득련은 새 황제의 행렬을 향해 '우라'를 외치는 군중의 모습

Колускаꙗ
серпуховьскаꙗ
Moskua fluvius
Iaua fluvius
Покроски

모스크바와 상트페테르부르크(레닌그라드)의 모습을 담은 고지도. 영국 대영도서관. 새 황제의 대관식을 기념하고자 파견된 조선의 사절단은 기차로 모스크바에 당도했으며, 상트페테르부르크도 방문했다.

을 묘사하고 곳곳에 펼쳐진 웅장한 광경을 노래했다. 민영환은 22일에 황제를 면담하였고, 그 자리에서 고종의 친서 등을 전달했다. 이때 윤치호가 통역 역할을 했으며, 김득련과 김도일은 바깥에 머물렀다.

대관식은 예정대로 5월 26일에 거행되었다. 그런데 조선의 사절단은 대관식이 열린 우즈벤스키 사원에 들어가지 못했다. 모자를 벗을 수 없었기 때문이다. 어쩔 수 없이 조선과 청나라, 그리고 터키와 페르시아 사신은 사원 밖의 누각에서 대관식 광경을 지켜봐야 했다. 김득련은 황제와 황후의 입장에서부터 의식의 진행 과정을 상세히 묘사했고, 대관식 이후 펼쳐진 연회에 대해서도 기록했다. 그 광경을 읊은 시에서는 "이 몸이 봉래산에 온 듯하다"고 표현하기도 했다.

대관식을 마치고 각종 행사가 이어졌다. 러시아 측에서 준비한 일정에는 연극 관람, 무도회, 음악회, 관병식觀兵式 등이 있었고, 특히 5월 30일에는 수만 명의 남녀가 모인 가운데 '만민연萬民宴'이 펼쳐지기도 했다. 10여 리의 넓은 들판에서 책과 떡, 고기를 자기에 담고 보자기에 싸서 나눠준 이 행사의 규모는 엄청난 것이었는데, 김득련은 이후에 벌어진 각종 연희와 함께 '군주와 백성이 함께 즐거워하는 일君民共樂'의 사례로 적었다. 반면 윤치호는 그 이면에서 벌어진 혼란을 살피고 이를 기록으로 남겼다. 40여 년이 지난 1937년에는 "러시아가 자기네의 번영과 광대를 자랑하기 위하여 화려와 장엄을 다하였다"고 분석하면서 "한편에서는 2000여 명의 군중이 치여 죽어도 그것도 모르고 야단하였다"며 성대한 행사의 이면을 회고하기도 했다.

니콜라이 2세가 1896년 5월 대관식을 거행한 후 크렘린의 대로를 행진하고 있는 모습이다.

러시아 측에서 베푼 행사들에 사절단이 모두 참석한 것은 아니었다. 특히 조선은 국상 중이었기에 베풀어진 공연을 즐기기는 어려웠다. 민영환은 몇몇 행사에 참석한 뒤 그러한 사정을 밝히고 이후의 초청은 사절했다. 공연의 내용을 어느 정도 이해하면서 감상한 사람은 윤치호 정도였을 것이다.

조선의 역관이 읊은 러시아의 문물과 풍속

민영환 일행의 목적이 대관식 참석에만 있는 것은 아니었기 때문에 사절단은 대관식 이후에도 러시아에 머물렀다. 러시아와의 협상을 위해 상트페테르부르크로 자리를 옮겨야 했다. 이 과정에서 역관 김득련이 할 수 있는 일은 별로 없었지만, 그는 러시아의 풍물을 한시에 담고자 했다. 여름 행궁, 강과 공원, 동물원과 식물원, 극장과 영화관, 자전거와 수도, 황제의 능묘와 표트르 대제의 집, 박물관, 감옥, 조선소, 공장, 도서관, 학교, 천문대 등이 좋은 소재가 되었다. 이국적인 풍물을 담아 읊는 죽지체竹枝體의 전통을 따라서 김득련은 많은 작품을 남길 수 있었다.

이들 작품에서는 감상보다는 사실 진술의 비중이 높은데, 러시아의 문물에 대한 감탄도 적지 않게 나타난다. 궁궐과 처음 보는 장치들의 화려함이나 정밀함에 감탄하는가 하면, 조선에서 배울 만한 점을 적기도 했다. 예컨대 역대 황제의 능묘를 한곳에 둔 러시아의 풍속을 보면서는 풍수를 중시하는 조선의 상황을 비판했고, 검소한 생활을 한 표트르 대제의 집을 보면서는 검약의 교훈

이 후대 왕들의 귀감이 되었다고 지적했다. 표트르 대제가 러시아를 개화시킨 행적에 대해서는 『환구일록』에 자세히 기록한 바도 있다. 천문대를 관람하고는 러시아에서 혜성을 재앙으로 여기지 않는 이유가 그들이 발전시킨 지식에 있음을 인식하기도 했다.

그렇지만 김득련이 러시아 문물을 모두 긍정적으로만 파악한 것은 아니었다. 김득련은 귀국 후 했던 인터뷰에서 "양반네 잔칫상에 웬 쇠스랑과 장도(나이프)는 등장하는가?"라거나 "이상한 색깔이지만 눈 하나는 시원한 서양의 요조숙녀들, 어찌 그리 요란한 옷을 입고 있는가? 내 얼굴이 잘생겨서일까, 아니면 남녀칠세부동석을 몰라서일까? 거침없이 군자의 옆자리에 다가와 재잘대누나"라는 식의 부정적인 진술을 하고 있으며, 러시아의 발레에 대해서는 "벌거벗은 것이나 다름없는 소녀가 까치발을 하고 빙빙 돌기도 뛰기도 하고 멈추기도 하는데, 가녀린 낭자를 학대하다니, 서양 군자들은 참으로 짐승이구나"라며 비난하고 있다. 이러한 시각은 김득련의 한시에서 직접적으로 노출되지는 않는데, 그럼에도 작품의 행간을 살펴보면 이러한 인식을 찾아볼 수 있다. 김득련은 러시아의 문화와 풍속에 대해서는 비판적인 입장이었던 셈이다.

시베리아를 횡단하며 귀국길에 오르다

조선 사절단의 귀국 일정과 경로가 결정된 것은 8월 14일의 일이었다. 러시아로부터 얻은 지원 약속이 만족스러운 것은 아니었지만 일단 수개월의 협상이 마무리된 것이다. 19일에 출발하여 기

상트페테르부르크 마르스 광장의 모습. 모스크바를 떠난 민영환 일행은 상트페테르부르크로 이동해 러시아의 풍물을 감상했다.

표트르 대제와 예카테리나 황후의 모습.
민영환 일행은 대관식에 참석한 후 표트르 대제의 집을 찾았다.

차 및 마차로 시베리아를 횡단하고 이후에는 배로 인천까지 가는 여정이 정해졌는데, 이는 러시아 측의 의사가 반영된 것이었다.

일행 가운데 윤치호는 먼저 파리로 떠났는데, 이는 프랑스어 학습을 위한 것이었다. 윤치호는 러시아에 머무는 동안에도 프랑스어를 배우고 있었는데, 보다 본격적으로 학습하기를 원했던 것이다. 다른 한편으로는 중요한 협상이나 결정에서 자신이 배제되고 있다고 느껴 이를 불만스럽게 여겼던 윤치호가 사절단과는 다른 길을 원했기 때문인 듯도 하다.

시베리아를 거치는 길은 멀고 험했지만 민영환 일행은 바이칼호를 비롯한 장관을 보는 등 색다른 경험을 하기도 했다. 니주니노브고르트下新州에서 박물원에 들른 것은 특히 이채로운데, 무엇보다 기구를 타고 하늘에 오르는 체험을 했기 때문이다. 이는 김

연해주 동포의 모습. 이 지역은 독립운동의 근거지로서 그 역할을 잘 감당해냈는데, 민영환 일행은 귀국길에 이 연해주 주민들도 만나보았다.

득련이 신선과 만나는 것으로 표현할 만큼 환상적인 경험이었다.

연해주에서 조선의 이주민들을 만난 것도 의미 있는 일이었다. 마을을 이뤄서 생활하는 조선의 '유민'들 가운데 상당수가 러시아 호적에 들어간 사실을 확인했고, 이들을 위한 대책이 절실하다는 것을 알게 되었기 때문이다. 사실 연해주에서 생활하는 조선인 가운데는 그곳에서 어느 정도 사회적 지위를 얻은 이들도 있었으며, 러시아 국민 자격으로 황제의 대관식에 참석한 이도 있었다. 이러한 부분까지는 민영환 일행이 알지 못했지만, 조선의 사절단이 당시의 연해주 사정에 대해 어느 정도 파악하게 된 것만도 중요한 일이었다.

사절단은 10월 21일에 서울에 도착해 복명하였다. 7개월여가 소요된 긴 여행이었다. 물론 외국을 이해하고 배우기에 충분한 시간은 아니었으며, 그 경험이 바로 조선 사회를 질적으로 변화시킬 수 있었던 것도 아니었다. 그렇지만 윤치호의 사례에서 볼 수 있듯이 비판적인 시선으로 외국 문물을 대할 수 있는 사람이 나타나기도 했는데, 이는 조선이 세계와 본격적인 교류를 할 자원이 될 만한 것이었다. 또한 사절단을 이끈 민영환의 점진적인 태도 변화에도 이 여행의 영향은 적지 않았을 것이다.

8장

고비사막을 뚫고 모스크바를 향해 떠난 독립의 열정

일제강점기 목숨 걸고 떠난 여운형의 여행길

윤대원

여운형의 또 다른 모습 엿보기

'개론주의' '반半 인텔리' '스포츠맨' '감초사장'은 독립운동가 여운형(1886~1947)과는 영 어울릴 것 같지 않은 말이다. 그러나 이 말은 일제강점기에 항상 그를 따라다니던 별명이었다. 여운형이 박학다식하긴 하지만 체계적인 자기 이론을 갖추지 못했다고 해서 붙여진 별명이 '개론주의' '반 인텔리'이다. 여운형은 누가 두꺼운 책을 읽고 있으면 "그거 언제 다 읽어? 서론하고 결론만 읽고 말아야지"라고 말했다 한다. 어려서부터 운동을 좋아한 그는 1912년 YMCA 야구단을 이끌고 일본 원정을 가기도 했고, 상하이 망명 시절인 1928년에는 후단復旦대학의 체육 코치가 되어 축구부를 이끌고 싱가포르, 마닐라로 원정 경기를 떠나기도 했다. 1933년에 발간된 『현대철봉운동법』의 모델이기도 했던 여운형을 사람들은 '스포츠맨'이라 불렀다. '감초사장'은 그가 『조선중앙일보』 사장 시절에 결혼식이니 무슨 대회니 연설회니 하여 사람이 모이는 곳에서는 항상 그의 얼굴을 볼 수 있어 붙여진 별명이다.

1919년 파리강화회의에 참석한 우리나라 대표단 일행. 첫줄 왼쪽 끝의 인물이 여운형이다.

여운형에게는 사려 깊은 인간미도 물씬 풍겼다. 한말 그가 고향 양평에서 서울로 말을 타고 오갈 때 길가의 방죽에서 농부들이 점심을 먹고 있으면 혹시 먼지라도 날릴까 하여 반드시 말에서 내려 조심스럽게 지나갔다. 중국 망명 시절 상하이의 한 외국 서점에서 일할 때는 월급날이면 그와 매주 토요일 운동을 하던 한국 학생들에게 월급 75원을 나누어주고 자신은 전차비도 없어 집에 걸어갔다. 이를 보다 못한 학생들은 월급날이면 먼저 서점에 가서 여운형의 한 달 치 전차비와 생활비를 제하고 나머지만 주도록 서점 주인에게 사정했다고 한다.

이처럼 여운형은 다재다능하고 박학다식하면서 인간미도 넘쳤다. 그러면서도 그가 후단대학의 축구부를 이끌고 싱가포르와 마닐라를 갔을 때 이들 나라를 식민 지배 하던 영국과 미국을 제국주의 국가라고 비판하는 연설을 하여 곤욕을 치렀듯이 그에게 항상 우선한 것은 조국의 독립이었다.

여운형은 엄혹한 일제강점기인 1936년 다섯 차례에 걸쳐 월간 잡지 『중앙』에 자신이 1921년 11월에서 이듬해 2월 사이 모스크바로 간 여행기를 남겼다. 이 여행기에는 여운형 자신만 등장하지만 실제로는 상하이 임시정부 초대 외무총장 김규식과 라용균이 함께했다. 여행기를 발표할 때는 일제 치하였던 까닭에 동지를 보호하기 위해 자신만 밝힌 것이다.

때문에 여행기에는 모스크바로 가게 된 과정과 그곳에서 한 일이 자세히 적혀 있지 않다. 하지만 그가 모스크바로 가는 여정에서 겪은 갖가지 에피소드나 처음 마주하는 이국땅의 낯선 풍경과 주민의 일상은 읽는 이의 호기심을 자극한다. 또한 그가 여행 도

중에 만나거나 스친 동포에게 느낀 연민은 가슴 한쪽을 뭉클하게 하기도 한다.

일제의 감시망을 따돌리고

1921년 가을, 그 계절은 여운형을 비롯해 상하이에 있던 많은 독립운동가들을 우울하게 만들었다. 미국 대통령 윌슨의 민족자결주의와 파리강화회의에 기대했던 독립의 희망이 물거품이 되고, 임시정부도 내부적으로 분열에 휩싸여 독립운동을 위해 임시정부의 환골탈태와 새로운 모색을 필요로 하던 때였다. 그런데 물에 빠진 사람이 지푸라기도 잡는다고, 이때 그 지푸라기 구실을 하겠다고 나선 나라가 사회주의 혁명에 성공한 러시아였다. 이미 러시아의 레닌은 한국 독립을 지지하고 독립 자금을 지원하기도 했다. 무지렁이 노동자, 농민들이 강고한 차르 체제를 무너뜨린 러시아 혁명은 당시 한국과 같은 식민지나 반식민지 약소민족에게는 '경이로운 일'이었다. 그래서 많은 독립운동가들이 이념에 관계없이 러시아의 혁명 현장을 찾아가고 싶어했고, 여운형 역시 마찬가지 바람을 갖고 있었다.

이런 여운형에게 러시아를 방문할 기회가 찾아왔다. 러시아가 1921년 11월 미국에서 열릴 워싱턴회의에 대항하여 이르쿠츠크에서 원동피압박민족대표자대회를 열기로 하고, 한국 대표로 그를 초청했던 것이다. 이 대회는 제국주의 침략과 식민 지배에 대항하여 한국, 중국, 몽골 등 원동의 약소민족 대표들이 한자리에 모여

Великій Сибирскій путь.—Grand Chemin de la Sibérie.
Станція Тайга.—La gare Taïga.

Великiй Сибирскiй путь.—Grand Chemin de la Sibérie.
Видъ ст. Боготолъ.—La gare Bogotol.

1907년 촬영된 시베리아철도의 풍경. 여운형 일행은 이 철도를 타고 이르쿠츠크로 들어갈 계획이었다.

독립운동의 방향을 의논하는 자리였다. 상하이에서는 한국 대표로 여운형 외에 김규식, 라용균도 함께 초대받았다.

여운형, 김규식, 라용균은 기차를 타고 펑텐奉天과 하얼빈을 거쳐 극동공화국으로 가서 시베리아횡단철도를 이용해 이르쿠츠크로 갈 계획을 세웠다. 당시 만주는 봉건 군벌 장쭤린張作霖이 지배하고 있었고 산하이관山海關에서 하얼빈에 이르는 철도는 일제가 장악하고 있었다. 자칫하다가는 중간에 일제에 체포될 위험이 도사리고 있었다.

1921년 10월 드디어 여운형, 김규식, 라용균 등은 상하이를 출발해 러시아를 향한 여정의 첫발을 내딛었다. 텐진天津에 온 여운형 일행은 11월 초 펑텐행 기차 삼등실에 몸을 실었다. 일제의 감시를 피하려고 모두 중국인으로 변장한 터였다. 그런데 텐진을 출발한 지 얼마 되지 않아 역시 중국인 복장을 한 한국인이 일행을 예의주시하며 한국말로 수작을 걸어왔다. 그는 일제가 풀어놓은 밀정이었다. 눈치를 챈 일행은 곧바로 탕산塘山역에서 내려 텐진으로 돌아왔다.

여운형 등은 텐진에서 사흘을 보낸 뒤 다시 펑텐행 기차에 올라탔다. 이번에는 일등실을 이용했다. 그러나 이것도 헛수고였다. 지난번 보았던 밀정이 다시 나타난 것이다. 일행은 하는 수 없이 기차에서 내려 텐진으로 또다시 되돌아왔다. 이후에도 밀정이 텐진역에서 감시하고 있었던 터라 여운형 등은 기차여행을 포기했다. 대신 이들은 베이징에서 장자커우張家口로 가서 그곳에서 고비사막을 건너 고륜庫倫(지금의 울란바토르)을 거쳐 이르쿠츠크로 가는 길을 택했다. 이 길이라면 일제의 감시망을 벗어날 수 있지만, 험난한 고비사막을 건너야 하고 중간에 마적의 공격을 받을 위험을 감수해야 했다.

막막한 고비사막의 모래바람과 싸우며

김규식은 1914년 이태준李泰俊, 서왈보徐曰甫와 함께 비밀군사학교를 건설할 목적으로 고륜을 간 적이 있었다. 이 계획이 불발로 그친 뒤 김규식은 이곳에서 서양인을 상대로 피혁 장사를 했고, 이태준은 동의의국同義醫局이라는 병원을 개업했다. 이후 김규식은 장자커우로 돌아와 그곳의 앤더슨 마이어 회사에 입사했고, 2년 뒤에는 이 회사의 지점 개설을 위해 다시 고륜으로 갔다. 그리하여 여운형 등은 이런 인연으로 이 길을 택했던 것이다.

장자커우는 만리장성의 북쪽 제1관문으로, 이곳에서 고륜까지는 1000킬로미터나 되는 여정이었고 그 중간에 험난한 고비사막이 가로놓여 있었다. 겨울 사막을 가다가 밤이 되면 그대로 노천에서 잠을 자야 했기에 많은 준비가 필요했다.

톈진에서 베이징을 거쳐 장자커우로 간 여운형 일행은 닷새 동안 장자커우에 머물면서 방한구를 비롯한 준비물을 꼼꼼히 챙겼다. 다행히 눈은 오지 않아서 고륜까지는 중국 상인들과 함께 콜맨 씨의 몽골상사회사 자동차를 이용할 수 있었다. 늙은 양가죽으로 만든 자루이불(슬리핑백) 등과 같은 방한구와 여행 중에 먹을 식량 외에도 노천에서 야영할 때 맹수와 마적의 공격으로부터 지켜줄 호신용으로 피스톨, 소총, 비수 그리고 밤에 불을 밝힐 양초

몇 자루를 준비했다.

영하 10도를 밑도는 추위가 몰려온 1921년 11월 하순의 어느 오후, 여운형 일행은 고륜을 향한 고비사막 횡단 여행을 시작했다. 앞으로 어떤 위험이 닥쳐올지 몰라 두렵기도 했지만 눈앞에 펼쳐질 미지의 세계에 대한 설렘이 여운형의 가슴을 더욱 두근거리게 했다. '여행의 애호자이자 예찬자'인 여운형은 독립운동을 위한 험난한 여정 속에서도 미지의 세계에 대한 설렘을 감출 수 없었다. 여운형에게 여행은 가장 사랑하는 취미이자 오락이었다. 사람들은 여운형이 최고로 꼽는 취미가 스포츠일 거라 생각했지만, 그는 스포츠보다 여행을 훨씬 더 좋아했다. 그는 여행이야말로 가장 건전하고 인간적인 스포츠라고 생각했다.

장자커우를 출발한 첫날, 차창에 기댄 여운형은 온갖 상념에 빠졌다. 유쾌하고 흥분된 그의 뇌리를 마치 주마등처럼 지나온 일들이 달음박질치고 지나가 시간 가는 줄 몰랐고 차창 밖에 펼쳐지는

"PRESIDIUM" OR EXECUTIVE COMMITTEE OF THE CONFERENCE OF TOILERS OF THE FAR EAST
Below the Oriental Banners Draped About the Chalky, Bewhiskered Bust of Karl Marx Sit the Officials of This Strange Conferenc
Which Did Much to Interpret Soviet Ideals to Labor Leaders Throughout the Far East

여운형 일행이 여행 중 촬영한 사진. 극동노동자회의 의장단의 김규식(왼쪽 첫 번째)과 여운형(서 있는 이)으로 1922년 1월의 모습이다.

풍경의 변화도 무관심하게 흘려 보내자 어느덧 해가 지고 어둠이 사방에서 몰려왔다. 그 무렵 사막 한가운데에 있는 조그만 마을을 발견했고, 그 마을에 있는 덴마크 선교사 집에서 하룻밤을 청해 유숙했다.

이들 선교사는 귀찮을 법도 한 여행객이 무어 그리 반가운지 두 손을 벌려 일행을 환영했다. 아마 덴마크에서 절해고도와 같은 고비사막 한가운데로 귀양온 듯이 지냈던 이들에게 콜맨 씨를 비롯하여 여운형, 김규식 등 영어를 유창히 하는 사람들을 만난 것 자체가 즐거운 일이었을 것이다. 여운형 등은 처음에 큰 오해를 하기도 했다. 남녀 각각 두 명이 있어 두 쌍의 부부인 줄 알았는데, 알고 보니 독신자 노총각과 노처녀였다.

덕분에 노숙을 면한 일행은 이튿날 서둘러 길을 떠났다. 비록 자동차를 이용한 여행이지만 내륙 고지대로 갈수록 모래바람이 앞을 가리고 기온은 급속도로 떨어졌다. 이날 하루 종일 차를 달렸으나 민가를 발견할 수 없어 둘째 날 밤은 노숙을 했다. 장화에 방한모, 자리이불에다가 방한안경까지 무장했지만 영하 20도 밑으로 떨어지는 사막의 추위에 잠을 잘 이룰 수 없었다.

가끔 자리이불 밖으로 고개를 내밀어 바라보는 사막의 밤하늘은 손에 닿을 듯 가까이 있는 듯하여 상하이에서는 볼 수 없었던 또 다른 별천지였다. 여운형은 추위도 잊은 듯 한참 동안이나 이불 밖으로 머리만 내어놓은 채 한없이 아름답고 거룩한 사막의 밤하늘을 즐겼다. 새카맣던 하늘은 차차 그 본래의 검은 남빛을 회복하고 희미한 선으로 대지와 천공을 나누어놓았다. 하나둘씩 반짝거리기 시작한 별들은 삽시간에 온 하늘을 뒤덮었고, 그 영원히 젊은 눈동자로 밤의 땅을 향하여 영구히 풀지 못할 수수께끼를 속살거리는 듯했다.

거의 변함없는 고비사막의 밤과 낮의 풍경이 계속되던 나흘째 여운형 앞에는 뜻하지 않는 행운이 기다리고 있었다. 이날 정오쯤 멀리 보이는 사막 가운데 초원에 있는 수백 마리의 영양이 무리지어 가고 있었다. 누가 먼저랄 것도 없이 환호를 지르며 준비해간 소총으로 네 마리의 영양을 사냥했다. 그동안 마른 음식에 신물이 난 일행은 영양으로 국을 끓여 먹기로 했다.

일행은 모래 위에 쌓여 있는 눈을 녹여서 물을 만들고 가솔린 통으로 솥을 삼고, 주변에 비바람에 썩어 버려진 전신주를 모아 불을 지폈다. 간은 가지고 있던 소금으로 했다. 몇 번을 씻은 가솔린 통은 냄새가 가시지 않았지만 국을 먹겠다는 일념을 꺾을 순 없었다. 영하 30도를 밑도는 추위 속에서 이날 밤의 국처럼 맛있는 음식을 그전에도 그 후에도 맛본 일이 없었다. 역시 한국 사람은 국물이 있어야 밥을 먹어도 먹은 듯했다.

장자커우를 떠난 지 닷새째 되는 날 마침내 목적지인 고륜 땅을 밟았다. 멀리 구릉 위로 장대한 라마교의 사원 건물이 보였다. 고륜에 도착한 일행은 일단 몽골상사회사 지점에 짐을 풀었다. 목적지에 무사히 도착했다는 안도감과 함께 지금까지의 긴장이 풀리면서 피로가 물밀 듯 밀려와 고륜에서의 첫날은 일행 모두 아무 생각 없이 잠에 곯아떨어졌다.

오늘날 고비사막의 풍경. 여운형 일행은 이 고비사막을 건너며 노숙도 하고 추위에 시달리기도 했다. 그러던 중 영양 떼가 지나가자 이를 사냥해 국으로 끓여 먹어 속을 달래기도 했다.

몽골의 '한인 슈바이처', 이태준의 흔적을 찾아서

여운형 일행이 도착한 고륜은 낡은 세력과 새 세력이 교체되고 파괴와 건설이 교차하는 등 일시적인 혼란을 겪던 상태였다. 얼마 전까지만 해도 러시아 반혁명군인 울겐 부대가 점령하고 있었으나, 1921년 7월 몽골의 혁명 세력이 러시아 공산당의 도움을 받아 울겐을 체포하고 혁명정부를 세운 터였다. 혁명정부는 고륜에 '붉은 거인의 도시'(우란·바톨·호트)라는 새 이름을 붙였다.

여운형은 이튿날 러시아 대표 옥흘라를 찾아가 고륜에서 국경 소도시 트로이카 삽스크賣買城(현재 중국식 지명은 차크투恰克圖)까지 가는 데 필요한 여권과 역마 이용권 등의 문제를 협의했다. 이 문제는 나흘 만에 해결되었지만 이곳에서 동행할 몽골의 청년 대표와 합류하기 위해 나흘을 더 머물러야 했다.

고륜에 머문 지 사흘째 되는 날, 고륜 혁명정부의 최고 고문의 한 사람인 에린치노프 부부가 여운형 일행을 초대했다. 에린치노프의 부인은 블라디보스토크 태생의 한인 남만춘南萬春의 누이인 얼마재(러시아 한인 2세) 마루사 남이었다. 낯선 이국땅에서 동포를 만난다는 것은 또 다른 흥분과 기쁨이었다.

이날 마루사 남은 여운형 일행을 위한 듯 치마 저고리를 곱게 차려입고 극진히 맞아주었다. 유쾌한 연회가 한창 무르익을 무렵 마루사 남은 서투른 우리말로 "동해물과 백두산이" 하는 애국가를 불러 가슴을 뭉클하게 했다. 연회가 끝날 무렵 마루사 남은 홍차를 돌리며 다가와 "차-무르, 잡수찌!"라는 우리 말 한마디를 했는데 그것은 '찻물 잡숫지!'였다.

고륜에서의 여정이 즐거운 것만은 아니었다. 특히 동행한 김규식에게는 너무나 가슴 아픈 일이 기다리고 있었다. 여운형 일행은 4일째 되던 날부터 '까우리高麗 의사, 슈바이처'의 무덤을 찾아 나섰다. 이 땅에 있는 오직 하나뿐인 한국인의 무덤은 이곳 민중을 위해 젊은 생을 모두 바친 한 한국 청년의 거룩한 헌신과 희생의 기념비였다.

'몽골의 한국인 슈바이처'로 불린 까우리 의사는 1914년 김규식을 따라 이곳으로 왔다가 동의의국을 개업했던 이태준(몽골 이름은 리 다인)이었다. 그는 김규식의 사촌 여동생 김은식과 결혼도 하여 김규식과는 항일 동지이자 사촌(처)남매(부)지간이었다.

당시 몽골은 불완전한 위생 시설과 라마교의 영향으로 주민의 70~80퍼센트가 성병 보균자였고, 갖가지 질병이 이들 사이에 만연해 있었다. 이태준은 몽골 민중을 비참함으로 내몰았던 성병과 질병을 물리치는 데 일생을 바쳤다. 그의 의술과 정성에 감복한 몽골 국왕은 그를 어의, 즉 주치의로 삼았고 1919년에는 제3등 제1급의 높은 훈장인 '에르데나인 오치르'('귀중한 금강석'이란 뜻)를 내렸다. 이런 의술활동 외에도 그는 의열단에 가입하여 항일활동에 참여했다. 그러나 1921년 2월 악명 높은 울겐 부대가 고륜을 점령하면서 이태준은 처형되고 말았다. 2000년 몽골 정부는 울란바토르에 '이태준 기념공원'을 세워 그를 기념하고 있다.

여운형도 여운형이지만 이태준의 죽음에 가장 가슴 아파했던 이는 바로 김규식이었다. 그를 이곳으로 데려온 이가 자신이었기 때문에 그의 죽음이 마치 자기 탓인 듯하여 차마 발길이 떨어지지 않았다.

2000년 몽골 정부가 세운 이태준 기념공원.

고륜에 도착한 지 8일째 되던 날 채비를 모두 갖춰 러시아를 향한 출발이 시작되었다. 몽골 측 대표 단씽을 비롯하여 청년 대표들이 함께 가게 되면서 일행은 10여 명으로 늘어났다. 여운형, 김규식, 라용균은 이태준의 무덤을 뒤로한 채 쌍두마차를 타고 12시 무렵에 다음 목적지인 국경도시 트로이카 삽스크를 향해 출발했다. 고륜에서 트로이카 삽스크까지는 모두 4일이 걸리는 여정이었다.

미지의 세상에서 만난 색다른 문화

고륜에서 트로이카 삽스크로 가는 길은 지금까지 지나온 막막한 사막과 달리 언덕과 고원의 경사가 이어지는 초원이었다. 드문드문 유목민 부락이 있고 길도 나름 잘 개척되어 있었다. 여운형 일행은 마차를 이용했기 때문에 조선시대 역참처럼 지나는 길에 있는 유목민 부락인 태점에서 말을 갈아타기도 하고 휴식도 취했다.

고륜을 떠난 첫날밤은 한 태점에서 지냈다. 태점이 있는 부락 추장에게 고륜 정부에서 발급한 여권과 공문을 보여주고 그의 천막집인 게르에서 유숙했다.

추장은 여운형 일행을 위해 하루에 한 끼밖에 먹지 않는 유목인의 식사에 초대했다. 소금이 귀해 간도 하지 않은 삶은 양고기를 먹고 그 국물을 차처럼 마시는 것이 전부였다. 여운형 등은 익숙지 않은 음식에 쉽게 손이 가지 않았고, 그래서 준비해간 초콜릿, 삶은 닭고기 등을 꺼내어 무미건조한 식사를 보충했다.

그러나 로마에 가면 로마법을 따라야 한다고, 그들이 권하는 양고기 삶은 물은 마셔야 했다. 그런데 이들은 한 개의 나무잔으로 차례로 돌려가면서 마시는데, 먼저 먹고 난 사람은 혓바닥으로 국물 한 방울도 남지 않게 닦은 뒤 다음 사람에게 잔을 돌리는 것이었다. 이에 기겁한 여운형은 궁리 끝에 다음 날 아침 염치불구하고 잽싸게 나무잔을 차지하여 제일 먼저 사용했다.

둘째 날 태점에서는 게르 주인의 친절을 거절하지 못하다가 다음 날 예상치 못한 봉변을 당한 일도 있었다. 이날도 마찬가지로 태점에 들러 말을 바꾸고 추장의 게르에서 잠을 잤다. 게르 주인이 한사코 자기 침상에서 잘 것을 권하자 이를 거절하는 것도 예의가 아닌 듯하여 여운형은 침상에 자고 주인은 땅바닥에 자리를 깔고 잤다. 다음 날 마차를 타고 가는 내내 온몸이 가려워서 어쩔 줄 몰랐다. 날씨가 너무 추워 옷을 갈아입을 수도 없었고 손이 얼까 봐 장갑을 벗을 수 없어 긁어봐야 아무런 소용이 없었다.

발광이 날 듯한 가려움을 간신히 참으며 이날 유숙할 곳인 나무집에 도착했다. 여운형은 부리나케 방 안으로 달려가 난로 앞에서 벌거벗은 다음 온몸을 시원하게 긁고 나서 내의를 갈아입고 벗은 내의를 집 밖에 두었다. 다음 날 아침에 일어나보니 밤새 얼어 죽은 이가 내의를 덮고 있었다. 여운형은 이 얼어 죽은 '착취자'를 브러시로 털어내 활활 타오는 난롯불에 모조리 화형을 시켰다.

고륜을 출발한 지 나흘째 해가 저물 무렵 목적지인 트로이카삽스크에 도착했다. 도시의 이름이 한자로 물건을 사고판다는 매매성賣買城이듯이, 이곳은 몽골과 러시아의 국경도시로 오래전

서시베리아 한티족 여성들로, 전통 복장을 하고 있다. 여운형 일행도 이런 이들을 만났을 터이다. 국립민속박물관.

동시베리아의 에벤키족 소녀. 순록을 타고 있는 모습으로 19세기 말에 촬영된 것이다. 국립민속박물관.

부터 러시아와 중국의 교역 중심지였다. 여운형 일행은 옥흘라에게서 소개받은 러시아 대표 사파로프를 찾아가 그의 집에서 사흘을 머문 뒤 시베리아 횡단철도 연선에 있는 우딘스크를 향해 출발했다.

트로이카 삽스크에서 우딘스크까지는 썰매를 이용했다. 이제는 사막도 초원도 다 없어지고 시베리아의 울창한 처녀림과 두껍게 땅을 덮고 있는 하얀 길을 앞으로 앞으로 달리는 일만 남았다. 바퀴를 제거하고 만든 트로이카 썰매에 두 사람씩 나누어 탔다. 이곳에는 평소 얼마나 눈이 많이 오는지, 겨울에 지나가던 길옆의 나뭇가지에 장화나 옷 등을 걸어두고 이듬해 눈이 녹은 봄에 와서 장화나 옷을 찾으면 높은 나무 꼭대기 가지에 걸려 있다고 했다. 겨울인 데다 북으로 갈수록 해가 점차 짧아져 실제 여행할 수 있는 시간은 아침 11시에서 오후 5시까지 하루에 겨우 5~6시간밖에 안 되었다. 일행은 부지런히 썰매를 달리며 중간 중간 이름 모를 촌락 농가에 유숙했다. 그럴 때마다 농부들은 낯선 이방인을 위해 따뜻한 러시아식 수프와 부드러운 빵을 대접했고, 이방인을 보려고 모여든 마을 사람들은 손때 묻은 손풍금을 꺼내어 민요를 부르고 춤도 추면서 일행을 즐겁게 해주었다. 훈훈한 시골 농부들의 인심은 동서양을 가릴 것이 없었다.

러시아의 변방에서 스친 동포

사흘을 달려온 썰매는 드디어 미끄러지듯이 오후 3시경 우딘스크에 도착했다. 여운형 일행은 곧바로 가지고 온 여권과 공문서를 기관에 제출하고 모스크바행 기차가 올 때까지 이틀을 이곳에서 머물렀다.

모스크바에서 보면 변방 가운데서도 변방인 조그마한 시골 마을들의 문화 수준은 상상 외로 높았다. 이곳은 주로 제정 러시아 시기 체제에 저항한 진보 인사들을 내쫓은 유배지여서 이들이 뿌린 교양과 문화의 씨앗이 차츰 꽃을 피웠던 것이다.

이제 최종 목적지인 이르쿠츠크까지는 한 코스만 남아 있었다. 시베리아 횡단의 북행 열차가 우딘스크를 떠나기 전날 밤 여운형 일행은 어두컴컴하고 음산한 한 열차 차량에 숨어들어 갔다. 이제 혁명을 시작한 이곳에는 혁명을 반대하는 세력은 물론 러시아혁명을 방해하려는 각국의 스파이가 많아 조심해야 했다. 러시아는 자신들이 초대한 각 민족 대표자들을 안전하고도 비밀리에 대회장으로 안내하기 위해 세심한 주의를 기울였던 것이다.

촛불을 켜니 차량 안은 금방이라도 귀신이 나올 듯한 폐가처럼 황량하기 그지없었다. 저녁 식사 때가 되자 러시아 동무가 검은 나무토막을 가슴 한가득 안고 와서 도끼로 패기 시작했다. 일행은 난로에 땔 땔나무인 줄 알았는데 알고 보니 저녁 식사인 '흑빵'이었다. 추운 겨울에 흑빵이 돌덩이처럼 꽁꽁 언 것이었다. 이 흑빵 몇 조각과 소금에 절인 생선 및 이름 모를 차 한 잔이 식사의 전부였다. 혁명 직후 열악한 러시아의 경제 사정을 단번에 알아챌 수 있었다.

그러나 여운형 일행은 이 형편없는 식사에 결코 불평할 수 없었

러시아는 혁명의 나라였다. 볼셰비키와 이를 둘러싼 세력, 반대 세력 등이 각축전을 벌이면서 피로 물든 도시였고, 세계열강 역시 러시아혁명을 방해하고자 스파이 활동을 벌였다.

다. 혁명 직후 러시아 전국을 휩쓴 대기근에 이어 발생한 극도의 식량 부족을 이해할 수 있었고, 또 그 조악한 식량에도 능히 역사가 그들의 어깨 위에 얹어주는 모든 짐을 하나도 거절하지 않고 씩씩하게 나아가는 새로운 민중 정신이 주는 감화력이 컸기 때문이다.

다음 날 아침 일행은 드디어 모스크바행 열차를 탔다. 단씽과 여운형은 특별히 이등실에 초대되었고, 도끼 없이 먹을 수 있는 흑빵과 각설탕, 고기 등이 식사로 나왔다. 우딘스크를 떠난 기차가 한참을 달려 음울한 북극의 황혼이 어슬렁어슬렁 땅을 덮기 시작할 무렵 여기저기서 "바이칼!" "바이칼!" 하는 환호 소리가 터져나왔다. 창밖으로 그동안 말로만 듣던 시베리아 광야 속의 바다, 바이칼 호가 눈앞에 펼쳐졌다.

오랫동안 바다라는 것을 보지 못하고 단조롭고 우울한 대륙 풍경 속에 질식할 듯한 우수憂愁의 압박을 느끼면서 여행을 해온 여운형의 눈앞에 아무런 예고도 없이 돌연히 나타나 그 광활한 푸른 가슴을 겨울 아침의 젊은 태양 아래 마음껏 벌려놓고 맞아주는 이 바이칼 호수는 마치 넓은 바다와 같았다.

기차가 조그마한 시골 역인 오-제르나야를 지나자 바이칼 호에서 흘러나온 앙카라 강이 기차를 따라 흘러갔다. 이때 저 멀리 보이는 한 풍경이 여운형의 눈을 의심케 했다. 그의 시야에 들어온 것은 동포의 모습이었다. 다 쓰러질 듯한 시베리아식 농가에서 조선옷을 입고 물동이를 인 아낙네가 가까이 있는 우물로 물을 길러 가고 있었다. 불현듯 달려가 그 아낙네를 붙들고 '어떻게 해서 이곳에 살고 있는지' 그 구구절절한 사연을 들어보고 싶었다. 하지만 일제강점기 지주의 등쌀에 못 이겨 그리운 고향 땅을 뒤로하고 압

뒤쪽으로 바이칼 호가 있고, 오른쪽으로는 시베리아횡단철도가 있다. 여운형 일행은 바이칼 호를 보고 흥분을 감추지 못했다.

여운형 일행이 마침내 당도했던 이르쿠츠크의 전경.

록강을 건너 타국 멀리 이곳까지 떠밀려왔을 동포들을 생각하니 그 기구한 민족의 운명이 마치 칼날처럼 가슴 한쪽을 저며왔다.

아련한 동포애에 젖어 있던 차, 이날 오후 기차는 마침내 이르쿠츠크에 도착했다. 역에 도착하자 앞서 와 있던 한국 대표와 중국 대표들이 환영하러 나왔다. 국내와 연해주 등지에서 온 30여 명의 한국 대표는 누가 먼저랄 것도 없이 반가워 서로 부둥켜안으며 러시아가 정해준 숙소에서 밤이 깊도록 이야기꽃을 피웠다.

다음 날 한국 대표들은 곧 개최될 원동피압박민족대표자대회 준비에 들어갔다. 여운형 등 한국 대표들은 역할을 나누어 분과 위원회를 구성하고 본대회에 보고할 보고서 작성에 들어갔다. 그 내용은 한반도를 강탈한 일제의 침략을 폭로하고 이에 맞서는 한국 독립운동의 상황과 미래를 전망하는 것이었다.

12월 하순 한창 바쁘게 대회 준비를 하는 사이 뜻밖의 명령이 내려왔다. 이곳에서 열릴 예정인 대회를 동방피압박민족대회로 이름을 바꾸어 모스크바에서 열겠으니 그곳으로 오라는 것이었다. 원래 워싱턴회의에 대항해 열 계획이지만 이미 기한이 늦어졌으니 원동의 각 민족 대표자에게 건설기에 있는 새 러시아의 모습을 보여주려는 의도였다.

비록 대회 장소가 바뀌고 행사 시일이 늦어져 아쉬움은 남았지만 모스크바로 간다는 사실에 여운형은 흥분을 감출 수 없었다. 혁명의 심장부인 모스크바, 레닌이 살고 있는 곳, 신흥 러시아의 공산당 지도자들을 눈앞에서 볼 수 있는 모스크바! 여운형 등 한국 대표들은 뛰는 가슴을 누르면서 마음은 벌써 모스크바로 향하고 있었다.

아, 마투-슈가 모스크바!

해가 바뀐 1922년 1월 7일 아침 여운형 일행을 태운 기차가 모스크바에 멈춰 섰다. 이르쿠츠크에서 모스크바로 오는 열흘 남짓 동안 한국 대표들은 이르쿠츠크에서 구성한 분과위원회를 중심으로 대회 준비에 총력을 기울였다. 여운형은 몇몇 동지와 함께 탄 일등실을 총사무소로 정하고 전체 회의는 식사 시간 이후 식당칸을 이용했다. 매일 저녁 시간 이후 밤마다 전체 회의를 열었고, 열띤 토론 속에서 얼마 남지 않은 시간을 매우 바쁘게 보냈다.

모스크바역에 도착하자 대표단을 환영하러 나온 수많은 군중의 환호성은 이들의 피를 끓게 했다. 전혀 예상하지 못한 뜻밖의 성대한 환영이었다. 군악대의 연주가 우렁차게 울리고 기차에서 내린 대표단은 악수 세례를 받았다. 곧이어 연단에 러시아 각 기관 대표와 대회 주최측 인사들이 나와 차례로 환영 연설을 했다. 이들의 환영사가 끝나자 한국 대표단에선 여운형이 연단에 올라 영어로 답사를 했다. 영하 30도의 강추위였지만 뜨거운 환영 열기 덕인지, 그가 연단에서 내려올 때는 온몸에 상쾌한 땀이 축축하게 배어 있었다.

한국 대표단의 사무소는 동방피압박민족대회장인 제정 러시아 시대 희랍교 신학교의 제3기숙사로 정해져 있었고, 숙소는 크렘린궁을 마주하고 있는 호텔 룩쓰였다. 대회가 열리는 동안 여운형은 틈틈이 모스크바 시내를 관광하고 때로는 트로츠키의 연설장을 찾아가 그의 연설을 듣기도 했다.

일찍이 러시아의 인민이 바친 '마투-슈가 모스크바', 즉 어머니

모스크바에 도착한 여운형은 러시아 혁명의 주자인 트로츠키의 연설을 듣기도 했다.

모스크바라는 이 옛 도시에는 전 유럽에도 비할 데 없는 대규모의 하얀 벽과 붉은색 및 푸른색이 뒤섞인 지붕이 즐비하고 그 틈에 우뚝우뚝 솟아 있어 가지가지 양식의 교회 사원 건축이 이상스럽게도 반半 동양적인 특색을 띠고 있었다. 그러니 처음 보는 순간부터 친밀함과 매력을 느낄 수밖에 없었다. 확실히 장엄하고 아름다운 도시였다. "모스크바를 모르는 사람은 아름다움을 모르는 사람"이라고 한 러시아 속담이 결코 공허한 과장은 아니었다.

동방피압박민족대회는 크렘린 궁전 안의 극장에서 1월 21일 밤

동방피압박민족대회가 열렸던 모스크바의 크렘린.

에 시작되어 2월 2일까지 계속되었다. 여운형과 김규식이 의장단의 한국 대표로 뽑혔다. 대회에서는 한국 문제와 관련해서 "한국 혁명은 임시정부를 지원하고 그 정부를 격려하며 수정되어야 한다. 한국은 공산주의에 관한 지식이 없는 농업국이기 때문에 민족주의를 강조해야 하며 제1차적 목표를 농민에게 두어야 한다"는 결의를 다졌다.

대회가 끝난 뒤 여운형 등은 레닌과 트로츠키 등 러시아 공산당의 주요 간부들을 직접 면담하고 귀로에 올라 1922년 4월 무렵 상하이로 돌아왔다.

여운형을 비롯한 한국 독립운동가들이 러시아가 주최하는 동방피압박민족대회에 간 이유는 오직 하나였다. 그 이유는 레닌을 만났던 여운형의 이야기가 함축적으로 보여준다.

Москва - Moscou Гостиница "метроп

여운형이 방문했던 20세기 초반 모스크바 거리의 풍경. 메트로폴 호텔 앞.

여운형이 동방피압박 민족대회에서 만났던 레닌.

나는 모스크바에서 레닌을 만났소. 그때까지는 러시아가 조선에 공산주의를 그대로 선전하는 것이 아닌가 걱정했지만, 레닌이 조선의 교통·국어에 관해 물었을 때 교통은 자동차로 하루 만에 (끝에서 끝까지) 달할 수 있는 정도, 언어는 하나라고 대답하자, 레닌은 조선은 이전에는 문화가 발달했지만 현재는 민도가 낮기 때문에 지금 당장 공산주의를 실행하는 것은 잘못이고, 지금은 민족주의를 실행하는 편이 낫다고 했소. 이는 나의 이전부터의 주장과 일치하는 말이었소.

9장

조선이 만든 첫 신문, 그 속에 비친 첨단의 세계

박문국과 『한성순보』, 그리고 경제제도

조영준

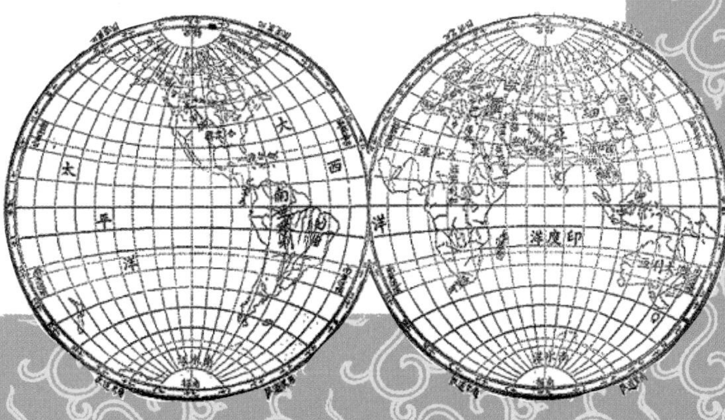

요즈음에는 외국 여행을 준비하는 과정에서 굳이 서점에 가서 가이드북을 펼쳐보지 않더라도 준전문가 수준의 파워 블로거가 작성한 유용한 정보를 인터넷에서 쉽게 접할 수 있다. 여행이 자유화되고, 정보혁명의 여파가 생활 깊숙이 스며들면서 외국 여행의 생활화나 일상화가 이루어졌다고 해도 과언이 아닌 시대가 된 것이다. 통계청의 사회조사에 따르면, 15세 이상 전체 인구 중에서 '지난 1년간 1회 이상 해외여행을 한 적이 있는 사람'이 차지하는 비율이 2000년의 5.9퍼센트에서 2009년의 13.6퍼센트로 증가했을 만큼 외국 여행의 대중화와 보편화는 급속히 진행되고 있다. 1980년대까지만 하더라도 외국 여행이 소수의 특권으로 인식되고 있었다는 점을 상기한다면, 짧은 기간 동안 진행된 실로 놀라운 변화이다.

두말할 필요도 없겠지만, 조선시대에는 외국 여행의 기회가 지극히 제한적이었다. 따라서 이를 '직접' 경험한 사람이 기록한 문헌은 집필자의 주관적인 생각이나 느낌을 생생하게 전해준다는 장

점을 가졌던 반면, 그 수록 정보에는 '특수한' 계층의 '특수한' 경험이라는 한계가 내재될 수밖에 없다. 전근대 사회에서는 식자층이라 해도 기행문의 독자로서 외국에 관한 정보를 간접적으로 습득할 수밖에 없었던 것이다.

기행문 외에도 외국을(또는 세계를) 인식하는 여타의 주요한 통로로서 방송이나 신문 또는 잡지와 같은 언론 매체가 있다. 특히 근대 이행기의 조선사회에서는 『한성순보漢城旬報』가 그러한 역할을 처음으로 담당하였다. 『한성순보』는 1880년대 조선인들이 간접 체험한 서구 문물의 대표적인 정보원이었던 것이다.

문무백관의 정보소통 수단, 『관보』

『한성순보』는 한국 최초의 근대 신문으로 널리 알려져 있지만, 그 성격에 대해서는 논란이 있어왔다. 신문이 아니라고 주장하는 쪽에서는 『한성순보』가 띠는 관보官報로서의 성격을 강조한다. 갑오개혁 이전의 관보 격으로는 『조보朝報』가 널리 알려져 있는데, 지금으로 치면 청와대 비서실에 해당하는 승정원承政院에서 국왕의 주요 결정 사항 및 전달 사항을 문무백관들에게 전파한 정보소통의 수단이었다. 소위 삼사三司가 하의상달식 언론言治論道 기관이었다면 『조보』는 상명하달식 문서였으며, 그 명맥은 『구한국관보』 『조선총독부관보』 등을 거쳐 『대한민국정부관보』로서 현재까지 이어지고 있다.

하지만 대체로 관보를 일반 신문과 동일한 것으로 보지는 않는

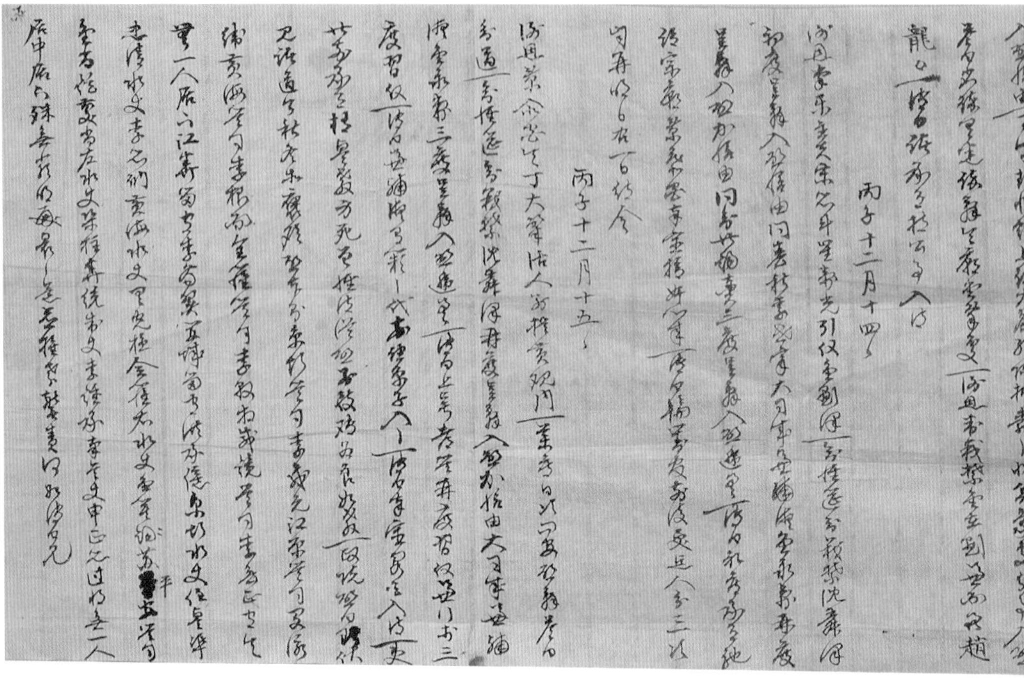
[illegible]

丙子十二月十四日

[illegible]

丙子十二月十五日

[illegible]

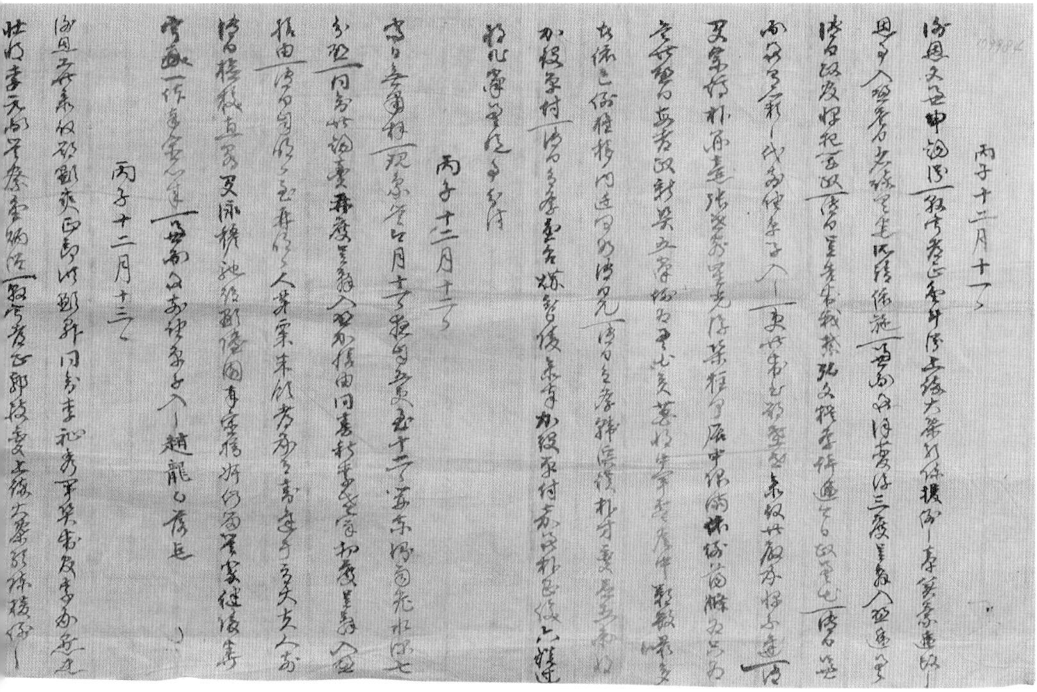

1876년(병자년) 12월 11일부터 15일까지의 조보朝報이다. 관상감으로부터 보고된 기상 정보, 대신들이 국왕에게 보고하거나 건의한 내용, 국왕의 하달 내용 등 국정에 관한 주요 사항을 담고 있다. 규장각한국학연구원.

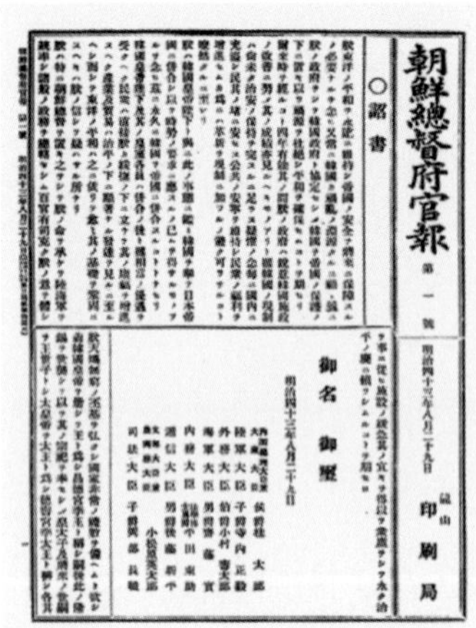

朝鮮總督府官報 第一號

〇詔書

印刷局

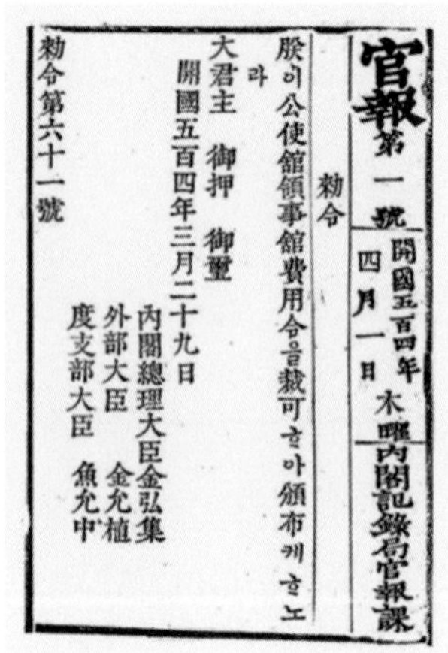

官報 第一號 開國五百四年 四月一日 木曜 內閣記錄局官報課

勅令

朕이公使館領事館費用令을裁可ᄒᆞ야頒布케ᄒᆞ노라

大君主 御押 御璽

開國五百四年三月二十九日

內閣總理大臣金弘集

外部大臣 金允植

度支部大臣 魚允中

勅令第六十一號

1895년 4월 1일자의 구한국『관보』제1호, 1910년 8월 29일자의『조선총독부관보』제1호.(왼쪽)

데, 그 가장 큰 이유는 국민을 대상으로 정부가 발행하는 것인데도 독자의 대부분은 사실상 공무원이라는 데에 있다.『한성순보』도「국내관보國內官報」를 수록했을 뿐만 아니라 주요 독자층이 사실상 일반 대중이 아닌 경외京外의 행정 계통에 속한 관리들이었다는 점에서 관보에 해당하는 것으로 볼 수 있다.『한성순보』가 배부된 각 지역의 감영, 군현 및 아문 등에서는 요즘으로 치면 신문 구독료라 할 수 있는 '순보채旬報債'를 납부해야 했으며, 이는『한성주보漢城周報』단계에서도 마찬가지였음이『국용차하책局用上下册』의 '주보채周報債' 관련 기록에서도 그대로 드러난다. 물론 독자층이 한정되었던 또 하나의 이유로 순한문純漢文으로 발행되었다는 점도 들 수 있겠다.

서구의 창구 역할을 한 『한성순보』와 박문국

『한성순보』는 1883년 10월에 창간되어 1884년 12월에 갑신정변의 실패로 발행이 중단되었고, 1886년 1월에 『한성주보』로 다시 창간되어 1888년 7월에 폐간되기에 이른다. 『한성순보』는 국가기관의 하나인 박문국博文局에서 간행되었기 때문에 '박문국순보博文局旬報'라는 별칭도 갖고 있었다. 마찬가지로 『한성주보』는 '박문국주보博文局周報'라 불리기도 했다.

박문국은 전환국典圜局, 기기국機器局, 우정국郵政局, 직조국織造局 등의 여러 정부기관과 더불어 1880년대에 설립된 일종의 근대적 공기업 또는 국영기업에 해당된다. 이러한 기관들이 이 시기에 집중적으로 신설된 데에는 개항과 그에 따른 불평등조약이라는 시대적 배경이 있었다. 조선은 1876년 일본과의 조일수호조규를 시작으로 1882년에는 미국·청국과, 1883년에는 영국·독일과, 1884년에는 러시아·프랑스와 통상조약을 체결했다. 그 와중에 일본에 신사유람단紳士遊覽團(1881)과 수신사修信使(1882)를, 청나라에 영선사領選使(1881)를, 미국에 보빙사報聘使(1883)를 파견하여 외국의 문물 및 제도를 포함한 각종 정보를 취합하고자 했다. 각종 공기업을

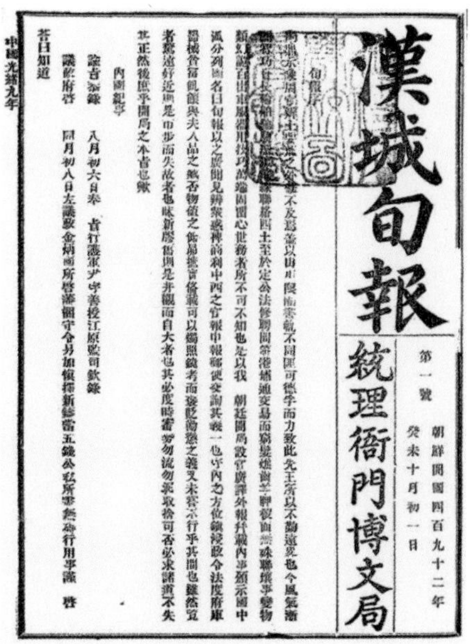
漢城旬報

統理衙門博文局

第一號

朝鮮開國四百九十二年

癸未十月初一日

中國光緖九年

『한성순보』 제1호. 1883년(조선개국 492년, 계미년) 10월 초1일(음력, 양력으로는 10월 31일)에 통리아문 박문국에서 발행하였음을 밝히고 있으며, 중국 광서 9년임을 병기하고 있다. 제1면에는 순보서旬報序와 내국기사內國紀事가 보인다.

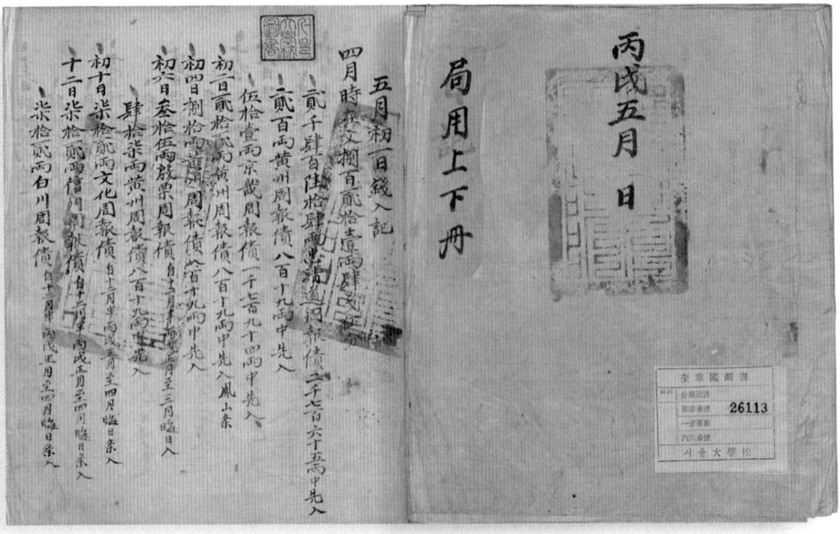

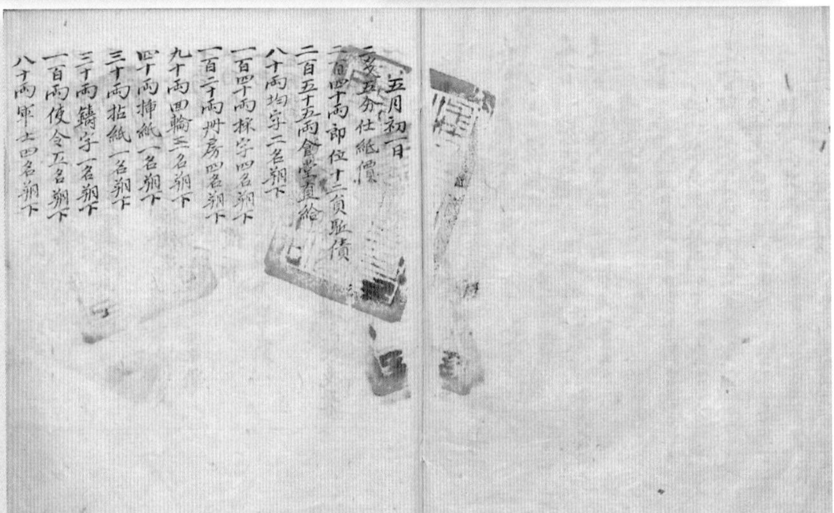

규장각한국학연구원에 소장되어 있는 『국용차하책局用上下册』. 1886년(병술년) 5월과 6월의 기록이 현존한다. 본래의 장부 명칭은 '日記'였는데, 그 위에 '局用上下册'이라고 써서 덧붙였음이 확인된다. '上下'는 이두식 표기로서 '차하'라고 읽으며, 지출을 의미한다. '局用上下册'이란 박문국이 쓴 지출 내역을 기록한 회계장부라는 뜻이다. 월간 수입을 먼저 기록하고('錢入記' 또는 '入文記'), 이어서 월간 지출을 기록하였다.

丙戌六月 日

局用上下冊

六月初一日入文記

五月時在文伍百兩叁戔伍分

初一日 叁百玖拾壹兩 江原道四月条加計并入

叁拾捌兩 江華四月条入

。壹百貳拾伍兩 京畿四月条入

初二日 貳拾伍兩 連原 自乙酉十二月半丙戌十二朔条入

貳拾伍兩 利仁 自乙酉十二月半丙戌十二朔条入

初四日 玖拾玖兩 忠清水使 自乙酉十二月半丙戌正月至四月条入

。壹百玖兩 京畿四月条入

拾肆兩 公州營將主人處 自十二月丙戌正月至三月条入

貳拾貳兩 平山新 自乙酉十二月丙戌正月至五月条入

六月初一日

七兩 [illegible]府發撤時募軍二名雇價

六兩五戔 國者紙十張價

二十四兩 局中土墻匠伊雇價

六戔 鍫貰

三戔 光耳貰

七戔 鑄[illegible]用油紙一張價

合文叁拾玖兩壹戔

初二日

三百四十二兩 并上給

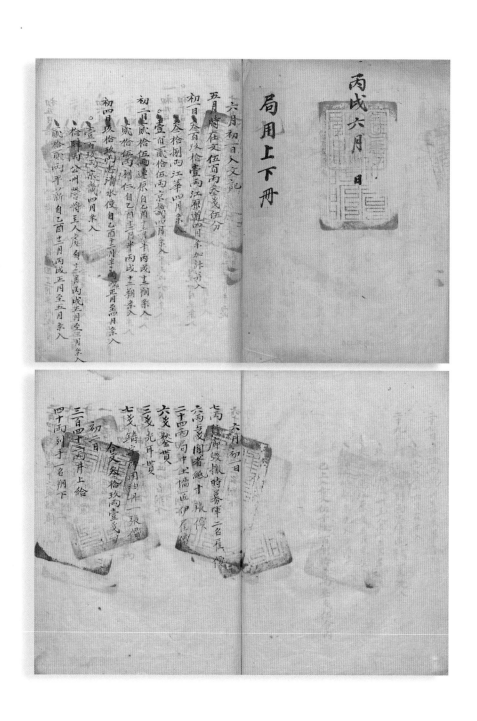

四十兩 刻手一名朔下

『한성순보』는 조선이 일본을 비롯해 서구열강과 통상조약을 체결하면서 외국의 문물을 들여오거나 배우고 공기업을 새로 세우며 근대화를 향한 걸음을 내디디는 과정에서 발간되었다. 사진은 년 조미수호통상조약이 체결되면서 그 이듬해 최초로 미국에 파견된 사절단(보빙사)이다. 민영익, 유길준 등의 모습이 보인다. 고려대 박물관.

새로 세우고 『한성순보』(또는 『한성주보』)를 발간한 것은 개항 후 근대화 노력의 첫 결실이라고 할 수 있다.

박문국은 『한성순보』라는 신문을 주로 간행하는 곳이었지만, 그 외의 출판물들도 펴냈던 것으로 확인된다. 그중에서 대표적인 것이 『만국정표萬國政表』와 『일본내각열전日本內閣列傳』이다. 『만국정표』는 영국의 『정치연감政治年鑑』을 번역하여 편집한 것으로서 세계 51개국의 기초 정보를 개략적으로 해설하고 있다. 중국, 일본 등의 아시아亞細亞州 나라뿐만 아니라 유럽歐羅巴州, 아프리카亞非利加州, 북아메리카北亞米利加州, 남아메리카南亞米利加州, 대양주大洋州 등 6대주의 대표 국가를 두루 수록하고 있다. 『일본내각열전』은 당시 박문국 운영에 관여하고 있던 이노우에 가쿠고로오井上角五郎의 서문과 박문국 주사主事였던 현영운의 발문에서 알 수 있듯이, 당시 일본 신내각 주요 대신의 약전略傳을 국한문혼용체로 발간한 것이다. 그 외에도 '박문국개간改刊'이라 찍혀 있는 『신라김씨선원록新羅金氏璿源錄』(『천김록千金錄』이라고도 함)이 현존하듯, 기관 외부로부터 위탁을 받아 출판하는 일도 있었던 것으로 보인다.

이상에서 살펴본 것처럼 박문국은 개화파 관료들에 의해 취합된 외국 관련 정보를 간행·배포하는 작업의 중심에 있었던 기관이다. 이러한 사정을 이해한 후에야 『한성순보』의 성격과 본질에 좀 더 다가갈 수 있을 것이다. 즉 『한성순보』는 관보의 성격을 뛰어넘는 근대적 신문으로서 서구의 제도와 문물 및 동향을 전해주는 창구 역할을 톡톡히 하고 있었다.

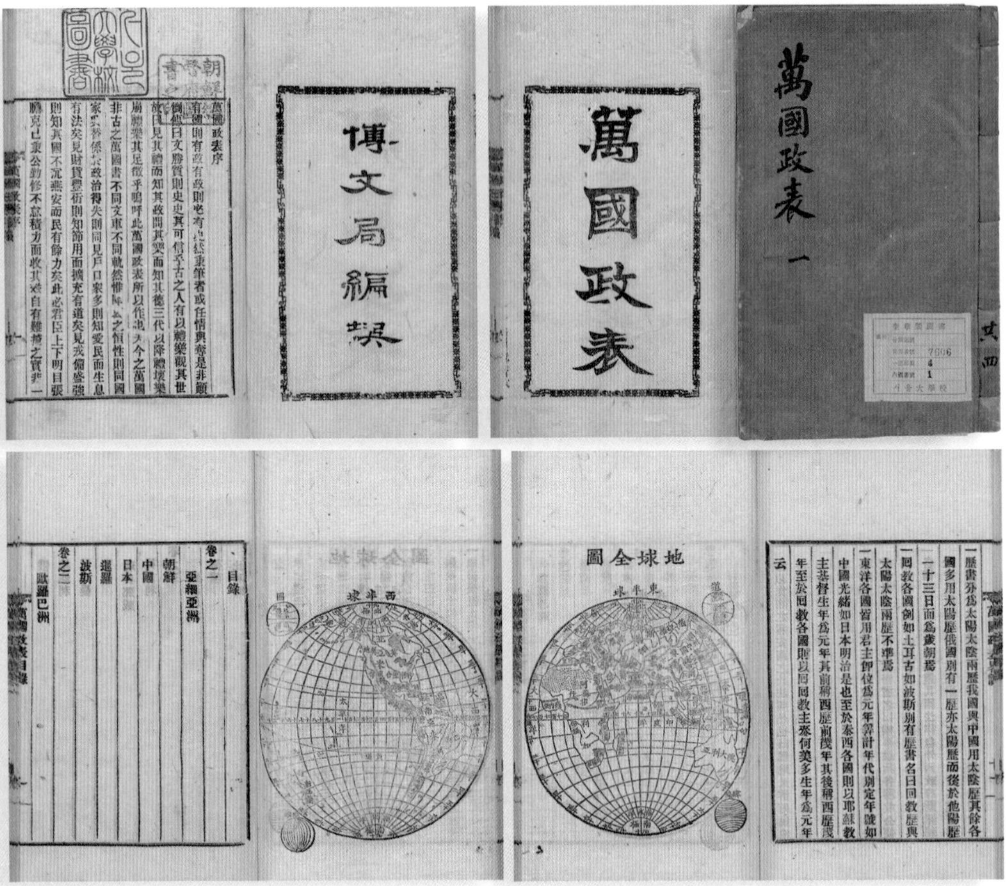

규장각에 소장되어 있는 『만국정표』. 박문국에서 편찬하였음을 알 수 있다. 제1권의 아세아주, 제2권의 구라파주 등 51개국의 기초 정보를 수록하였다.

地球全圖

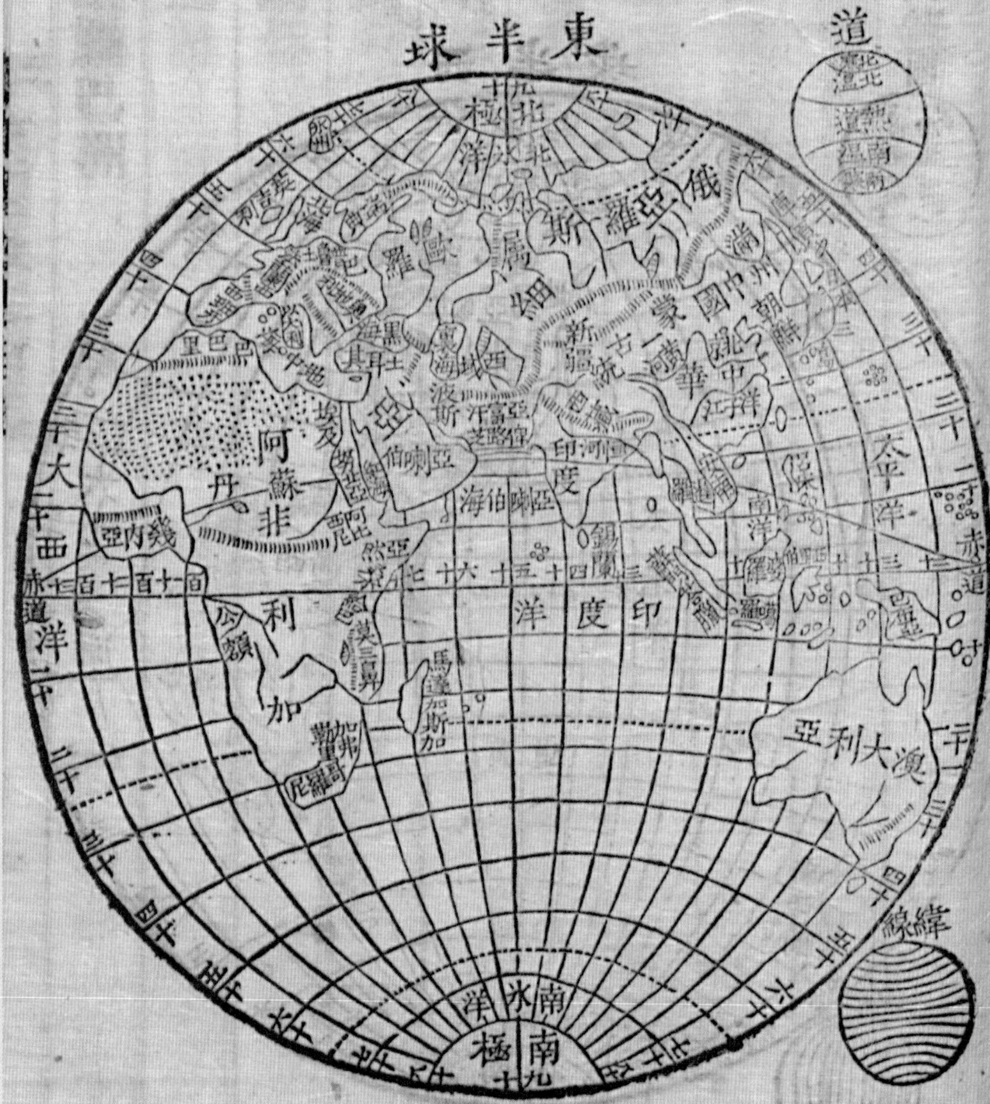

1880년대 조선인, 지구를 넘어 우주를 인식하다

『한성순보』의 체제는 「내국기사內國紀事」「각국근사各國近事」「논설論說」로 삼분될 수 있는데, 「내국기사」는 정치면에 해당하는 「국내관보」와 사회면 또는 경제면에 해당하는 「국내사보國內私報」로 구성되었고, 「각국근사」는 국제면에 해당되며, 「논설」에는 사설이나 칼럼이 실렸다. 그중에서도 「각국근사」의 기사 비중이 압도적으로 높았다.

『한성순보』 제1호의 「각국근사」에 수록된 기사 제목

- 漢學西行 (한학이 서양에 가다)
- 琿春信息 (훈춘 소식)
- 安南事起源 (베트남 사건의 기원)
- 馬達加斯加島事件近報 (마다가스카르 섬 사건의 최근 소식)
- 西班牙國內亂 (스페인 내란)
- 俄國海軍 (러시아 해군)
- 蘇祿國王戰死 (스와질랜드 국왕 전사)
- 亞業加斯坦王得英之祿金 (아프가니스탄 국왕이 영국의 녹금祿金을 받다)
- 日本瑣聞 (일본 단신)
- 日本陸軍 (일본 육군)
- 緬甸世子未知行處 (미얀마 세자의 행방을 알 수 없다)
- 安南與法人議和 (베트남이 프랑스와 화의조약을 맺다)
- 米國還償金 (미국이 배상금을 돌려주었다)

地球全圖

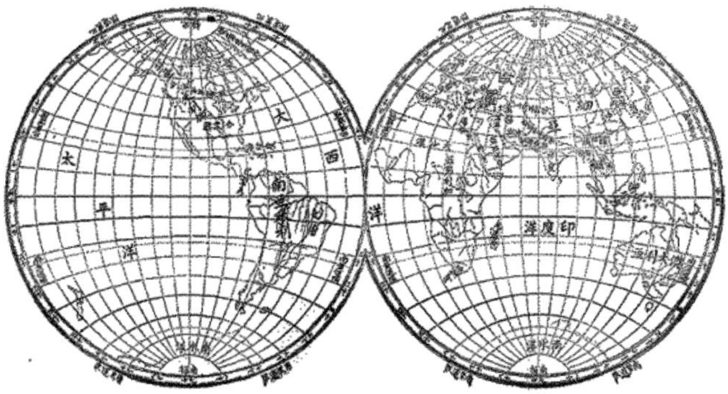

地球圜日圖

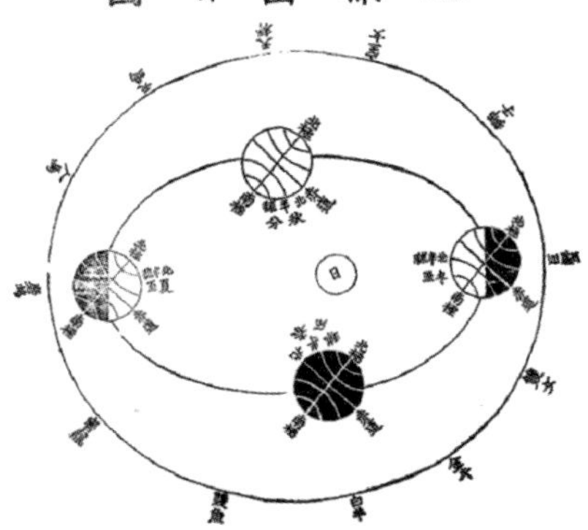

地毬圜日成歲序圖

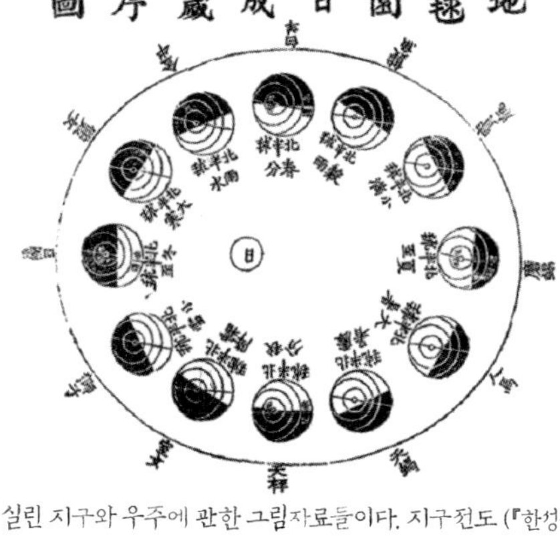

『한성순보』에 실린 지구와 우주에 관한 그림자료들이다. 지구전도 (『한성순보』 제1호), 지구환일도 (『한성순보』 제10호), 지구환일성세서도(『한성순보』 제12호)

기사는 소속 기자가 직접 취재해서 작성한 것은 아니었고, 이미 간행된 외국 신문을 선택적으로 번역·편집하여 싣는 형식이었다. 이는 현대 한국의 언론에서 CNN, AP, AFP나 로이터 통신을 전재하는 것과 별반 다르지 않다. 『한성순보』에서도 로이터 통신을 '로투전음路透電音'이라 하여 인용하고 있지만, 나머지 대부분의 경우는 일본이나 중국과 같은 인근 국가들의 소식통이었다는 점에서 차이가 있다.

정보의 전파 경로에서 외국 언론을 거쳤다는 한계는 있지만, 기사의 소재가 된 국가들의 면면을 살펴보면 그야말로 전 세계의 사건들을 다루고 있다. '글로벌'이라는 말이 유행하기 한 세기도 더 전에 이미 글로벌한 시야만큼은 확보되어 있었던 것이다. 심지어 '글로브(지구)'를 넘어서 우주에 대한 관심까지도 포괄하고 있었음은 「지구전도地球全圖」「지구환일도地毬圜日圖」「지구환일성세서도地毬圜日成歲序圖」 등의 도판에서 잘 나타난다. 지금 보더라도 별로 틀릴 것 없는 근대 과학에 기반한 정보가 공유되었다는 점에서 조선 사람들의 세계에 대한 인식이 이미 객관화되어 있었음을 알 수 있다.

여기서 잠깐 15세기, 17세기, 19세기에 걸친 조선 사람의 세계 인식의 변화를 되짚어보자. 15세기의 사정을 대표하는 「혼일강리역대국도지도混一疆理歷代國都之圖」(1402)가 중화주의적 국제질서에 기반하되 조선을 부각시키는 관점을 여실히 보여주는 반면, 17세기에 이수광이 편찬한 『지봉유설』(1614)에 이르러서는 「구라파국여지도歐羅巴國輿地圖」나 「산해여지전도山海輿地全圖」가 소개되고 있다는 점에서 주관적인 세계 인식을 벗어나 객관적인 세계 인식으

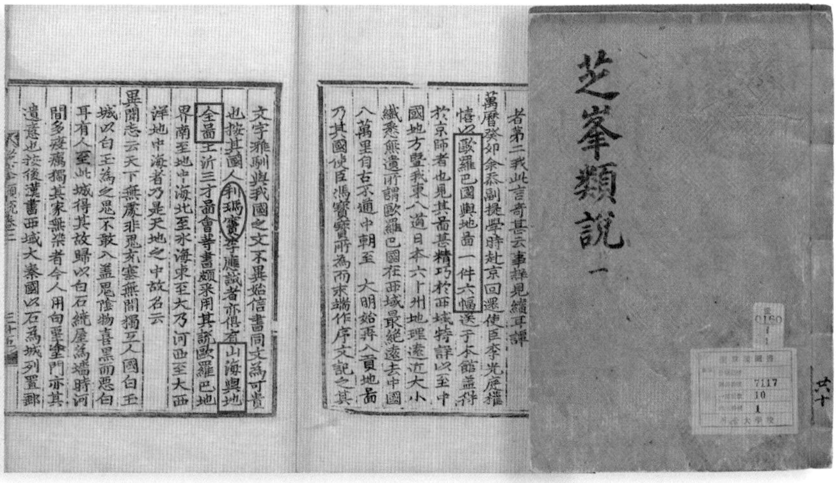

이수광의 『지봉유설』 권2의 '제국부諸國部'에서 '외국外國' 부분. "구라파국여지도 1건 6폭" "산해여지전도" 등의 내용이 보인다. 동그라미 표시한 이마두利瑪竇는 마테오 리치의 중국식 이름이다. 규장각한국학연구원.

로 전환되고 있음이 확인된다. 파악되는 나라의 수효에는 큰 차이가 없는 반면에, 나라 간의 상대적 규모와 중심성에 있어서 보다 현실과 부합하는 방향으로 그 내용들이 반영되고 있다.

17세기와 19세기를 대비해보자면, 『지봉유설』에서 프랑스佛浪機國의 옷감을 소개하면서 "서양포西洋布라는 베는 지극히 가볍고 가늘기가 매미의 날개蟬翼 같다"고 표현한 것처럼 17세기까지 조선 사람의 외국에 대한 관심이 주로 풍물 위주였다면, 19세기 『한성순보』 「각국근사」에 나타나는 조선 사람의 관심사는 시사時事에서 제도에 이르기까지 꽤 폭넓어졌음을 알 수 있다. 호기심의 대상을 넘어선 선망과 학습의 대상으로서 외국의 문물이 자리매김하고 있었던 것이다. 개항기에 조선을 다녀간 외국인들이 남긴 기록에서 특이 사항으로 거론하곤 했던 비위생, 게으름, 대식

大食, 미신 추종 등 지극히 인류학적 관점에서의 단편들과는 대조된다는 점에서, 당대 조선의 후진성이 그대로 드러난다.

황제의 식비 통계에서 인구 통계까지

경제사 이론에서는 이미 고전이 되어버린 것인데, 경제적으로 후진적인 국가가 선발국을 따라잡기 위해서는 몇 가지 조건이 필요하다. 그런데 그러한 조건도 어디까지나 필요조건일 뿐 선진화를 담보하지는 않는다. 최근의 경제발전론이나 제도경제학에서 논의되는 가장 중요한 조건 중의 하나가 바로 제도의 확립이다. 그러므로 『한성순보』 국제면에서 외국의 어떤 제도가 소개되었고, 그것이 조선의 당대성과 어떤 관련을 맺고 있었는지에 대해서, 주로 경제제도와 관련한 몇 가지 대표적인 사례들을 살펴보고자 한다.

물론 당시 조선 사람들이 사용한 '경제' 개념은 일률적이지 않았다. 전통사회에서도 경제經濟라는 용어가 없지는 않았지만, 그것은 어디까지나 경세제민經世濟民(경국제민經國濟民 또는 경국제세經國濟世라고도 함)의 축약어로 사용되었을 뿐이다. 하지만 『한성순보』에서는 'economy'의 번역어로서의 '경제'가 등장했다는 점에서 차이가 있다.

어떤 국가의 경제를 파악하기 위한 가장 기본적인 절차는 경제통계에 접근하는 것이다. 『한성순보』에는 당대 주요 선진국의 각종 통계가 수시로 게재되었다. 각국 황제의 하루 평균 식비 통계는 황실 재정에 대한 이해를 도왔고, 각국의 유명한 큰 강江에 대한 통계는 단순한 지리 정보를 넘어서 경제자원의 파악을 가능하게 했으며, 보병이나 기병 같은 각국 군대의 규모는 당시 조선의 강병책 추진을 위한 지표가 되었을 것이다.

무엇보다도 가장 자주 실린 정보는 역시 각국의 인구였다. 어떤 나라의 인구를 안다는 것은 해당국의 인적 자원의 규모를 파악하는 것 이상의 의미를 지닌다. 특히 그 나라의 경제 규모를 1인당 평균으로 환산하여 다른 나라에 대비한 생활수준을 파악할 수 있다는 점에서 인구는 가장 기초적인 경제 통계이다.

『한성순보』는 각국의 인구뿐만 아니라 주요 도시의 인구도 수록하였다. 예를 들어 『한성순보』 제26호에 실린 '새로 조사한 유럽 4대 도시 인구표'에는 런던倫敦 383만2440인, 베를린伯林 122만2500인, 파리巴里 222만5910인, 빈維也納 110만3100인으로 집계되어 있다. 당시 조선의 수도 서울漢城府의 인구가 20~30만 명 정도로 추정되는 것과 대비해볼 때, 유럽 인구의 도시 집중화 현상을 조선 사람들이 어떻게 인식했을지는 짐작할 만하다.

부국에의 지향과 타산지석으로서의 중국

개항 이후 국력 신장에 총력을 기울여야 하는 상황에 처했던 조선 정부나 개화파 관료에게 있어 부국富國에의 지향은 당면 과제였다. 다른 나라에서 국가의 살림을 어떻게 꾸려나가는지를 살피는 것도 『한성순보』가 수행한 역할 중 하나였다. 각국의 세제나 조세 통계를 소개하고, 주요국의 국비國費 또는 재정의 개황을 알리는 기사는 수시로 게재되었다. 특히 각국의 예산안을 비교해볼 수 있었던 점은 향후 정부가 추진하려 한 개혁 방안의 참고 자료로서 충분한 의의를 지녔을 것이다.

중국의 『만국공보萬國公報』를 인용한 『한성순보』 제22호의 다음 기사('부국설富國說 상上')는 중국이 강대국이 되지 못한 이유를 비판적으로 해설하는 동시에 조선의 독자들에게도 마찬가지의 자극을 주었을 것이다.

> 강하고서 부하지 않은 나라가 없고 부하고서 강하지 않은 나라가 없으니 나라를 강하게 하려면 반드시 먼저 부로부터 시작해야 된다. (…) 오늘날 중국으로 논한다면 더더욱 부를 서두르지 않아서는 안 된다. 오늘의 중국은 강하지 못함이 매우 심한데 그 까닭은 부하지 못한 데서 연유한 것이다. 그러나 중국이 본래 부하지 않은 것이 아니라 부해지는 방법을 모르기 때문이다. (…) 그렇다면 인구가 많은 것이 걱정거리가 되는 것인가. 그런 것은 아니다. 서구 사람들은 다만 인구가 많지 않은 것을 걱정할 뿐이니 인구의 다과를 막론하고 자신의 생활을 스스로 영위할 줄 모르는 것만 걱정할 뿐이다. (…) 지금 곧 서둘러 시행할 일은 재력才力을 다하여 천연자원을 채굴하여 부강을 이룩하는 것만 한 것은 없다.

여기서 특히 눈여겨보아야 할 것은 천연자원의 채굴을 강조한 부분이다. 바로 다음 호(제23호)의 '부국설 하下'에서 요약하고 있듯이 당시 중국의 미진한 점은 탄광 미개발, 철로 미개설, 전선 미설치의 세 가지였는데, 그중에서도 석탄 채굴의 기계화가 이루어

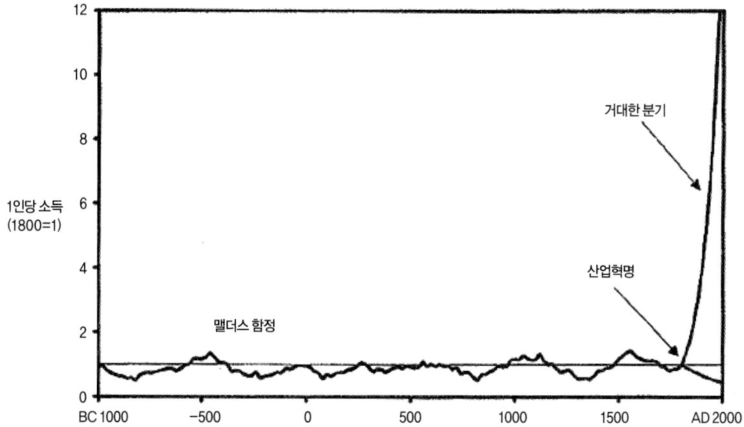

그래프 하나로 보는 세계 경제사. 1800년 이후 많은 나라에서 소득이 급격히 늘었지만(예: 영국), 어떤 나라에서는 줄어들었다(예: 중국). 출처: Gregory Clark, *A Farewell to Alms: A Brief Economic History of the World*, Princeton University Press, 2008, p.2

지지 못한 것을 집중적으로 논하고 있다.

최근의 경제사 연구에서 잘 지적하고 있듯이 1800년 무렵까지 유럽 국가들과 중국의 1인당 소득은 비슷한 수준이었던 것으로 추정된다. 그런데 19세기 들어 유럽은 급격한 성장에 돌입한 반면 중국은 침체의 늪에 빠졌는데, 이러한 현상을 거대한 분기The Great Divergence라고 한다.

이러한 차이가 발생한 원인 중의 하나로 꼽히는 것이 바로 '영국에는 있었지만 중국에는 없었던 것', 즉 석탄이다. 영국을 시작으로 유럽에서 진행된 기계화를 동반한 산업혁명은 화석연료의 생산에 의해 지지되었지만, 중국에서는 기계화도 산업혁명도 없었기에 연료혁명도 뒤따르지 못했던 것이다. 21세기 국제사회에서 반도체를 비롯한 첨단 제품의 생산에 필수 요소인 희토류稀土類의

1864년 영국 런던에서 블랙프라이어스 철교를 건설하는 장면. 왼쪽에 템스 강을 가로지르는 임시 목조 다리가 보이고, 오른쪽에는 철교를 만드는 광경이 보인다. 『한성순보』에서는 중국이 강대국이 되지 못한 이유를 유럽과의 비교를 통해 살펴보았는데, 철로를 개설하지 못한 것도 한 가지 이유로 들었다.

생산을 중국이 독점하다시피 하고 있는 현실을 떠올려본다면 그야말로 격세지감을 느끼게 된다.

주식회사 제도와 조선의 현실

자연자원이 풍부한 중국과는 달리 제약된 환경에서 부강을 지향해야 했던 조선으로서는 경제 제도의 도입이 보다 긴요했을 것이다. 그 대표적인 사례가 바로 주식회사joint stock company이다. 주식회사 제도는 17세기 초에 설립된 네덜란드동인도회사VOC를 기원으로 하는데, 그로부터 약 3세기가 지난 시점에 조선에 본격적으로 소개된다. 네덜란드 역시 조선처럼 국토의 면적이 광대하지 않고 자연자원도 풍부하지 않았지만, 전 세계 상업과 금융을 휘어잡고 한 시대를 풍미하며 제국의 반열에 오를 수 있었다. 네덜란드가 경제 강국이 될 수 있었던 조건 중의 하나가 바로 주식회사 조직의 제도적 도입이었다.

주식회사는 자금을 풍부하게 지니지 못한 소액 투자자까지 포섭하여 광범위하게 자본을 조달할 수 있는 경제조직으로서, 당시로서는 혁명적인 것이었다. 특히 소유한 주식을 매매·양도 또는 상속할 수 있다는 점 때문에 "기업가는 사라져도 기업은 장기적으로 존속하는" 새로운 시대를 열어갈 수 있었던 것이다. 이미 널리 알려진 기사이지만, 『한성순보』 제3호에 실린 '회사설會社說'에 소개된 회사 규약 다섯 조항 중 제1조는 다음과 같이 주식회사를 압축적으로 소개하고 있다.

처음으로 회사를 설립하고자 하는 자는 주지主旨를 세상 사람들에게 광고廣告하여 동지同志를 얻는다. 회사를 조직할 때는 자본의 총액과 이식利息의 다과를 통틀어 계획하여 신문에 발표해서 모든 세상 사람이 그 회사의 유익함을 알게 한다. 그런 후에 고표股票을 발매하는데, 만일 회사의 자본금으로 1만 냥이 필요하면 1장의 정가가 10냥짜리인 고표 1천 장을 만들어 세상 사람들이 마음대로 와서 매입하게 하며, 고표를 사는 사람을 사원社員이라 한다.

현대 용어로 풀어보자면, 여기서 고표는 주권株券, 사원은 주주株主를 가리킨다. 마찬가지로 (여기서는 생략했지만) 역원役員이라 했던 이사理事에 대한 설명도 뒤따르고 있다. 또한 제4조에서는 주가의 등락에 관해 다음과 같이 간략히 해설하고 있다.

고표를 사사私私로 파는 규례는 회사의 성쇠와 관계가 있어, 만일 회사의 이익이 매년 많으면 고표의 값이 올라 처음에 10냥짜리 고표가 11~20냥이 되기도 어렵지 않다. 혹은 회사의 이익이 비용 충당에 모자라거나 본전에 결손이 나면, 비록 1천 냥짜리 고표도 휴지에 불과하게 된다.

주식에 대한 보다 자세한 해설은 『한성순보』 제10호의 '주식이 시전에 해가 됨을 논함論股分票爲害市廛'이나 제15호의 '직포국의 주식 모집에 관한 논설織布局集股說' 등의 후속 기사에서 심층적으로 다루어진 바 있다. 비록 다른 나라의 사례를 통한 것이었지만, 이처럼 주식회사 제도에 대한 인식이 확대 보급되었음에도 불구하

경성주식현물거래소. 『한성순보』에서 주식회사 제도에 대해 심도 있게 다루었지만, 주식회사의 설립 및 일반회사 주식의 거래가 활성화되지는 못했다.

한국 거래소의 계보(해방 전후의 단절이 있다)

구분	상품거래소	증권거래소
해방 이전	인천미두거래소(1893) ↘	경성주식현물거래시장(1920) ↙
	조선거래소(1931)	
해방 이후		대한증권거래소(1956) ↓
	한국선물거래소(1999) ↘	한국증권거래소(1988) ↙
	한국거래소(2005)	

고 주식회사의 설립이 활발히 전개되지는 않았다. 한일병합 이전의 조선에서 주식회사의 수는 불과 10여 개였던 것으로 알려져 있다. 또한 일반회사 주식의 거래는 식민지기에 들어 주식시장이 성립하고 나서도 본격화되지 못했고, 해방 후 거래소가 다시 설립되는 1956년 이후에야 명실상부한 주식시장이 한국에 성립되기에 이른다.

수정궁으로 대변된 영국의 철강 산업

마지막으로 『한성순보』의 기사 중에서 선진국의 산업 발전 수준을 실감할 수 있게 한 사례를 하나 더 들어보자. 『한성순보』 제23호에는 '영국수정궁英國水晶宮'이라는 기사가 다음과 같이 실려 있다.

영국 수도에서 40리 되는 곳에 수정궁水晶宮이 있는데 수십 년 전에 관에서 파견한 백작 팩스턴博四屯, J. Paxton이 세운 것이다. 기둥은 철주

옥스퍼드 출판사 2002년판 *Atlas of World History*에 수록된 '수정궁Crystal Palace'(1851)의 내부.

鐵柱로 하였고 상하 사방을 모두 유리로 장식해 멀리서 바라보면 빛깔이 휘황찬란해서 사람의 눈과 마음을 현란시키기 때문에 이름을 수정궁이라 하였다. (…) 모든 외국관外國官에서 만든 화원花園·그림·사방각四方閣은 국민들이 유람하는 것을 허락하고 구경하려면 얼마씩의 돈을 낸다. 수년 후에는 그 본전이 회수되고 이자가 본전을 넘어설 뿐만 아니라 국민들과 즐거움을 함께하여 아름다운 소문이 멀리까지 들리니 참으로 좋은 일이다. 또 듣건대 이 궁전은 원래 물류창고集貨廠에서 이익을 얻기 위해 그 공사를 화려하게 하여 수정궁을 수리함으로써 더욱 교묘하게 해 국민들의 유람처로 제공해서 더 많은 이익을 본 것이라 한다.

수정궁은 'Crystal Palace'의 번역어로서 1851년에 영국에서 열린 제1회 만국박람회장 건물을 가리킨다.

모든 기둥이 철제로 제작되었고, 그 사이는 유리로 뒤덮였다. 수정궁의 상징성은 근대적 박람회의 시초라는 것 외에도 산업, 미술, 건축 및 세계화에 이르는 다방면의 변화와 도약을 나타내는 것이었다. 1870년대까지도 영국의 선철銑鐵 생산량은 전 세계 생산량의 절반에 달했으며, 산업혁명이 영국을 세계의 중심에 올려놓았음은 세계의 공장The Workshop of the World이라는 별칭에서도 잘 나타난다.

제도 수용의 한계와 교훈

『한성순보』가 간행될 무렵의 조선에서는 신뢰할 만한 변변한 통계조차 갖추지 못했고, 산업화를 위해 필요한 경제제도의 도입 또한 실현되지 않은 상황이었다. 바로 그 시점에, 통계 파악의 중요성과 선진국의 산업화 실태, 그리고 근대적 경제 제도에 대한 이해 수준을 높이는 데에 1차적인 기여를 한 것이 『한성순보』였다. 『한성순보』에서 기사화되었던 제도 또는 문물이 소개되는 데에만 그쳤을 뿐 본격적인 도입이나 법제화를 통한 확립에 이르지 못한 이유는 개혁의 지속성이 결여되었기 때문이다. 개화파의 실각과 더불어 『한성순보』가 폐간되고, 이후 재간행된 『한성주보』마저 단명을 면치 못했던 것도 같은 맥락이다.

수세기에 걸쳐 외부 세계에 대한 인식이 전환되고 근대로 이행하는 과정에서 경제 제도의 중요성을 간파하면서, 새로운 정보를 충분히 습득했다고 하더라도 그것을 적절하게 또는 현실감 있게 실행에 옮기는 것은 별개의 문제였다. 글로벌한 시야, 장기적 안목의 중요성을 강조하는 요즘에 있어서도 첨단의 제도와 혁신을 애써 무시하고 수동적으로 응대하는 사람들에게는 130년 전의 『한성순보』에 관한 이야기도 그저 옛날 옛적의 이야기일 뿐이리라.

10장

조선의 바깥에서 조선 여성을 바라보다

나혜석의 구미 만유

김수진

구미 만유기歐米漫遊期 일 년 팔 개월 간의 나의 생활은 이러하얏다. 단발을 하고 양복을 입고 빵이나 차를 먹고 침대에서 자고 스켓치 빡스를 들고 연구소를 다니고(아카데미) 책상에서 불란서 말 단자單字를 외우고 깨로난 사랑의 꿈도 꾸여 보고 장차 그림 대가大家가 될 공상도 해보앗다. 흥나면 춤도 추어보고 시간 잇스면 연극장에도 갓다. 왕 전하와 각국 대신의 연회석상에도 참가해보고 혁명가도 차자보고 여자참정권론자도 맛나 보앗다. 불란서 가정의 가족도 되여보앗다. 그 기분은 여성이오 학생이오 처녀로써이엿다. 실상 조선 여성으로서는 누리지 못할 경제상으로나 기분상 아모 장애되난 일이 하나도 업섯다.

1932년 나혜석이 쓴 「아아 자유의 파리가 그리워—구미만유 하고 온 후의 나」 중 한 대목이다. 자신의 파리생활을 요약한 이 구절에서 우리는 나혜석이 느낀 해방감을 엿보게 된다. 나혜석은 이 구미 여행에서 당시 조선인으로서, 또 아이를 기르는 조선 여성으

세계 일주 떠나기 전 나혜석 부부의 모습. 1927년 6월 19일에 촬영한 것이다.

로서 누릴 수 없는 자유와 배움을 맛보았다. 어떻게 이런 일이 가능했던 것일까? 그의 말대로 이 여성은 어떻게 해서 "내게 씌운 모든 탈을 벗"고 "조선 대중의 생활을 써나 별천지에서" 살아보게 되었던 것일까?

최초로 구미 여행에 오른 조선 여성이 되다

나혜석(1896~1948)이 구미 여행에 오른 것은 서른두 살의 나이, 세 아이를 기르던 때였다. 만주 안동현 부영사로 일한 포상으로 구미 시찰을 가게 된 남편 김우영을 따라가는 것이었다. 나혜석 부부가 여행을 떠난다고 하자, 부산에서 만주 봉천까지 수백 명의 지인과 친지들이 배웅을 나왔고, 경성에서 출발하기 전날에는 신문에 "나혜석 여사 세계만유"라는 제목의 기사도 실렸다. 이로써 나혜석은 서울 최초의 유화 개인전을 연, 조선 최초의 여성 서양화가라는 칭호에 덧붙여 조선 최초로 구미 여행에 오른 조선 여성이 되어 다시 한번 언론계를 떠들썩하게 했다.

나혜석 부부는 1년 8개월 동안 열다섯 나라를 돌아보았다. 1927년 6월 22일 경성역을 출발해 한 달 동안 대륙횡단열차를 타고 가며 러시아의 주요 도시를 둘러보고, 1927년 7월 19일 파리에 도착한 뒤 한 달여 동안에는 스위스를 비롯한 북유럽을 구경한다. 이후 나혜석은 파리에 머물며 그림 공부를 하고, 남편은 법학 공부를 위해 베를린에서 3개월 정도를 체류한다. 1928년 3월부터 여행은 다시 시작되는데, 이태리와 남유럽을 둘러보고 7월에는 한

부산-경성 간 열차 안 모습을 담은 사진엽서, 1920년대 추정, 부산박물관. 기모노를 입은 여성과 흰 저고리 검은 통치마를 입고 양화를 신은 조선 신여성이 눈에 띈다.

달 반 정도를 영국 런던에 머문다. 1년여 동안의 유럽 여행을 마치고 미국 뉴욕에 도착한 것은 1928년 9월 27일이었다. 영미 마제스틱Majestic 호를 타고 대서양을 건너 뉴욕에 도착해서는 미국에 와 있는 동포들과 함께 크리스마스 시즌을 보냈다. 그러고는 1929년 1월 1일부터 두 달여에 걸쳐 미국 횡단 여행을 하게 된다. 이어 하와이 호놀룰루를 들러, 1929년 2월 23일 일본의 태양환太陽丸을 타고 태평양을 건너 요코하마와 동경을 거쳐 3월 12일 부산에 당도하게 된다.

나혜석 부부의 구미만유가 조선인으로서 대단히 특권적인 경험

나혜석 부부가 대서양을 건널 때 탄 영미 마제스틱 호. 1914년 독일 함부르크에서 건조된 비스마르크 호가 전신으로 1922년 영국 화이트스타와 커나드라인사에 의해 구입되어 영미 마제스틱 호라 불렸다. 나혜석의 글에 따르면 이 배는 총 2636인승(일등 870인, 이등 730인, 삼등 1336인)으로 살롱, 스모킹룸, 오락실, 레스토랑, 수영실, 아동놀이터, 도서실, 교회 등의 설비를 갖추고, 이틀에 한 번 경마, 댄스, 활동사진 관람, 연극 공연을 했으며, 테니스, 탁구, 실내골프, 바둑, 장기, 브릿지, 마작 등의 스포츠와 놀이를 제공했다고 한다.

이었음에는 틀림없다. "돈 업스면 이태리니 불란서니 어대어대를 다 엇더케 다녀 왓스랴"라는 나혜석의 표현대로, 평범한 조선민이라면 꿈도 꿀 수 없는 일이었다. 당시 경성-파리 횡단열차의 기차삯이 1000원 정도였으니, 이 금액은 도청 최고위직인 칙임관의 두 달 치 월급이요, 조선인 고등보통학교(오늘날의 고등학교에 해당함) 교사의 1년 치 월급이었다. 또한 당시 경성에서 '에레베타걸'이나 전화교환수, 혹은 백화점 점원으로 운 좋게 일자리를 얻은 조선 여성이라면, 2년 반 치 월급을 통째로 모아야 하는 액수였다.

1935년의 기차 요금과 배 요금(아래)

목적지	1등간	2등간	3등간
莫斯科(모스크바)	680원	510원	260원
伯林(베를린)	780원	580원	320원
巴里(파리)	1000원	730원	320원
倫敦(런던)	1030원	750원	340원

목적지	1등간	2등간	3등간
호놀룰루	250원	160원	100원
桑港(샌프란시스코)	230원	220원	110원

1930년대 서울에서 직업여성이 받은 임금

직업	월보수(원)	직업	월보수(원)
간호부	33~70	보통학교 교원	35~60
기자	25~60	유치원 보모	10~50
사무원	30~50	전화교환수	25~50
데파트 점원	15~40	차장	25~30
직공(제사)	20~30	직공(정미)	10~30
직공(연초)	6~25	하녀	7.6

"사람은 어떻게 살아야 잘 사나"

외면상으로는 남편을 따라가는 모습이었지만, 조선을 떠나는 나혜석의 마음은 젖먹이를 포함해 아이들을 시어머니에게 맡기고 갈 만큼, 상당한 포부와 각오를 품은 것이었다.

일一, 사람은 어떻게 살아야 잘 사나? 이二, 남녀 간 어떻게 살아야 평화스럽게 살까? 삼三, 여자의 지위는 어떠한 것인가? 사四, 그림의 요점이 무엇인가? (「쏘비엣 로서아露西亞행-구미유기의 기일其一」『삼천리』 1932년 12월호)

나혜석이 유럽 등을 여행하며 겪은 것은 『삼천리』 『중앙』 등의 잡지에 실려 널리 읽혔다.

그는 이런 질문에 답하고자 구미인의 생활을 맛보고 구미 여자의 활동을 견문하며 구미의 화계를 경험하겠다고 다짐했다. 구미 여행을 통해 식민지 시대, 급격한 사회변동의 핵심적인 문제였던 남녀 간의 새로운 관계와 여성의 지위를 서구의 거울을 통해 다시 성찰하고자 했고, 화가로서나 어머니로서 힘들게 살았던 삶 속에서 다시 한번 예술가로서의 정열과 배움을 이어나가고자 했던 것이다.

그리고 이러한 경험과 성찰을 1932년부터 1936년까지 『삼천리』 『조선일보』 『신가정』 『중앙』 등의 신문과 잡지에 25편여의 적지 않은 글로 남겼다. 나혜석의 여행기는 긴 여정 동안 보고 들은 각국의 풍물을 다 언급했지만, 관심과 경험이 집중된 곳은 단연 파리였다. 파리에서 자신이 출발할 때 품었던 물음에 대해 많은 답을 얻었기 때문일 것이다. 또한 이 글들은 나혜석이 이혼한 후 홀로 경제적으로 생존하고 미술가로서 자립하기 위해 고군분투하던 시기에 발표된 것들이었다. 개인적으로 어려운 가운데에서도 자신의 특별한 경험을 널리 알려 조선 사회에 보탬이 되도록 하려는 나혜석의 의지를 느낄 수 있다.

염세적인 모스크바와 파리의 화려함

경성을 출발하여 안동과 봉천, 장춘을 지나 하얼빈에서 6일간 머물 때, 나혜석은 그 지역 여성들의 생활을 눈여겨본다. 나혜석이 보기에 하얼빈에서는 가사를 간단히 돌보는 생활인지라 여성들의 생활에는 여유가 있다. 옷은 기성복을 많이 사 입는다. "여름이면 다림질 겨울이면 다듬이질로 일생을 허비하는" 조선 여성이 불쌍하다는 한탄이 절로 나온다. 나혜석의 통찰은 여기서 빛나는데, 나혜석은 "서양 각국의 오락기관"에 남자보다 여자 구경꾼이 더 많은 것을 관찰했다. 이는 오로지 여성의 생활이 여유가 있고 시간이 있기 때문에 가능하다고 지적한다. 결국 조선에서도 이 오락기관이, 요즘말로 하면 문화산업이 번창하려면 여자 관람객이 많아야 하고, 여자 관람객이 많아지기 위해서는 "조선 부녀생활"을 급선무로 개량할 필요가 있다는 것이다.

러시아 횡단열차로 바꿔 타면서 나혜석 일행은 여러 인종과 종교를 가진 사람들을 만나게 된다. 또 황무지 벌판과 자작나무숲,

세계를 여행하면서 나혜석의 관심이 가장 집중된 곳은 단연코 파리였다. 「비 오는 날 파리 거리」, 귀스타브 카유보트, .

오로라

1. 갈가 보다 말가 보다
오로라極光의 아래로
로서아는 북쪽 나라
끗이 업서라
西天엔 夕陽타고
東天엔 밤 샌다
鐘소래 들니노나
沖天으로서

2. 울야니* 넘어 밝고
가랴니 어둡다
멀니서 불빗의
반짝반짝희
섯거라 흔* 馬車여
쉬여라 白馬여
내일 갈 길이
업난 배* 아니나

3. 나는 나는 뜬 수플
바람 부는 그대로
흘느고 흘너서
限없이 흘너
낫에난 길 것고*
밤엔 밤새것 춤추어
末年엔 어대서
끗을 맛치든

나혜석 일행이 시베리아 자작나무 숲에서 오로라를 보고 부른 창가
*울려니 *헌 *업는 바 *낮에는 길 걷고

그리고 오로라처럼 고향에서 볼 수 없는 완전히 새로운 자연 풍경에 맞닥뜨리게 된다. 시베리아를 통과할 때에는 "로국露國 하면 혁명을 연상하고 혁명이라면 로국을 기억"하며 "혈성血腥의 공기가 충만"함을 느꼈지만, 막상 도착해서 보게 된 모스크바 시가를 거니는 사람들은 "실컨 매마진 것 갓치 늘신하고 아모려면 엇더랴 하는 염세적 기분"이 보인다. 예상 밖인 것은 파리도 마찬가지다. 처음 본 파리는 기대와 달리 어두침침하고 음침하다.

파리라면 누구든지 화려한 곳으로 연상하게 된다. 그러나 파리에 처음 도착할 ᄲᅢ는 누구든지 예상 밧긴 것에 놀나지 안을 수 업슬 것이다. 위선爲先 일기가 어둠침침한 것과 여자의 의복이 흑색을 만히 사용한 것을 볼 ᄲᅢ 첫 인상은 화려한 파리라는 것보다 음침한 파리라

대서양을 횡단하는 여객선상 안에서 촬영한 모습.

「겨울」, 이반 시슈킨, 캔버스에 유채, 125.5×204cm, 1890, 러시아 미술관. 나혜석 일행은 시베리아 횡단열차로 여행하면서 러시아의 숲과 황무지 벌판 등을 목격한다. 이반 시슈킨의 이 작품은 러시아의 눈 덮인 숲을 마치 살아 있는 듯 묘사한 수작으로 평가받는다.

고 안할 수 업다. (「꼿의 파리행-구미 만유기 속續」『삼천리』1933년 5월호)

나혜석은 오랫동안 그 생활을 충만히 해볼 때에야 비로소 파리의 화려함을 느낄 수 있다고 쓴다. 남아 있는 적은 수의 그림 중 하나인 「무희」라는 작품으로도 표현된, 물랭루주의 화려함을 그는 이렇게 묘사한다.

하로는 물랑루즈에 구경갓섯다. 나체의 일녀一女가 은게銀系의 의衣와 청록의 의상으로 뛰여나 경쾌하게 춤을 추고 우의羽衣를 둘느고 붉은 새털을 머리에 꼿고 금색 구술을 번적이는 여신의 군상들이 좌우이인식式 응등이를 흔들며 노래를 부르면서 나온다. 장면은 칠색 오색 금란金襴, 은란銀襴의 의상이 황홀하며 대포大袍는 얼골을 파뭇고 대고大袴는 쌍을 덥고 길에 느린 털부채 작난감갓흔 조고마한 우산을 휘둘느며 좌우에 갈너서잇고 중앙의 여신은 타조모毛의 붓채를 휘둘느며 근육적이오 진기한 예술적인 춤을 추고 동시에 군상은 방울달닌 소태고小太鼓를 흔들며 응하면서 춤을 춘다. 나는 이 희랍식 육체미에 취하지 안을 수 업스며 또 이 시대 동판화의 영향을 만히 밧은 원근법과 색채와 초점을 취한 구도법에 눈이 아니 쎄일 수 업섯다.(「꼿의 파리행-구미 만유기 속續」『삼천리』1933년 5월호)

나혜석은 차창 밖으로, 또 길거리를 거닐면서 관찰한 이국땅이 조선 안에서 알려진 소문이나 선입견과 다를 수 있음을 깨달았다. 또한 그러한 피상적 관찰만으로는 그 사회의 진면목을 놓칠 수 있

「무희舞姬」, 나혜석, .cm, ~년경 추정, 국립현대미술관.

음을 인식하고 있었다.

"여성은 위대한 것이오 행복된 자이다"

나혜석이 파리에 머무를 때 유럽의 남녀관계와 여성의 지위에 대해 산 체험을 하게 된 계기는 샬레Félicien Challaye(1875~1967) 부부 가정에서의 생활이다. 나혜석은 1927년 11월 11일 최린과 함께 샬레 가정을 방문했는데, 이때 두 부부에게 깊은 인상을 받아 자청해서 석 달간 이 집에 머무르게 되었다. 나혜석의 눈에 비친 샬레 부부 가족의 삶은 이상적인 우애결혼의 모습이었다. 샬레는 소르본 대학 철학과 교수로서 당시 약소국민회 부회장으로 활동하고 있었고, 샬레 부인은 여자참정권 운동회원으로 저술활동을 하는 이였다. 나혜석이 볼 때, 이 부부는 오십과 사십이 넘은 나이에 3남2녀의 아이가 있어 서로 무덤덤하기 십상인 상황임에도 불구하고, 각자 자신의 활동을 하면서 서로 사랑하고 아껴주는 일부일부주의一夫一婦主義를 실천하며 살고 있었다. 남편은 "늘 부인의 상을 엿보아 기쁘게만 해주고, 걸핏하면 입 맞추기, 단둘이 레스토랑에 가"고, 저녁이 되면 "비둘기같이 붙어 앉아서 무슨 이야기를 그렇게 속살거리는지 재미가 깨가 쏟아질 듯하"여 부부가 일시라도 떨어져 지내는 일이 없었다. 또한 아무리 여덟 살 된 사내아이라도 이불을 정리하고 식사 때면 행주질을 하고 사람들 다 나가면 집 보기까지, 아이들로 하여금 어렸을 때부터 독립심을 키우는 교육관을 실천하고 있었다.

무엇보다 나혜석이 주의 깊게 관찰한 것은 샬레 부인이었다. "다

샬레가 쓴 일본 소개 그림책. *Le Japon illustre.* Paris, Larousse, 1915.

정하고 실질적인 불란서 부인"이라는 글 제목을 붙였듯이, 샬레 부인은 "아양보양하고 앙실방실하고 요밀조밀하고 알뜰살뜰한 불란서 부인"의 대표 격이었다. 나혜석은 이 부인이 물샐 틈 없이 살림살이를 꾸리면서도 강약을 겸비하여 권태롭기 십상인 결혼생활을 예술로 만들었다고 평한다. 가정의 살림을 주도하여 책임지는 현모양처이자 남편에게 자신의 매력을 잃지 않는 여성이며 집회 참여와 저술활동을 게을리 하지 않는 사회활동가. 이것이 나혜석을 매료시킨 프랑스 여성의 모습이었다.

이제 나혜석은 당시 유럽 여성들의 지위가 여성들 자신의 믿음과 노력에 의해 높아진 것이라는 생각에 확신을 가지게 되었다.

> 우리가 여긔서는 여자란 나부터도 할 수 없는 약자弱者로만 생각되더니 거기 가서 보니 정치, 경제, 기타 모든 방면에 여자의 세력이 퍽 많습듸다. (…) 우리 조선 여자들도 그리하여야 되겟다고 생각하얏슴니다. (「구미만유하고 온 여류화가-나혜석씨와 문답기」『별건곤』1929년 8월호)

샬레 부인이 살아 있는 여자 세력의 한 표본이었다면, 영국에서 만난 여성은 권리를 얻기 위해 노력해온 역사의 증인이었다. 나혜석은 1928년 남편과 함께 두 번째 유럽 여행을 하다가 7월부터 한 달 반 정도 런던에 머물게 되었다. 이때 체류했던 하숙집 주인은 영국 참정권운동에 참여한 여성이었다. 나혜석은 60세의 독신으로 사는 이 여성을 인터뷰하여 잡지에 싣기도 했다.

R: 참정권 운동은 누가 제일 먼저 시작했습니까?

S: …영국서 여권운동자의 시조인 포셋 부인이요(그는 죽었다). 제2체가 팡크하스트 부인이오, 이가 처음으로 시가지 시위운동하기를 시작했습니다. 40년 전에 만여 명의 여성들이 앨버트 기념관 앞에서 시위행진을 했습니다. 이때는 내가 어렸었고 우리 어머니가 참가했습니다.

R: 깃발에는 무어라 썼든가요?

S: '부인의 독립을 위해 다토라, 부인의 권리를 위해 닷토자'라고 썼지요.

R: 물론 많이 잡혔겟지요.

S: 잡히고말고요, 모조리 잡혀 드러가서 절식동맹을 하고 야단낫섯지요.

(「영미 부인 참정권 운동자 회견기」, 『삼천리』 1936년 1월호, 일부 영어 표현은 필자 번역)

또한 나혜석의 눈길을 끈 것은 의식주 생활에 관련된 제도였다. 샬레 부부 집에 머물 때 이 집에 출퇴근하는 '하녀'가 탁아소를 이용하는 것을 보고 "노동 부인을 위하야 얼마나 편리한 기관"이냐며 당시 조선 여성단체인 근우회槿友會가 눈여겨보아 만들어야 할 일거리라고 지적하기도 했다. 영국에서는 아예 런던 구세군 탁아소를 탐방하기도 했다. 방문한 탁아소는 아이를 출산한 비혼 여성을 지원하는 곳이었다. 그는 이곳을 돌아보고 "문명의 산물 사생

년 파리에서의 나혜석의 모습인데, 단발머리에 양장을 하고 있다. 조선으로 돌아온 뒤에는 한복을 입었다.

아 탁아소가 조선에도 머지않아 생기리라"며, 여력이 없어 기부하지 못한 것을 못내 아쉬워했다.

이리하여 나혜석이 유럽에서 발견한 것은 자신의 여성됨과 여성의 위대함이었다. 여성의 위대함은 그것이 크기 때문이 아니라 작지만 값있는 것이라는 깨달음이었다.

> 나는 여성인 것을 확실히 쌔다랏다.(지금까지는 중성中性 갓햇든 것이) 그러고 여성은 위대한 거시오 행복된 자인 것을 쌔다럿다. 모든 물정이 이 여성의 지배 하에 잇난 것을 보앗고 알앗다. 그리하야 나는 큰 것이 존귀한 동시에 적은 것이 갑 잇난 것으로 보고 십고 나 쌘 아니라 이것을 모든 조선 사람이 알앗스면 십흐다.(「아아 자유의 파리가 그리워」 『삼천리』 1932년 1월호)

그림의 요점이 무엇인가

> 나는 로마 시스지나 궁전에서 미케란제로의 천정화 압헤 섯슬 때 서반아西班牙에서 귀재鬼才 고야의 무덤과 밋 그 천정화 압헤 섯슬 때 나의게 희망, 이상理想이 용출하엿다.(「아아 자유의 파리가 그리워」 『삼천리』 1932년 1월호)

유럽 서양화는 그 전체가 나혜석에게 그림에 대한 열정을 북돋는 저수지와도 같았다. 그러므로 여행지의 미술관은 그의 중요한 공부 장소였다. 그는 여행 가는 곳마다 빠뜨리지 않고 미술관을

에멀린 팽크허스트(1858~1928). 여성 투표권을 지지하는 리차드 팽크허스트와 결혼하여 남편 사후 여성사회정치동맹을 창설했다.

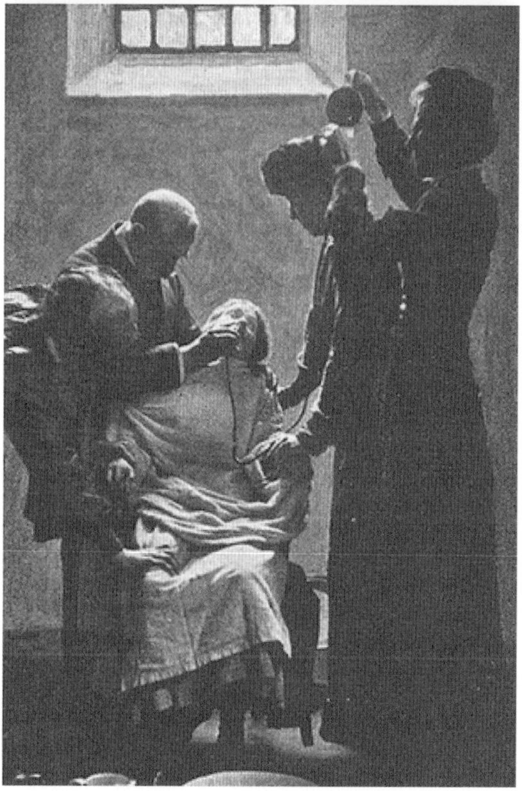

단식 투쟁하는 참정권 운동 여성에게 강제로 음식을 먹이는 장면, 1911년.

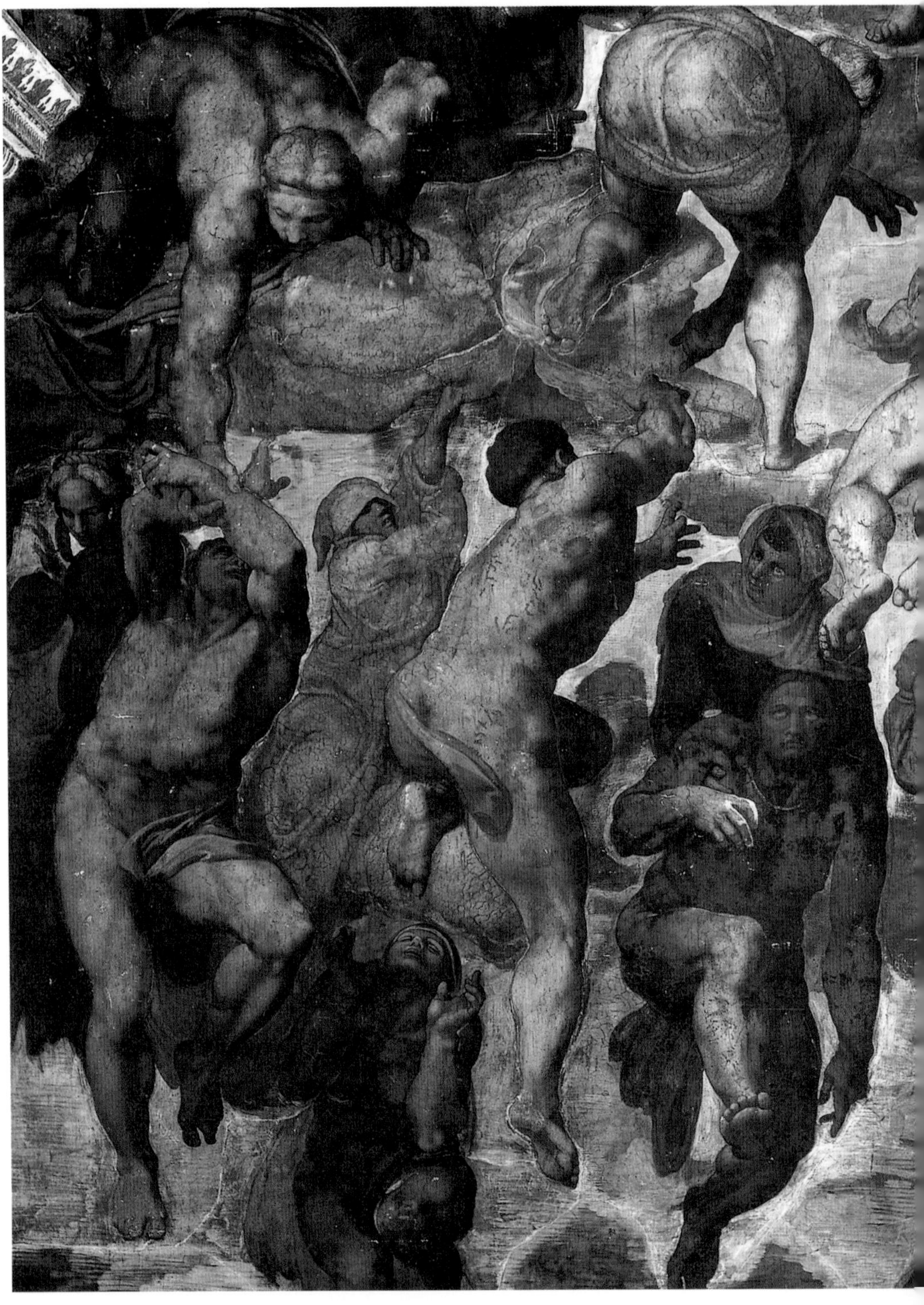

나혜석은 로마의 시스티나 궁전을 방문해 미켈란젤로가 남긴 천정화를 보고 그림에 대한 열정을 스스로 북돋웠다. 「최후의 심판」, 로마 시스티나 궁전.

「자화상」, 나혜석, 캔버스에 유채, 62×50cm, 1928년경 추정, 개인소장.

둘러보았고, 간단한 감상을 남겼으며, 사 모은 수백 장의 그림 및 그 복제품들을 가지고 귀국 전시회를 열기도 했다. 나혜석은 구미 여행 기간 동안 70~80점의 스케치를 그렸고, 파리에서는 아카데미 랑송에서 수학했다. 귀국 후 그린 나혜석의 작품들에서는 이때 익힌 야수파와 입체파의 영향을 엿볼 수 있다.

하지만 서양화의 역사를 실견한 경험은 절망의 원천이 되기도 했다. 나혜석은 엄청난 규모로 축적된 서양화의 전통을 목도하면서 어찌해볼 수 없는 자괴감을 느꼈다. 나혜석은 그림이, 곧 서양화가 어렵다고 솔직하게 고백했다. "우리가 이때까지 본 것이라든지 배운 것이란 것은 마치 어린아이들의 습작과 갈"다고 한탄했다.

동시에 그는 그 어려운 그림을 좋아하는 자기 자신을 다시금 발견했다. "이와 갓치 내가 만흔 그림을 본 후의 감상은 두 가지다. '일一은 그림은 조타' '이二는 그림은 어렵다.'" 나혜석은 귀국한 뒤 이혼을 겪는 와중에 온몸이 부서져라 그림을 그렸다. 1931년 5월 작품 「정원庭園」으로 조선미술전람회 특선, 「작약」과 「나부」 입선, 같은 해 10월 제국미술전람회에서 「정원」 입선. 이 수상 목록이 그 결실이었다.

구미 여행 이후 나혜석의 그림에는 그가 구미에서 더욱 확신하게 된 여권의식이 반영되어 있을까? 나혜석의 작품세계는 처음부터 풍경화 위주였고, 구미 여행을 하고 난 후에도 이러한 경향은 계속된 편이다. 따라서 여성해방주의자로서 직접적인 주제의식을 드러낸 작품을 찾기란 쉽지 않다. 그런데 작품 「정원」이 여성에 대한 성적 억압과 야만적 폭력의 역사를 은유적으로 표현한

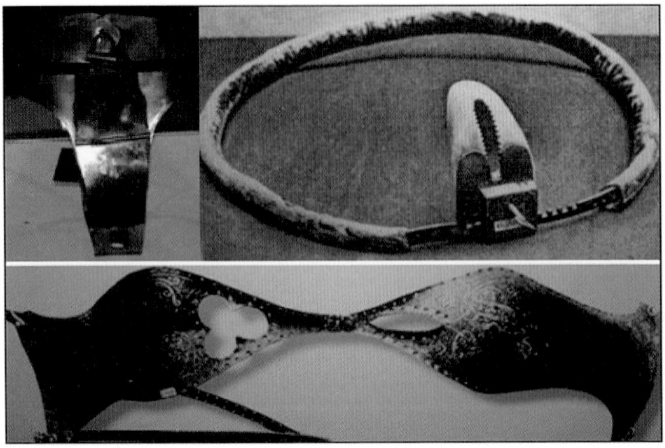

여러 형태의 정조대. "내가 머물고 있던 호텔 근처에 담 한쪽만 남고 기와지붕 한 귀퉁이만 남은 천 년 전 건물 궁전이 있다. 여기 13세기 물품을 진열해놓았으며, 대개 프랑스 물품이 많고 유명한 것은 '여자의 허리띠'니, 이것은 여자 음문에 정錠을 끼우는 모형 정조대이다. 전국 시에 남자가 출전 후 여자의 품행이 부정하므로 출전 시 쇠를 잠그고 간다."(「꽃의 파리행」『삼천리』1933년 5월호)

것이라고 해석하는 시각도 있다. 중앙 십자형 기둥과 보를 가지고 클뤼니 박물관 정원의 문을 묘사한 이 그림이 십자가형의 정조대 형상과 유사하다는 이유에서이다. 나혜석은 파리의 여러 스케치 중에서 왜 이 모티브를 꺼내어 어떤 의도로 그렸는지에 대해서 별도로 논한 적은 없었다. 다만 자신이 "심령상에도 최고 행복한 때" 스케치해두었던 화제畵題로서, 구미 화단의 "요령要領"을 비로소 얻게 해준 작품이고, 자주 산책했던 이곳에 13세기의 여자 정조대가 전시되어 있다는 회상을 남겼을 따름이다. 그러므로 이 작품의 제재가 되는 정원의 아치형 문이 여성의 음문에 끼우는 아치형 정釘과 형태적으로 유사하다는 이유만으로 결론을 내리기는 힘들다. 하지만 나혜석이 가장 행복했던 시절 좋아했던 장소가 여성의 성을 통제하는 기구를 전시한 곳이었으니 아이러니한 일이 아닐 수 없다.

구미인의 사난 것은 엇더하며 우리 사난 것은 엇더한가

나혜석은 여행자로서 어떤 태도를 가지고 있었을까? 동아시아 변방 식민지 출신의 이 여성지식인은 낯선 세계이자 동경하기도 했던 세계를 어떤 눈으로 바라보았을까? '문명개화'의 본산이라고 추앙되는 유럽의 중심에 들어간 개화 지식인으로서 흔히 가지는 열등감을 나혜석도 다시금 확인했을까?

나혜석은 귀국해서 달라진 자신의 눈을 발견한다. 태평양을 건너 시모노세키에 도착하면서 눈앞에 펼쳐지는 조선 땅이 "새우등 갓치" 고부라져 있고 조선 가옥이 "송이버섯"같이 납작하며, 조선 사람들은 "시름없이 걸어가는" 불쌍한 모습이다. 유럽에서는 처녀이고 학생으로 활짝 핀 꽃 같았던 자신이 이제 "바람에 떨어지듯" 푸근하고 늘씬하던 기분이 "밧삭 오그라들기" 시작한다. 이러한 표현을 보면, 일견 나혜석은 화려한 유럽 문명에 눈이 멀어 자신의 고향을 그저 누추한 곳으로 보는 슬픈 근대주의자였던 듯하다.

하지만 나혜석이 유럽과 조선 사회를 보는 눈은 단순하지 않았다. 나혜석은 한 사회를 온전히 알려면 "평면과 입체"의 양 측면을 함께 보아야 한다고 생각했다.

눈을 감고 잇스랴면 서양에 잇슬 때는 서양의 입체만 보이고 조선의 평면이 보엿든 것이 조선 오니 조선의 입체가 보이고 서양의 평면이 보인다. 평면과 입체가 합하야 한 물체가 된 것가치 평면 즉 내부가 합하야 일 사회가 성립된 것이니 어느 것을 싸로 떼여 볼 수가 업다. (「아아 자유의 파리가 그리워」 『삼천리』 1932년 1월호)

나혜석은 여행자의 관찰이 잠깐 들르는 손님의 눈이기에 "내부를 알 여가가 업"지만, 동시에 그 주변자의 시선에서 보이는 '평면'도 한 사회를 온전히 그리는 데 필요하다고 생각했다. 그리고 그러한 평면의 시선을 너무나 익숙해진 입체의 조선에도 적용할 필요가 있다고 생각했다. 귀국할 때의 느낌은 서양이라는 입체에 익숙해진 몸으로 조선의 평면이 두드러져 보였던 상황이었고, 나혜석은 자신의 그런 태도를 성찰했던 것이다.

나혜석은 자신이 본 서구의 풍습과 문물에 대해 각각 다른 판단을 내렸다. 예컨대 파리에서 어린아이들이 격식에 따라 옆집을 방문하는 모습에 대해서는 개인주의가 지나치다고 비판했고, 부드러운 샬레 부인에게서도 "자식을 만히 길느고 살님사리를 오래한 이만치 때때로 큰소리가 날 때도 잇다"면서 동서양 여자 모두 진을 빼는 살림을 도맡은 공통점이 있다고 분석하기도 했다.

물론 나혜석은 당대 개화 지식인들과 마찬가지로 서구의 근대 문물을 문명으로 보고 동아시아 사회를 야만으로 보는 시각을 갖고 있었다. 다만 문명화의 시작과 경로가 다르다는 생각이었다. 그래서 구미인의 생활이 "단맛 신맛 짠맛을 다 알아 가지고 생켜서 소화하난 것"인 데 비해, 우리 조선인은 "된 대로 꿀덕 생켜 아모 맛을 모르난" 상태라고 비유했다. 문명화의 경로가 다르므로 각 사회의 풍습과 사고방식 전체를, 문명 대 야만으로 일도양단할 수 없다고 생각했다.

세상은 이런 세상도 잇고 저런 세상도 잇서 세계 중에는 형형색색의 세상이 만타. 이 세상에서는 저 세상을 동경하고 저 세상에서는 이 세상을 동경하니 어느 것이 조흐며 어느 것이 나으며 어느 것이 올흔지 조곰 아는 지식으로는 판단하기 어렵다.(「아아 자유의 파리가 그리워」 『삼천리』 1932년 1월호)

각 사회의 풍습과 문화를 평가하는 데 신중한 태도를 보이는 나혜석은 예컨대 파리가 "문명이 극도에 달한 사교술"이고 조선은 "미개한 원시"라는 차이가 있지만, "인정이나 자연스러운 태도가 일치되난 점이 만타"고 생각한다. 예컨대 남녀 간에 어떻게 해야 평화롭게 살 수 있는가를 고민했던 나혜석으로서는, 파리인들이 사교심으로 평화로움이 가능하다면, 조선 농촌에서는 여성들의 극기심이 많은 친척들을 융화해가게 함을 재발견했다.

이렇듯 구미세계의 경험(입체)을 가지고 조선을 보고(평면), 조선에서 살며(입체) 다시 구미세계를 보는(평면) 나혜석의 시선은 입체와 평면, 조선 바깥과 조선 안을 상호 교차시키고 있다. 이러한 복합적인 나혜석의 성찰 방식은 나혜석이 여행자로서 견지했던 태도에서 비롯된 것이다. 나혜석은 낯선 세계의 바깥에서 들여다보는 무관심한 관찰자적 태도를 보이지 않았다. 객관적인 전지적 위치에서 사물을 파악하는 대신, 자신이 직접 체험하고 살아본 경험을 토대로 소소한 생활 습속에 관심을 기울였다. 극장, 활동사진관, 사원, 공원, 미술관, 박물관, 댄스홀, 카페, 공동묘지, 백화

수원의 팔달문 성문 밖 거리(1930년대 마키바 다카시 촬영, 서울대박물관)와 모던한 파리 카페 풍경(오른쪽). 위쪽 사진은 나혜석의 고향인 수원의 거리 풍경으로, 흰옷에 갓 쓴 조선인 남성과 인력거, 인단仁丹 상점, 전깃줄이 함께 얽혀 있는 것이 구미 여행을 마치고 돌아온 나혜석이 목격한 조선의 모습이다. 이러한 조선은 그녀가 경험했던 파리의 모습과 교차 비교되곤 했다.

BAL du MOULIN de la GALETTE
MONICO
SOUPERS
Nouvelle Athènes

부산과 시모노세키 사이를 운항하던 관부연락선 덕수환德壽丸이다. 채색사진엽서, 부산박물관. 나혜석은 일본을 들러 귀국할 때 이런 관부연락선을 타고 들어왔다.

점, 대학, 교회처럼 자신이 접하는 대상을 심미적인 태도로 관찰했고, 다른 세계에 속한 가정에 함께 살기를 자청해 그 가족의 일상생활에 깊숙이 들어가 관찰하고 또 적극적으로 마음과 감정을 나눴다. 이처럼 체험하고 소통하는 태도를 지닌 주변적 성찰자의 시선은 보통의 남성 여행자들이나 해외여행을 한 여느 신여성과는 달리 나혜석만이 가진 고유한 성정이었다.

가자! 파리로

나혜석에게 파리는 자신을 여성으로서, 예술가로서, 여성해방 사상가로서 다시 태어나게 만든 곳이었다. 동시에 자신의 공적·사적 삶의 파국이 시작된 곳이기도 했다. 귀국 후 나혜석을 기다린 것은 아주 잠깐의 영예로움, 그리고 지루하고도 기나긴 영욕의 세월이었다. 그리하여 그녀는 다시 파리를 떠올렸다. 귀국 후 수년간 신산辛酸했던 삶을 추스르려 할 때, 그리하여 "신생활에 들"고자 할 때, 그녀는 파리를 떠올렸다. 나혜석은 과거와 현재를 '공空'으로 만들고 미래로 나아가고자 했다. 하지만 끝내 그녀는 미래의 파리로 가지 못했다.

> 가자 巴里로 살너 가지 말고 죽으러 가자. 나를 죽인 곳은 巴里다. 나를 정말 女性으로 만드러준 곳도 巴里다. 나는 巴里 가 죽으랸다.
> 차질 것도 맛날 것도 엇을 것도 업다. 도라올 것도 업다. 永久히 가자. 過去와 現在가 空인 나는 未來로 나가자.(「新生活에 들면서」『삼천리』 1935년 2월호)

나혜석의 여행 일정표

날짜	출발지	도착	체류 기간 및 교통수단
1927. 6. 19~20	부산진	경성	3일
6. 22~23	경성	곽산	5일
6. 23~27	곽산	남시	
6. 28~30	봉천	장춘	3일
6. 30~7. 1	장춘	하얼빈	6일
7. 6~7	하얼빈	만주리	만철滿鐵
7. 7~13	만주리-칼부이스카-치타-우엘네우진스크-크라스노야스크-노보시비르스크-옴스크-스베르들로프스크	모스크바	와고니 회사 만국침대차, 모스크바에 3일 체류
7. 16~17	모스크바	바르샤바	유럽 열차
7. 18~19	베를린	파리	9일 체류
7. 27	파리	제네바	
8. 12	베른	파리	
8. 24	파리	브뤼셀	
8. 27	브뤼셀	파리	석 달간 파리 체류
12. 20~21	파리	베를린	
1928. 1. 4~5	베를린	파리	
1928 ?~1928. 7. 1	파리 – 이태리, 그리스, 터키	파리	
7. 1	파리	뉴헤븐	
7. 2~8. 15	런던-앤트워프-암스테르담-헤이그	파리	한 달간 런던 체류
8. 25~	파리-마드리드-톨레도-마드리드	파리	
9. 17	파리	체브	
9. 17~23	체브	뉴욕	마제스틱 호
1929. 1. 1	뉴욕	나이애가라	자동차
1929. 1. 21~26	나이애가라	시카고	
1. 26~28	시카고	그랜드 캐년	
1. 28~29	그랜드 캐년	로스앤젤레스	철도
2. 1	로스앤젤레스	요세미티	승합자동차

2. 9	요세미티	샌프란시스코	
2. 14~20	샌프란시스코	호놀룰루	태양환
2. 22~3. 4	호놀룰루	요코하마	
3. 4~5	요코하마	동경	도카이도東海道 선
3. 10~12	동경	부산	

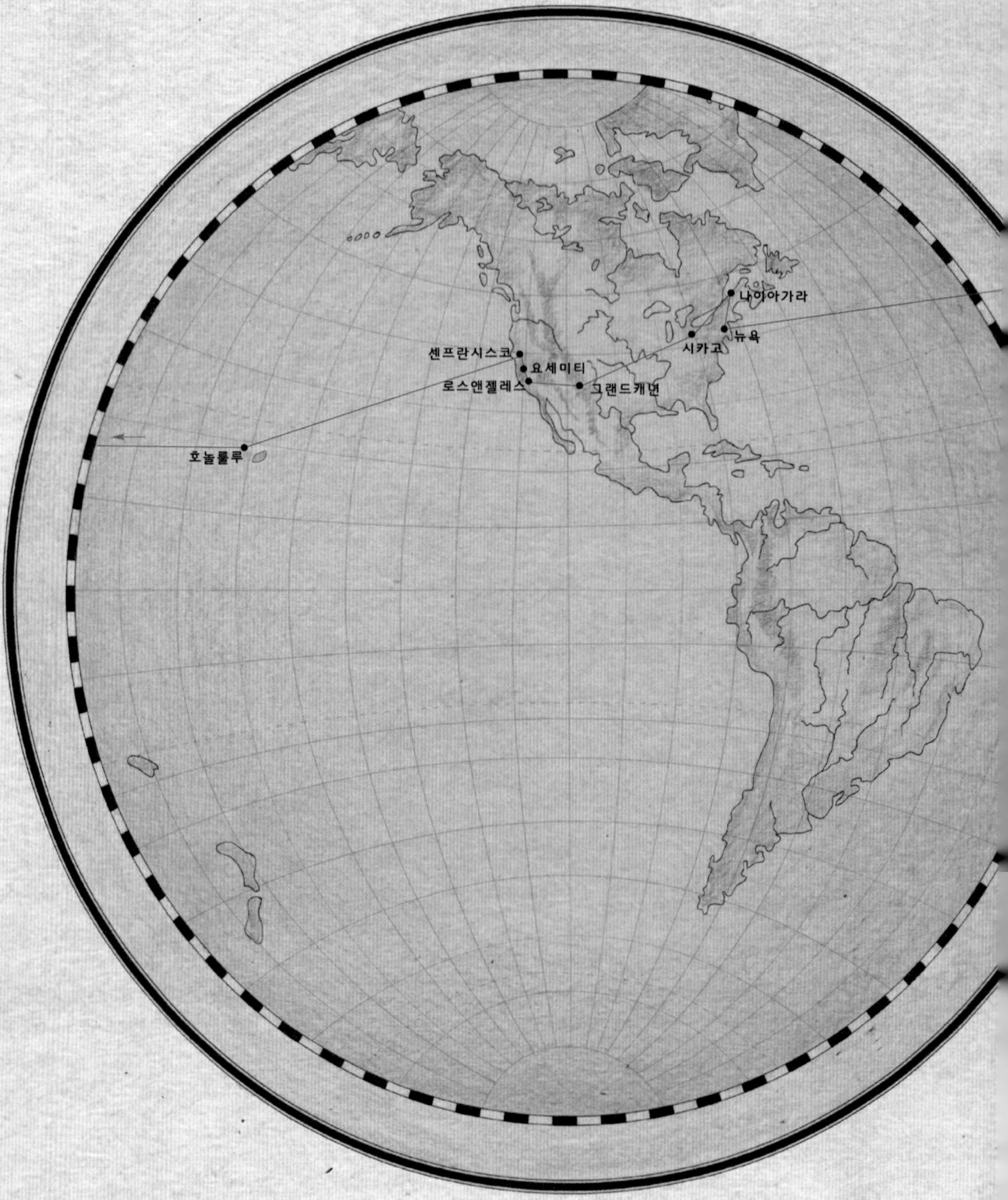

나이아가라
시카고
뉴욕
센프란시스코
요세미티
로스앤젤레스
그랜드캐년
호놀룰루

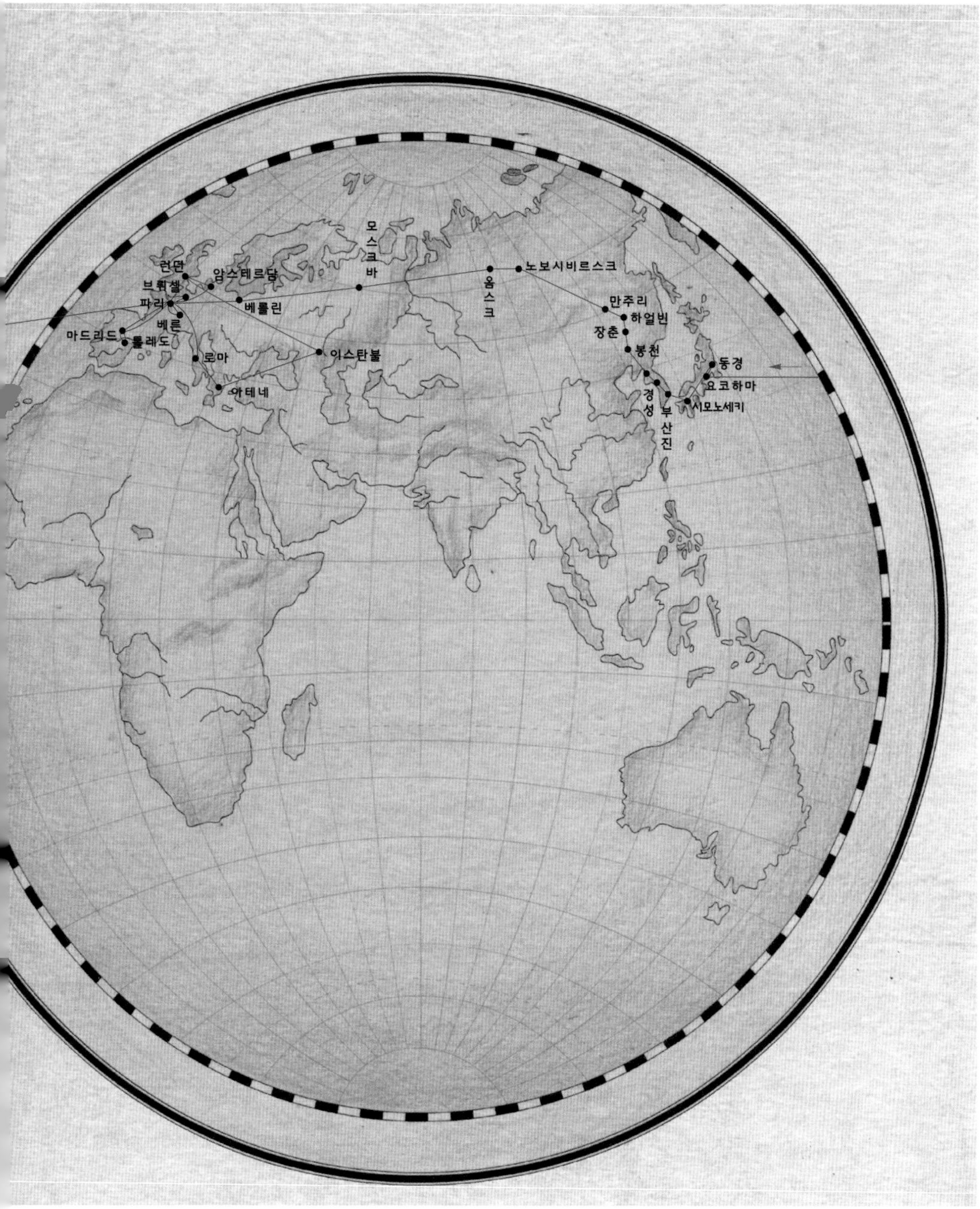

모스크바
런던
암스테르담
브뤼셀
파리
베를린
베른
마드리드
톨레도
로마
이스탄불
아테네
노보시비르스크
옴스크
만주리
하얼빈
장춘
봉천
경성
부산진
동경
요코하마
시모노세키

나혜석의 여행 경로.

11장

보편 세계를 꿈꾼 지식인이 본 세계의 대격변

연희전문 교수 이순탁의 세계일주

조형근

이순탁, 세계일주에 나서다

1933년 4월 24일, 서른일곱이 된 연희전문학교 상과 교수 이순탁李順鐸은 집을 나서서 경성역으로 향했다. 역에는 장도를 환송하는 지인들이 나와 있었다. 일일이 작별 인사를 나누고 기차에 올라탔다. 부산행 기차는 오후 1시에 출발할 터였다. 아마도 당시의 특급열차 히카리光였을 게다. 여유 있게 부산에 도착한 그는 밤 10시 부관 연락선 창경환昌慶丸에 몸을 싣고 있었다. 1905년부터 부산과 시모노세키를 연결해온 부관 연락선들은 덕수환, 경복환, 창경환 같은 조선의 궁궐 이름을 달고 있었다. 조선 왕조가 건재했다면 감히 꿈도 꾸지 못할 일이었다.

일본 유학을 마치고 귀국한 해가 1922년이니 11년 만의 일본행이었다. 그러나 이번 그의 목적지는 일본이 아니라 세계였다. 그는 '해륙 붕정 3만 리 약 17개국'을 주유하는 세계일주에 막 나서던 참이다. 조선 사람으로서 처음 세계를 일주했던 이가 1883년 보빙사로 미국을 방문했던 민영익 일행이었으니, 그로부터 꼭 50년 만의 일이었다. 그 사이 유길준, 러시아 니콜라이 2세 황제 대관식에 참석한 민영환 일행, 언론인 노정일, 항일 변호사 허헌, 언론인 이정섭, 서양화가 나혜석 부부, 언론사주 김성수 등이 제각각의 여정으로 세계를 일주한 바 있다. 그럼에도 불구하고 세계일주는 여전히 특별하고 예외적인 경험이었다. 그의 세계일주는 『동아일보』 『조선일보』 등 주요 언론이 크게 보도할 만큼 사회적인 이슈였다.

처음 일본 유학길에 올랐던 것이 1914년, 열여덟 살 때의 일이었다. 식민지의 가난한 농가 출신 고학생이 일본을 접하고 충격에 빠졌던 일이 엊그제 같은데, 이제 조국을 대표하는 중견 지식인이 된 자신이 세계를 직접 눈으로 목격하러 나서게 된 것이다. 그런데 바로 이 무렵 이순탁의 삶이 겪어온 변화의 진폭만큼이나 세계도 충격적인 격변을 겪고 있었다. 1929년 말 이래 세계경제를 혼돈에 빠뜨려왔던 세계대공황과 파시즘의 위협이 그것이다. 대공황의 영향은 깊고 넓어서 식민지 조선도 그 골 깊은 그림자 속에서 고통받고 있었고, 파시즘과 동맹한 일본의 군국주의화는 고국의 식민지적 우울을 더욱 짙게 만들었다.

시모노세키행 부관 연락선은 일본으로 도항하는 조선인 노동자들로 가득했다. 토지를 잃은 농민들은 살 길을 찾아 일본으로 향했고, 거기서 하층 노동자가 되었으니, 이 무렵 이미 40~50만을 헤아리고 있었다. 하지만 그들은 사회의 최저층이었고 이순탁은 최고 엘리트였다. 그들은 품팔이를 위해 떠나지만 이순탁은 세계일주를 위해 떠나는 여행이었다. 그러나 한 가지 점에서 이들에겐 공통점이 있었다. 바로 식민지 출신이라는 지울 수 없는 신분…. 이후부터 경험한 이순탁의 세계일주가 전문 지식인의 세계

세계여행을 떠나는 이순탁은 서울에서 부산행 기차를 타고 첫발을 내딛었다. 사진은 근대 경성역의 모습.

적 시야와, 어쩔 수 없는 식민지인의 열패감 사이에서 동요하고 부침하는 데는 이 부조화스런 존재의 분열이 자리잡고 있었다.

보편적 시선으로 자신의 삶터를 바라보다

무릇 여행은 바깥을 경험함으로써 안을 돌아보는 계기가 된다. 안과 밖을 나누는 경계가 가장 멀리 확장될 때 그 여행은 세계일주가 된다. 따라서 세계를 일주한다는 것은 보편적인 세계라는 시점을 확보하는 행위이며, 이 보편적 시점을 통해서 자신의 삶터를 새로이 보는 행위라 할 것이다.

무엇이 세계일주인지를 정의하는 뚜렷한 기준은 없지만, 어쨌거나 19세기 후반에서 20세기 초 세계일주는 세계를 휩쓴 시대적 붐이었다. 1873년에 출간된 쥘 베른의 소설 『80일간의 세계일주』는 그런 세계사적 풍조를 보여주는 징표였다. 세계일주 붐은 세계가 지구와 동일한 크기를 갖게 된 시대, 즉 제국주의의 팽창이 전 지구를 장악하게 된 시대의 산물이었다. 서구인들 사이에서 세계일주단 참가는 일종의 첨단 유행이 되었다. 서구의 세계일주단은 저 멀리 '극동'의 고요한 아침의 나라까지 발길을 들여놓고 있었다. 1909년 4월 28일자 『황성신문』의 "일주단래경一週團來京" 제하의 기사는, 영국의 여행사 토머스 쿡이 주관하는 세계일주단 10명이 4월 27일 아침에 부산에 입항해 기차로 그날 밤 경성에 도착했음을 알리고 있다.

극히 일부였지만 조선 사람들의 세계일주 또한 이런 시대적 흐

이순탁이 세계일주를 했던 1930년 전후 무렵 세계는 정치와 군사, 경제 모든 면에서 우울의 그림자가 짙게 드리우고 있었다. 특히나 조선 사람들에게 일본 제국주의는 그 그늘을 더 어둡게 만들었다. 사진은 일본의 제국주의를 앞장서서 추진했던 이토 히로부미의 모습.

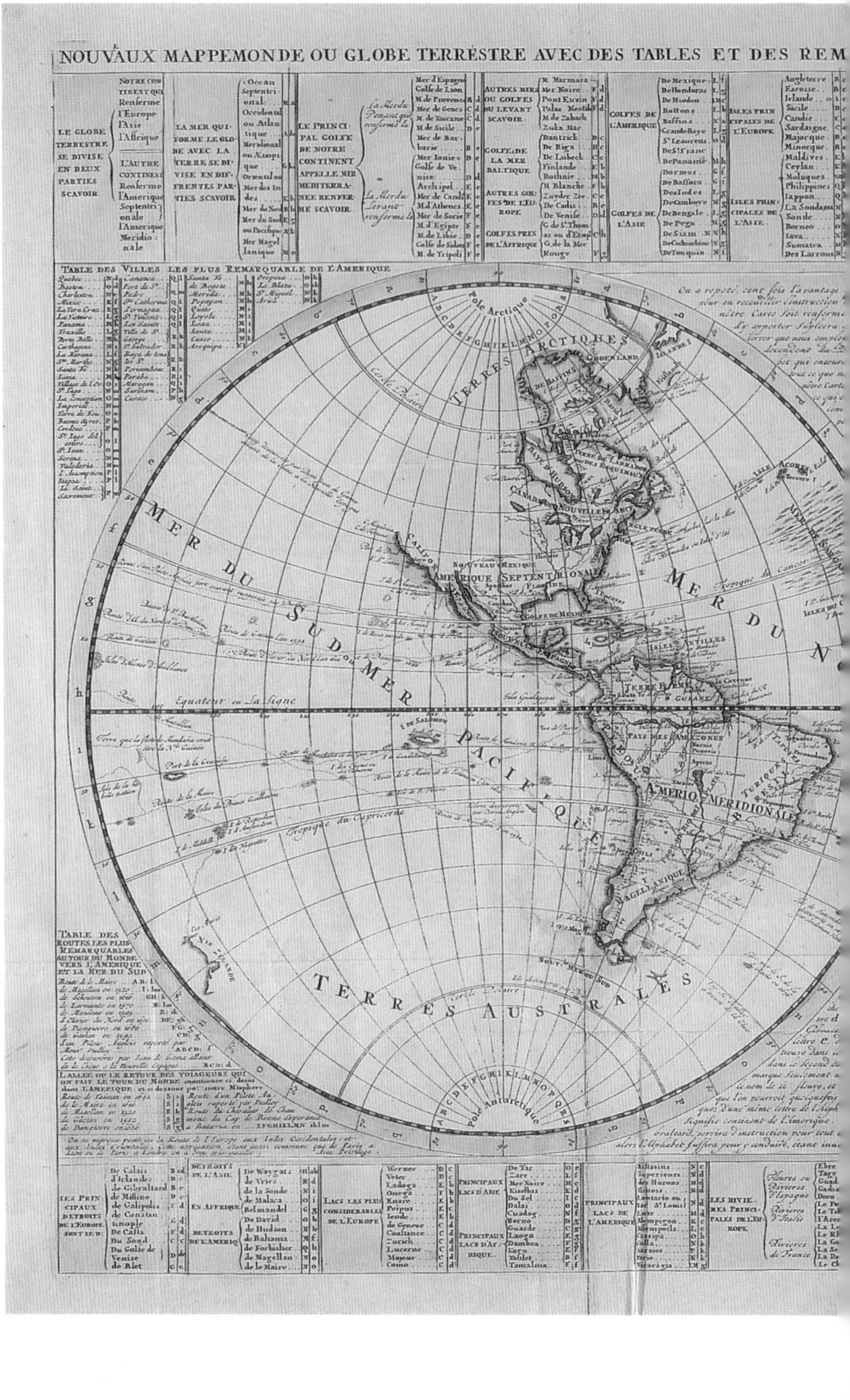
NOUVAUX MAPPEMONDE OU GLOBE TERRÉSTRE AVEC DES TABLES ET DES REM
TABLE DES VILLES LES PLUS REMARQUABLE DE L'AMERIQUE
Pole Arctique
TERRES ARCTIQUES
MER DU SUD
MER DU N
MER PACIFIQUE
Equateur ou La Ligne
Tropique du Capricorne
Tropique du Cancer
AMERIQUE SEPTENTRIONALE
AMERIQ. MERIDIONALE
NOUVELLE FRANCE
NOUVEAU MEXIQUE
GOLFE DE MEXIQUE
ISLES ANTILLES
TERRE FERME
PAYS DES AMAZONES
BRESIL
MAGELLANIQUE
TERRES AUSTRALES
Pole Antarctique
TABLE DES ROUTES LES PLUS REMARQUABLES AU TOUR DU MONDE VERS L'AMERIQUE ET LA MER DU SUD
LES PRINCIPAUX DETROITS DE L'EUROPE SONT IL DE
LACS LES PLUS CONSIDERABLES DE L'EUROPE
PRINCIPAUX LACS D'ASIE
PRINCIPAUX LACS D'AFRIQUE
PRINCIPAUX LACS DE L'AMERIQUE
LES RIVIERES PRINCIPALES DE L'EUROPE

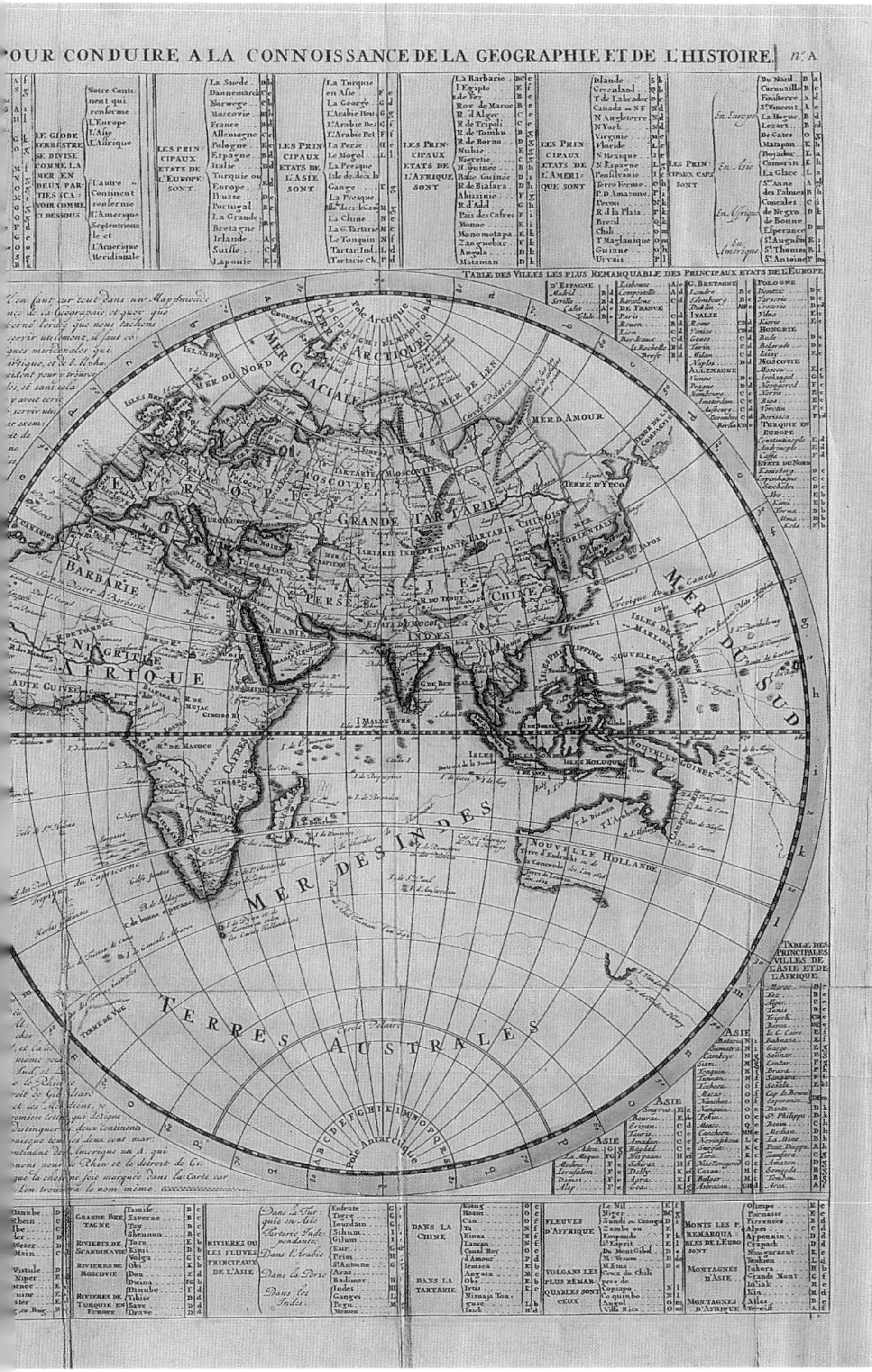

「신지구양반구도」, 작자미상, 세기, ×., 서정철 기증, 서울역사박물관. 세기로 접어들면서 세계일주 여행은 세계를 휩쓸며 붐을 일으켰는데, 이것은 기존의 천문학자와 지리학자의 세계지도 제작에 힘입은 결과이기도 했다.

름 속에 있었다. 이 극소수의 경험을 통해서나마 세계와 우리가 교차하게 되면서 조선 사람들의 세계에 대한 감각은 극적으로 전변했다. 세계일주 여행자가 전하는 말과 글들은 일본에서 전해오는 외신이나 서적이 아니라 우리 눈으로 직접 보고 느낀 세계에 대한 원초적 체험으로 사회에 널리 받아들여졌다. 세계일주 여행기는 제국주의 국가와 식민지로 분할된 세계의 현상, 그리고 그 현상 이면에 가로놓인 각국의 사회와 문화의 이면을 알려주었다.

이순탁의 「최근 세계일주기」는 이런 맥락에서 가장 도드라지는 여행기 중 하나다. 그는 여행기에서 개인적인 감상은 절제하면서 당대의 세계정세와 각국의 상황이라는 양대 축을 세밀히 소묘해 나간다. 그리고 이 두 축 사이에 식민지 조선이라는 조국이 처한 현실을 대입해나간다. 이처럼 이순탁의 세계일주 여행기는 지식인 여행기의 한 전범이라고 할 만하다.

좌파적 지향과 우파적 행동으로 문제적 인물이 되다

효정曉亭 이순탁은 1897년 11월 7일 전남 해남에서 몰락한 양반 집안의 다섯째 아들로 태어났다. 일곱 살 되던 1904년, 아버지가 세상을 떠나자 가세는 더욱 기울어 소작농가로 전락하고 말았다. 그는 보통학교를 졸업하고 공립목포간이상업학교에 진학했지만 학비 문제로 한 학기 만에 중퇴하고 고향의 면서기와 군청 고원 노릇으로 생계를 이어갔다. 그러던 중 1914년에 일본 도쿄로 유학을 떠나 도쿄세이조成城중학, 고베고등상업학교 예과, 교토제국대학 경제학부 선과選科를 거쳐 본과에 편입한 후 1922년에 졸업했다.

그가 편입과 중퇴를 반복하며 여러 학교를 거친 것에는 학비 마련이 어려워 최대한 유학 기간을 단축해야 했던 사정이 있었다. 그나마도 학업이 가능했던 데는 도쿄 유학 시절 만난 수당 김연수의 도움이 컸다. 호남 대지주 집안의 자식으로서 이후 민족 자본가로 성장하는 수당과의 만남은 그의 행보에 큰 영향을 미쳤다.

유학 시절 이순탁의 사고에 가장 큰 영향을 미친 인물은 교토제국대학 경제학부의 스승 가와카미 하지메河上肇 교수였다. 가와카미는 일본 최고의 마르크스주의 경제학자로 명성을 떨치고 있었다. 이순탁이 일제강점기 내내 조선에서 좌파 경제학자로 자리잡게 된 데는 가와카미의 영향이 절대적이었다.

1922년 교토제국대학을 졸업하고 귀국한 이순탁은 경성방직과 조선상업은행을 거쳐 1923년 4월 연희전문학교 상과 교수가 되었고, 그해 10월에는 학과장에 취임하면서 학교 교무위원이 되었다. 젊은 나이임에도 일약 조선 경제학계의 총아로 떠오른 것이다. 이후 도쿄상과대학 출신 백남운과 미국 콜롬비아대학 출신 조병옥, 연희전문학교 상과의 제자이자 교토제국대학 후배 노동규 등을 교수로 영입했는데, 특히 백남운·노동규 등과 함께 연희전문 상과의 학풍을 좌파 색채로 만드는 데 중요한 역할을 했다.

이순탁이 문제적 인물인 것은 학계에서의 좌파적 지향과는 달리 사회활동에서는 오히려 민족주의 우파로 행동했다는 점이다. 그는 민우회, 조선물산장려회, 조선사정연구회, 신간회 등 민족자본주의 노선과 민족협동론 노선의 단체에서 활동했다. 총독부의 억압이 강화된 1930년대에는 조선어사전편찬위원회, 조선음

악학회 등 주로 문화활동에 주력했다. 1938년 4월에는 이른바 '연희전문 경제연구회 사건'의 주모자로 몰려 같은 학과의 백남운·노동규 등 동료 교수 및 학생들과 함께 구속됐으며, 치안유지법과 형법 위반이라는 죄목으로 1940년 7월까지 옥고를 치렀다. 출옥 후 교수 복직이 불가능하지만 학교 측의 배려 덕분에 세브란스병원 경리과장으로 재직하다가 해방을 맞았다.

좌파적 사상과 우파적 실천이라는 그의 독특한 행로는 해방 이후 중간파적 입장에서 좌우합작을 주도하는 데까지 이어졌다. 우파인 한민당 재정분과위원장까지 역임했지만, 한민당의 좌우합작 거부에 반발해 탈당한 후에는 중간파 정치단체인 민중동맹에 참여했고, 미군정 하의 남조선과도입법의원 관선의원이 되어 토지개혁 문제에 주력했다. 정부 출범과 함께 이승만 정부의 초대 기획처장으로 발탁돼서는 농지개혁과 대일배상 요구 작업에 전력했다. 실제로 1949년에 단행된 이승만 정부의 농지개혁은, 농지에 대한 자유매매 금지 등의 혁신적인 구상은 사라졌지만 이순탁의 구상에 기초하고 있다.

이순탁은 좌파 사상가였지만 중도 온건파의 노선을 걸었다. 대기업은 국영으로 하여 계획경제의 기반을 갖추되 중소기업은 자유를 보장하여 적극 육성하고자 했고, 지주제를 폐지하고 자영농이 중심이 되는 견실한 농업의 발전을 추구했다. 오늘날의 관점에서 보았을 때 그의 노선은 후발 국가의 현실에 기반한 사회민주주의 노선에 가깝다고 할 수 있다.

그러나 좌우가 극단적으로 대립하던 해방 후 공간에서 그가 운신할 수 있는 폭은 점차 좁아졌다. 1949년 7월 정부를 떠난 그는

좌파적 사상가이지만 우파적 실천가였던 이순탁은 이승만 정권이 들어서고 좌우가 극한으로 치닫는 가운데 온건파 노선을 걸으면서 좌우합작을 주도했다. 사진은 좌익의 찬탁운동(위)과 1947년 좌우 대립이 격화된 가운데 좌우익 시위대가 갈라져 광복 2주년 기념행진을 여는 모습.

조선금융조합연합회 회장 등을 지내다가 1950년 5월 제2대 총선에 출마했지만 낙선한다. 그리고 한국전쟁 발발 직후인 1950년 6월 28일에 북으로 사라졌다. 이순탁은 납북된 것일까, 월북한 것일까? 알 수 없는 노릇이다. 하지만 일제강점기에는 좌파 사상가이면서도 우파 민족주의자의 길을 걸었고, 해방 후에는 좌우 합작파이면서도 이승만 정부에 참여했던 이력을 고려하면 자진 월북이었을 가능성은 낮다.

이순탁이 남한 땅에서 사라진 지 50여 년이 지난 2004년 3월, 남한의 방북 취재단은 역사상 처음으로 평양 소재 재북인사릉을 취재하는 과정에서 이순탁이 그곳에 묻혀 있음을 알게 되었다. 북측이 알려준 그의 서거일은 1950년 10월 20일. 북으로 간 지 얼마 지나지 않아 생을 다했던 것이다. 노인이 된 그의 장남은 제삿날이라도 알게 되었다며 눈시울을 붉혔다고 전한다.

아시아, 유럽을 거쳐 아프리카까지…

1933년은 이순탁이 연희전문 상과 교수로 부임한 지 만 10년이 되던 해였다. 오랫동안 맡아온 학과장직을 사임하게 된 데는 학과 내 교수 및 학생들 사이의 이념 갈등이 불거졌기 때문이라고 전한다. 연희전문 상과는 유심론의 문과에 맞서는 유물론의 상과로 불렸지만, 조병옥 같은 우파 경제학자도 있었고, 기독교 학풍상 학생들 중에도 우파가 적지 않았을 것이다. 어쨌든 학교 측은 오랫동안 학과와 학교의 보직 교수로 공헌한 점을 고려해 1년의 안식년과 세계일주 경비의 일부 지원을 제안했으니, 참으로 고마운 일이었다.

이순탁의 세계일주 여정을 방문한 도시 순서대로 보자면 다음과 같다.

서울 → 교토 → 도쿄 → 상하이 → 홍콩 → 싱가포르 → 페낭 → 콜롬보 → 아덴 → 카이로 → 나폴리 → 폼페이 → 로마 → 밀라노 → 베른 → 제네바 → 파리 → 브뤼셀 → 헤이그 → 베를린 → 런던 → 케임브리지 → 옥스퍼드 → 리버풀 → 맨체스터 → 더블린 → 뉴욕 → 워싱턴 → 시카고 → 로스앤젤레스 → 샌프란시스코 → 하와이 → 요코하마 → 서울

대륙별로 분류하면 아시아 9개 도시, 아프리카 1개 도시, 유럽 16개 도시, 북미(미국) 6개 도시이니 세계일주라고는 해도 사실상 아시아, 유럽, 미국만 여행한 셈이다. 일본을 제외하면 아시아의 도시들은 사실상 모두 서구 열강의 식민지였다. 식민지가 아닌 도시는 상하이와 카이로 정도뿐인데, 따지고 보면 상하이도 상당 지역이 열강의 조차지였고, 이집트 역시 1921년에 형식적인 독립은 이루었지만 실상 영국의 영향력 아래 놓여 있었다. 더블린을 수도로 하는 아일랜드 또한 1921년의 독립선언 이후 여전히 영연방 내 자치지역으로 온전한 주권 획득에는 이르지 못한 상태였다.

군국주의의 그림자 짙게 드리운 일본의 양면성

1933년 4월 26일, 이순탁이 첫 목적지 교토에 도착해서 처음 만

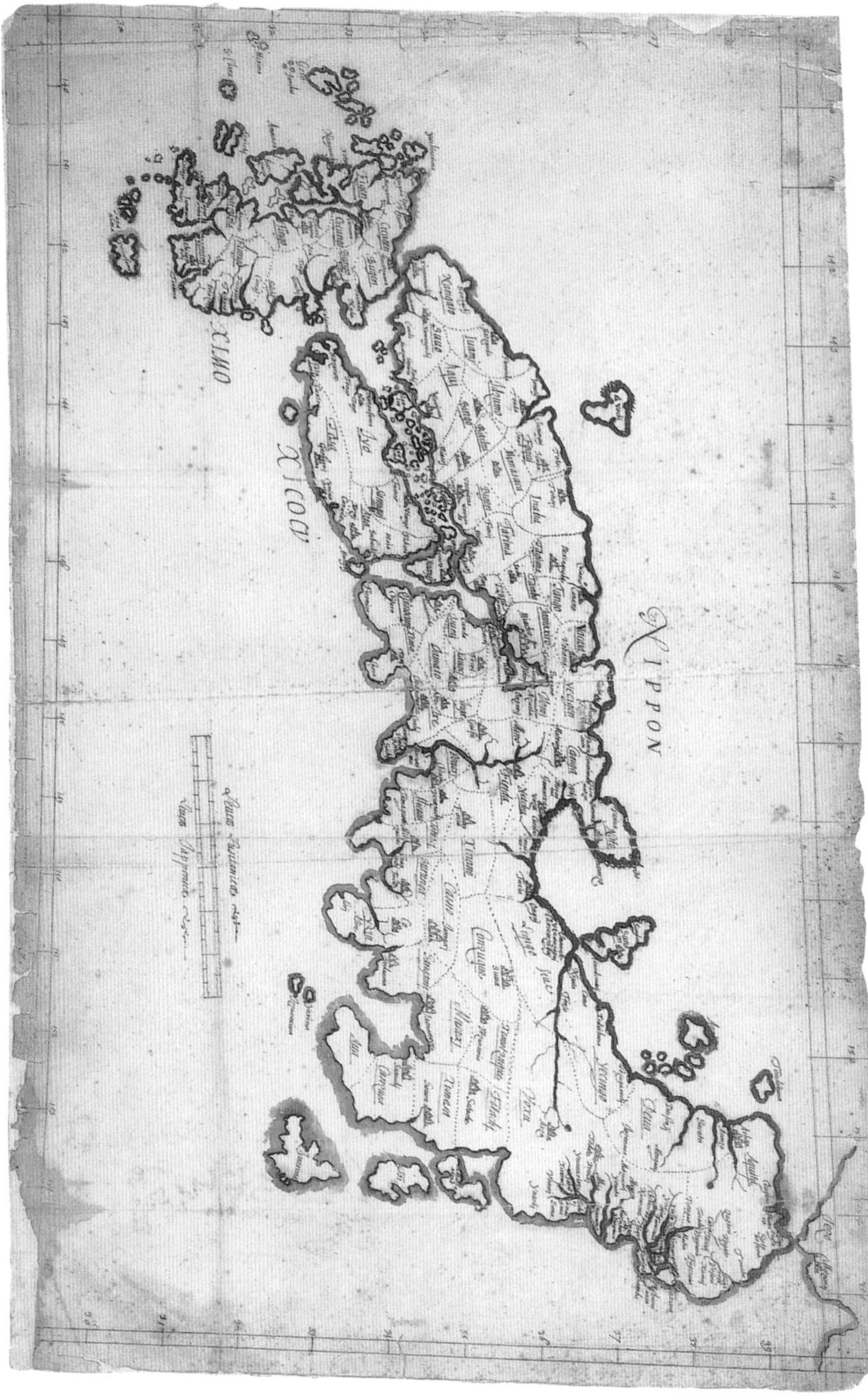

이순탁의 첫 목적지는 일본의 교토와 도쿄였다. 그곳 도시는 현기증을 느끼게 할 만큼 대단한 규모였지만, 그 이면의 빈민굴은 참혹하기 그지없었다. 그림은 17세기에 그려진 일본의 지도.

난 지인은 교토제국대학 시절의 동료로서 모교의 교수로 재직하던 다니구치谷口였다. 반가움을 감추지 못한 벗과의 만남, 어쩐지 연구실도 낯익은 느낌이었다. 다니구치는 그 방이 옛 스승 가와카미 교수의 방이라고 상기시켜주었다. 가와카미 교수는 시국 사건으로 형무소에 수감되어 있었다. 면회를 가겠다는 이순탁을 다니구치가 막아섰다. "시대가 시대인 만큼 자네에게도 교수님에게도 이롭지 못할 테니."

다시 돌아온 일본은 바야흐로 군국주의 바람에 휩쓸려 있었다. 1931년 만주사변을 계기로 중국 침략을 본격화한 일본은 이후 국제연맹을 탈퇴하고 독일·이탈리아와 삼국방공협정을 맺는 한편, 국내적으로는 정당정치의 종말을 맞고 있었다. 스승 가와카미 교수는 공산당 활동에 연루되어 1928년 체포·수감되어 있던 터였다. 좌파 계열은 물론이고 자유주의적 지식인들에게도 탄압의 손길이 미치고 있었다.

파쇼화가 한창인 일본 제국의 수도 '대동경大東京'에서 식민지 출신의 이순탁은 "촌놈 노릇밖에" 못 하고 있었다. 즐비하게 늘어선 마루노우치의 빌딩가에서, 미쓰코시, 마쓰야 같은 거대한 백화점에서 그는 현기증을 느꼈다. 그러나 거대한 대도시의 이면에는 일모리日暮里와 같은 빈민굴이 공존하고 있었다. 음식, 의복, 주거, 인물의 불결한 모습이란 눈으로 볼 수 없을 만큼 참으로 참혹한 것이었다.

전쟁의 폐허지와 식민지로 전락한 나라에서

요코하마를 떠난 이순탁이 처음으로 도착한 곳은 중국의 상하이였다. 상하이는 1840년 아편전쟁의 결과 서구 열강에 문을 열어 개항장이 되었고, 공동 조계와 프랑스 조계 등에 잠식당한 반식민지 처지의 국제도시였다. 그가 상하이를 찾기 1년 전인 1932년 1월, 중일관계가 급속도로 악화되면서 급기야 제1차 상하이 사변이 터졌다. 무력 충돌의 결과 중국군은 큰 피해를 입었고, 상하이 곳곳에는 전쟁의 상흔이 배어 있었다. 중국 문화의 보고인 출판사 상무인서관商務印書館은 흔적도 없이 사라졌고, 『사고전서四庫全書』를 포함하여 30여만 권의 장서를 자랑하던 부속 동방도서관은 잿더미가 되어 있었다. "실로 전쟁이란 문화를 파괴하는 마물魔物"이라는 생각에 이순탁은 몸을 떨었다.

상하이를 둘러보며 이순탁은 일찍이 접했던 일본 소설 『일본의 전율』 속 한 구절을 떠올렸다. "지나인은 아무리 보아도 사람이 아니니, 그들은 인간의 형상을 한 동물이다." 그런데 요코하마에서 상하이로 향하던 배 안에서 만난 어떤 독일인이 그와 똑같은 말을 이순탁에게 건넸다. "중국은 아무것도 아니다. 민족주의도 없고, 영혼도 없으며, 사상도 없고 자비심도 없으며 동정심도 없다." 이토록 잔인한 혹평에 이순탁 역시 동조할 수밖에 없었다. 일화日貨 배척운동을 벌인다 하여 중국 백화점에선 일본 상품이 자취를 감추었지만, 여전히 일본의 대중국 무역이 세계 2위를 차지하는 이유는 일본 상품들이 상표만 가리고 팔리고 있기 때문이었다. 장강長江 이재민 구제금과 의용군 의연금이 중간에서 다 사라지는 나

이순탁이 방문했을 그 시기 상하이의 풍경이다. 부두 뒤편으로 호텔과 은행, 세관 등이 자리잡고 있다.

라였다. 인민의 생명과 재산을 보호한다는 사법기관조차 뇌물로 판단을 한다는 부패로 가득한 나라였던 것이다.

중국의 미래를 걱정하며 상하이를 떠난 이순탁의 여정은 이후 홍콩, 싱가포르, 페낭, 콜롬보, 아덴, 카이로 등 아시아, 아프리카의 여러 도시로 이어졌다. 이 도시들의 공통점은 모두 서구 열강, 그것도 영국의 식민지라는 것이었다. 19세기 초에 일제히 독립한 남미의 여러 나라를 제외하면 세계 대부분이 열강의 식민지로 전락한 시대였다. 같은 식민지인으로서 이순탁의 여행이 그저 즐거운 견문이 될 수 없음은 당연했다. 싱가포르와 페낭에서는 천혜의

자원을 제대로 이용하지 못하고 식민지가 되어 있는 이들의 현실을 개탄했고, 콜롬보에서는 인도 국민운동의 성공을 축하하면서 인도인들이 영국의 이간 정책에서 벗어나길 기원했다. 아덴을 거쳐 마침내 아프리카 대륙을 목도하게 되었을 때는 세계 문명에 공헌하고 인류에 무한한 보화를 제공해온 아프리카가 백인들의 요리장이 되었음을 통탄하며 분기할 것을 마음속에서 촉구했다. 이집트에서 만난 일단의 청년들이 이구동성으로 완전 독립을 이뤄내겠다며 굳은 결의를 보여주었을 때, 이순탁의 마음은 아마도 더욱 비참한 조국의 현실로 달려가고 있었을 것이다.

제국주의와 공산주의와 식민지배 반대가 공존하는 유럽

아시아, 아프리카에서와는 달리 유럽에서는 감탄의 연속이었다. 처음 도착한 이탈리아에서는 고대 로마와 르네상스의 장려한 유적들 앞에서 경탄했고, 스위스 베른과 제네바에서는 경이로운 자연과 잘 정비된 관개시설, 넓고 깨끗한 도로와 설비, 완전한 박물관과 미술관들에 탄복했다. 프랑스 파리에서는 아름답기 그지없는 건물들과 깨끗한 시가지, 화려한 장식과 아름다운 꽃, 카페들로 가득 찬 풍경 앞에서 과연 세계 제일가는 도시라며 감탄을 금치 못했다. 모든 것이 화려했는데 특히 여성들이 그러했고, 온 도시가 찬란한 예술로 가득했으니 그의 눈에는 파리가 이탈리아 도시들을 능가했다. 독일의 베를린을 보고는 파리를 모방했다는 느낌을 받았지만, 그들의 소박함과 건실함은 인상적으로 다가왔다.

이순탁이 머물던 국가의 상당수는 제국주의 시대에 열강의 식민지로 전락한 나라들이었다. 카이로와 같은 아프리카의 도시 또한 그의 여정에 포함되어 있었다. 「대서양」의 아프리카와 인디아 부분, 파리 프랑스 국립도서관.

이순탁이 가장 오래 머문 도시는 런던이었다. 비록 저물어가는 제국이기는 했지만, 여전히 세계 최강대국의 하나인 영국이었다. 그러나 런던을 비롯한 대도시는 넘쳐나는 걸인과 실업자들로 몸살을 앓고 있었다. 매연은 숨이 막힐 지경이었다. 그렇더라도 영국에서 받은 가장 큰 인상은 자유가 넘친다는 사실이었다. 런던의 하이드 파크에서는 공산주의 선전에서부터 인도 독립, 제국주의에 대한 반대, 각종 종교 선전에 이르기까지 사상의 자유가 넘쳐흐르고 있었다. 세계가 두려워하는 공산주의와 자기네가 지배하는 식민지의 독립이 자유롭게 선전되고 있다는 사실은 충격적인 감동이었다. 그럼에도 불구하고 영국이 사상적 위기에 처해 있다고 주장하는 사람은 아무도 없다는 사실 앞에서, 사상이야말로 자유로이 토론될 때 오히려 위험이 없다는 교훈을 되새길 수 있었다.

이런저런 유럽의 소국들에 대한 이순탁의 인상기 또한 서구인들의 문명과 민주주의, 애국심을 포함한 긍정적인 미덕에 대한 경의로 가득 차 있다. 1830년대부터 영세 중립국이 된 벨기에에서는 제1차 세계대전 때 독일군의 침략에 맞서 싸운 벨기에 사람들의 용감함에 두 눈에 눈물을 머금었다. 네덜란드에서는 참으로 잘 정비된 운하와 경지들, 자동차 대신 자전거를 이용하는 네덜란드인들의 검소함에 놀라기도 했다. 유일한 예외는 아일랜드였다. 아일랜드는 영국의 식민 지배를 받다가 오랜 무력 독립운동 끝에 1921년에 마침내 자치를 획득한 상태였다. 그러나 자치에 만족하는 세력과 완전 독립을 지향하는 세력 사이의 갈등은 여전히 지속되고 있었다.

세계일주를 하면서 이순탁이 가장 오래 머물렀던 곳은 영국의 런던이었다. [illegible] 가장 인상적인 [illegible]도 런던이었는데 [illegible] 민지배와 식민에 대한 반대운동이 [illegible] 오묘하게 결합되어 있는 곳이 바로 이 도시였기 때문이다.

이순탁은 네덜란드의 잘 정비된 대운하를 보고 깊은 인상을 받았다. 「네덜란드의 대운하」, 우타가와 도요하루, 종이에 목판 채색인쇄, 48×33.3cm, 1764~1789년경, 일본 고베시립박물관.

미국이라는 신로마제국

1933년 9월 2일 오후 1시 30분 리버풀 항. 이순탁이 몸을 실은 2만 톤급 대형 기선 시디아 호가 뱃고동을 울렸다. 드디어 유라시아 대륙을 벗어나 '새로운 대륙' 아메리카로 떠나게 된 것이다. 9월 12일 정오, 시디아 호는 세계 자본주의의 떠오르는 수도 뉴욕에 입항했다.

미국은 과연 근대 물질문명의 최정상에 오른 국가다웠다. 이순탁은 미국에서의 놀라움에 대해 이렇게 쓰고 있다. "무엇에 놀라는가. 첫째는 마천각(마천루)에, 둘째는 교통망에, 셋째는 인파에, 넷째는 화려함에, 다섯째는 광고에 놀란다." 고국에서는 4~5층

1930년대 뉴욕 맨해튼의 스카이라인. 왼쪽이 엠파이어스테이트, 오른쪽 끝이 크라이슬러 빌딩.

짜리 건물들이 최고 높이를 자랑하던 시절에 맨해튼에는 102층 엠파이어스테이트 빌딩을 비롯한 수십 층짜리 고층빌딩이 숲을 이루고 있었다. 파리의 자동차 물결에 놀랐지만, 미국에 와보니 파리가 초라할 지경이었다. 1933년 1월 통계로 미국은 전 세계 자동차 등록 대수의 72퍼센트를 차지하고 있었다. "저 인파, 저 사치, 저 광고, 저 상품. 여기 와본즉 파리의 호사도 옛말인 듯한 감"을 받았다. 요컨대 "금일 미국의 문명은 세계의 문명이며, 금일의 미국은 세계이다." 경제력만이 아니라 학술과 문화, 유행에서마저 미국은 압도적인 세계 제일이 되어 있었다.

이순탁은 뉴욕에 이어 수도 워싱턴, 나이아가라 폭포, 시카고, 디트로이트를 거친 다음 대륙횡단철도를 타고 태평양 연안의 로스앤젤레스와 샌프란시스코를 방문했다. 가는 곳마다 놀라움의 연속이었다. 워싱턴은 파리를 본떴으되 거대한 백색 대리석으로 지은 관청과 적색 벽돌의 주택이 즐비하여 한층 인공미를 더했다. 모든 것이 거대했고 이채를 발했다. 나이아가라는 워낙 거대해 그 수력을 모두 발전에 이용한다면 미주 전체를 전력화할 수 있을 정도라 했다. 마침 한창 진행 중이던 시카고 세계 대박람회는 현대 문명의 모든 것을 집대성해놓았는데, 이미 다년간 관람객의 수가 조선의 전 인구수보다 많다는 말에 놀라움을 감출 수 없었다. 제너럴 모터스 전시관에서는 컨베이어 벨트에서 실제로 자동차가 생산되어 나오는 것을 목격하기도 했다. 쉐보레 제915만 3808호가 자신의 눈앞에서 완성되는 광경은 자못 충격적인 것이었다. 이순탁은 시간을 내 디트로이트 포드 자동차 공장을 견학했다. 자동화된 컨베이어 시스템에서는 매일 2000대의 자동차가 쏟아져 나오고 있었다. 물자의 홍수였고, 물질문명의 극한이었다. 이순탁은 넋을 잃을 지경이었다.

그러나 동시에 미국 문명은 재즈와 댄스로 상징되는 향락의 절정에 올라 있기도 했다. 많은 미국인들은 이대로 방임하면 미국의 사회구조는 파괴될 것이며, 이 향락이 미국이라는 신로마제국이 멸망으로 치닫는 원인이 되리라 경고하고 있었다. 세계에서 가장 높은 이혼율, 시험결혼의 성행, 여성들의 정조관념 희박화 등을 목격한 이순탁은 이것이 인간을 야만성과 동물성으로 이끌 것이라고 예측했다. 미국이라는 신로마제국은 과연 어디로 향할 것인가?

파시즘, 대공황 그리고 세계대전의 시대

이순탁이 세계일주를 하던 1933~1934년은 대공황과 파시즘이라는 세계사적 사태가 한창 진행되던 무렵이었다. 1929년 말 미국에서 촉발한 세계대공황은 이 시기까지 여전히 진행 중이었다. 이탈리아와 독일에는 파쇼 정권이 들어섰다. 바야흐로 파시즘은 국제적 조류로 자리잡고 있었다.

파시즘에 대한 이순탁의 반응은 이중적이었다. 우선 이순탁은 원조 파시스트 국가인 이탈리아에 대해서는 일면 긍정적이었다. 무솔리니 정권이 자본과 노동 모두에 대해 강력한 통제경제 정책을 수행한 후 이탈리아는 대외 신용이 회복되고 재정도 건실해졌다. 실업 정책 또한 매우 적극적이어서 실업자도 상당히 감소했다.

파시즘의 악마적 기운에 대한 이순탁의 염려는 독일의 나치당 정권을 목격하면서 더욱 분명해졌다.

이순탁이 세계일주를 할 당시 세계는 대공황으로 몸살을 앓고 있었다. 이순탁은 조선에 비할 수 없을 만큼 훌쩍 앞서나간 서구 선진국들의 모습을 보고 찬탄하기도 했지만 파시즘이나 대공황과 같이 어두운 이면을 목격하기도 했다.

높은 인구 밀도 문제를 해결하기 위해 적극적으로 이식민 정책도 취하고 있었다. 하지만 제2의 로마제국을 꿈꾸는 무솔리니 파시스트 정권의 행보가 "마기魔氣를 띤 변태적 상태"를 보일 것인지에 대한 염려의 한 자락을 지우지는 못했다.

파시즘의 악마적 기운에 대한 그의 염려는 나치당이 막 정권을 장악한 독일에서 한결 명확해졌다. 독일 나치 역시 '공익은 사익에 앞선다'는 전제 아래 통제경제를 실시하기는 마찬가지였다. 자본가와 노동자 모두의 사익 추구를 억압한다고 하지만 실제 탄압의 대상은 공산당과 사회민주당, 노동조합 등이었다. 자본가에 대한 탄압은 유대인에게만 집중되었다. 5월에는 대소 도시의 도서관에 쳐들어가 소위 비독일적 서적 수십만 권을 불태웠는데, 이순탁은 이를 현대판 분서로 보았다. 분서의 유래는 진의 시황제였으니, 그의 왕조가 2대를 넘기지 못했음을 기억한다면 히틀러 또한 오래가지 못하리라는 것이 이순탁의 예감이었다.

이순탁이 세계일주를 하면서 반드시 살펴보고자 한 것 중 하나가 대공황에 대처하는 세계열강의 자세였다. 독일과 이탈리아가 파시스트적 통제경제로 이에 대처하고 있었다면, 미국과 프랑스는 자유시장 체제를 유지하면서도 정부의 적극적인 경제 개입으로 대공황을 극복하고 있었다. 미국에선 루스벨트의 민주당이 집권한 후 산업부흥국을 중심으로 신종의 통제경제, 공업부흥 행정이 진행되고 있었다. 프랑스의 경우는 금융정책에 신중하여 신용경제가 큰 타격을 입지 않고 건실한 상태를 유지하고 있었다. 실업자도 적고 불경기의 흔적도 없으니 "금일의 불란서는 경제적으로 가장 안정된 나라"로 보였다. 반면 기존의 패권 국가 영국은 갈 길을 잃은 듯 보였다. 런던과 대도시의 거리는 걸인으로 가득 찼고, 실업자가 넘쳐났다.

그러나 대공황은 한 나라 차원에서 해결할 수 있는 문제가 아니었다. 이순탁이 세계일주를 떠나기 전부터 반드시 참석하려 했던 일정이 그해 6월 12일부터 런던에서 개최될 세계경제회의였으니, 이 회의는 세계대공황에 대한 열강의 지혜를 모으려는 중차대한 시도였다. 그러나 이 회의는 결국 결론을 맺지 못하고 중단되고 말았다.

세계경제회의 결렬의 근본 원인은 어디에 있었을까? 세계대공황으로 각국은 물가 하락(디플레이션)과 무역 감소라는 곤경에 처해 있었다. 경제 규모 자체가 축소되는 비상 상태였다. 가장 손쉬운 대책은 정부의 재정지출을 통한 통화 팽창, 그에 기반한 물가 상승, 자국 통화의 평가절하, 그에 따른 수출 증대였다. 문제는 이러한 통화팽창 정책이 필연적으로 타국의 반발을 불러온다는 데 있었다. 통화가치의 안정성을 보장하는 금본위제도의 유지를 주장하는 프랑스 등을 중심으로 경제회의는 각국 간 환율(당시 용어로는 위체) 변동의 안정을 위한 협정 체결에 합의했지만, 금본위제에서 이탈하여 통화 팽창정책을 추구하던 미국의 거부로 결국 회의는 결렬되고 말았다.

이 결렬의 귀결은 무엇일까? 이순탁은 더욱 격렬한 경제블록화 및 블록 간 대립, 금본위 이탈국과 금본위국 간의 항쟁, 관세 인상, 쇄국적 경제정책으로 세계적 경제전쟁이 도래하리라 예견한다. 이 경제전쟁 다음에 올 것은 세계적 무력전쟁일 것이라고 예감하고 있으니 이순탁의 식견은 상당한 것이었다.

지식인과 식민지인의 이중성 사이에서

이순탁의 세계일주 여행은 세계사적 흐름을 읽을 줄 아는 지식인의 면모와, 그 세계사의 흐름에 뒤처진 식민지 출신자로서의 고뇌가 동반된 것이었다. 예컨대 이순탁은 스위스 베른의 역사박물관에서 조선에 관한 수집품 몇 점을 발견하고서는 깊은 수치심에 잠긴다. 조선에서도 구하기 힘들 정도로 낡고 저급한 것들뿐이었던 탓이다. 페낭에서 스리랑카로 향하던 배에서는 조선 간호부 대표로 파리의 만국간호부대회에 참석하던 길인 서양인 간호사 두 명을 만났는데, 반갑기는 했지만 조선인은 경비가 없어서 외국인이 조선을 대표한다는 사실에 부끄러움을 느꼈다.

그가 식민지인이라는 이유로 차별받은 것 같지는 않다. 여행기에는 특별한 차별 경험이 나타나지 않는다. 그가 영어를 꽤 잘 구사하는 지식인이라는 점도 작용했겠지만, 열강 일본의 여권을 소지했다는 점이 결정적이었을 것이다. 서구 열강과는 달리 일본은 대한제국을 법률적으로 합병했던 탓에 식민지 조선인들은 대외적으로는 일본 국민이었다. 제국의 판도 내에서는 무수한 차별에 시달렸지만, 그 바깥에서는 일본인일 뿐이었다. 이 복잡한 법적 지위와 정체성은 이순탁의 세계일주 여정 여기저기서 드러나고 있다.

그가 가장 중요한 일정으로 여겼던 세계경제회의는 하필이면 그가 런던에 도착하던 날 결렬되었다. 아쉬운 마음에 이순탁은 7월 27일에 열리는 폐막총회라도 참가하려 했으나, 각국 정부의 공식 소개장이 없으면 입장이 불가하다는 답변이 돌아왔다. 그가 폐막총회에 참석할 수 있었던 것은 일본 대사관의 소개장 덕분이었다.

싱가포르의 한 박물관에서도 비슷한 경험을 한다. 찌는 듯이 더운 날 관람을 마치고 나오는데 말레이인 수위가 이순탁에게 말을 걸어왔다. "당신 일본 사람이지요. 나는 (일본 사람을) 대단히 좋아하오. 일기가 더운데 빙수 한 잔 먹고 싶소." 이순탁은 "기뻐하는 얼굴로 일금 42전을 꺼내주었다." 수위는 몇 번이나 감사하다는 뜻을 표했다. 조국에서는 차별받는 식민지인이었지만, 해외에서는 열강 일본의 국민이었던 것이다.

이순탁은 말레이인 수위에게 굳이 자신이 일본의 식민지인 조선 출신이라고 말하지 않았다. 오히려 기뻐하는 얼굴로 팁을 주었다. 이순탁의 태도는 때로 복잡하고 미묘해서 은연중에 식민 지배자의 시선을 보여주기도 했다. 말레이 반도의 천혜의 자원을 부러워하면서 동시에 그 천혜를 이용할 줄 모르는 남국 주민을 불쌍히 여길 때면 마치 그가 열강의 지배자처럼 보인다. 요코하마에서 상하이로 가는 배 안에서의 대화도 흥미롭다. 영국에서 교육받은 미얀마인 승객을 향해 미얀마 사람이라면 신사가 아니라고 흉보는 일본 여고생에게 이순탁은 마음속으로 동조한다. 스스로는 전혀 못 느끼다가 일본 여고생의 한마디에 그를 비신사로 규정하고 있는 것이다.

이런 이중성이 이순탁만의 예외적인 모습은 아니었다. 그것은 세계적 시야를 갖춘 지식인이면서 동시에 식민지인이기도 했던 이 시기 많은 엘리트들의 면모이기도 했다. 자기 개인은 어디에 나가도 당당한 지식인이지만, 조국의 현실은 초라했다. 자신을 일본인으로 위장하는 것은 이 불편한 자각을 모면할 수 있는 편리한 도

『라루스 그림 소백과사전』에 나오는 아시아 도판. 이 도판에서 유일하게 근대적 인물로 묘사된 것은 일본 군인이다. 그림에서 보듯 아시아에는 아편과 함께 쌀이나 차, 다이아몬드가 주어져 있으며, 아프리카에는 상아, 금, 대추, 오렌지 등이 주어졌다. 이 도판은 아시아의 인간을 강조해서 그림으로써 유럽과 구별되는 강한 통일성을 부여하고 있다. 이순탁 역시 여행을 하면서, 가령 미얀마인을 만나면서 제국의 시선을 자신에게 투영시켜 마치 자신을 일본인인 듯 여기기도 하며 그들을 평가하곤 했다.

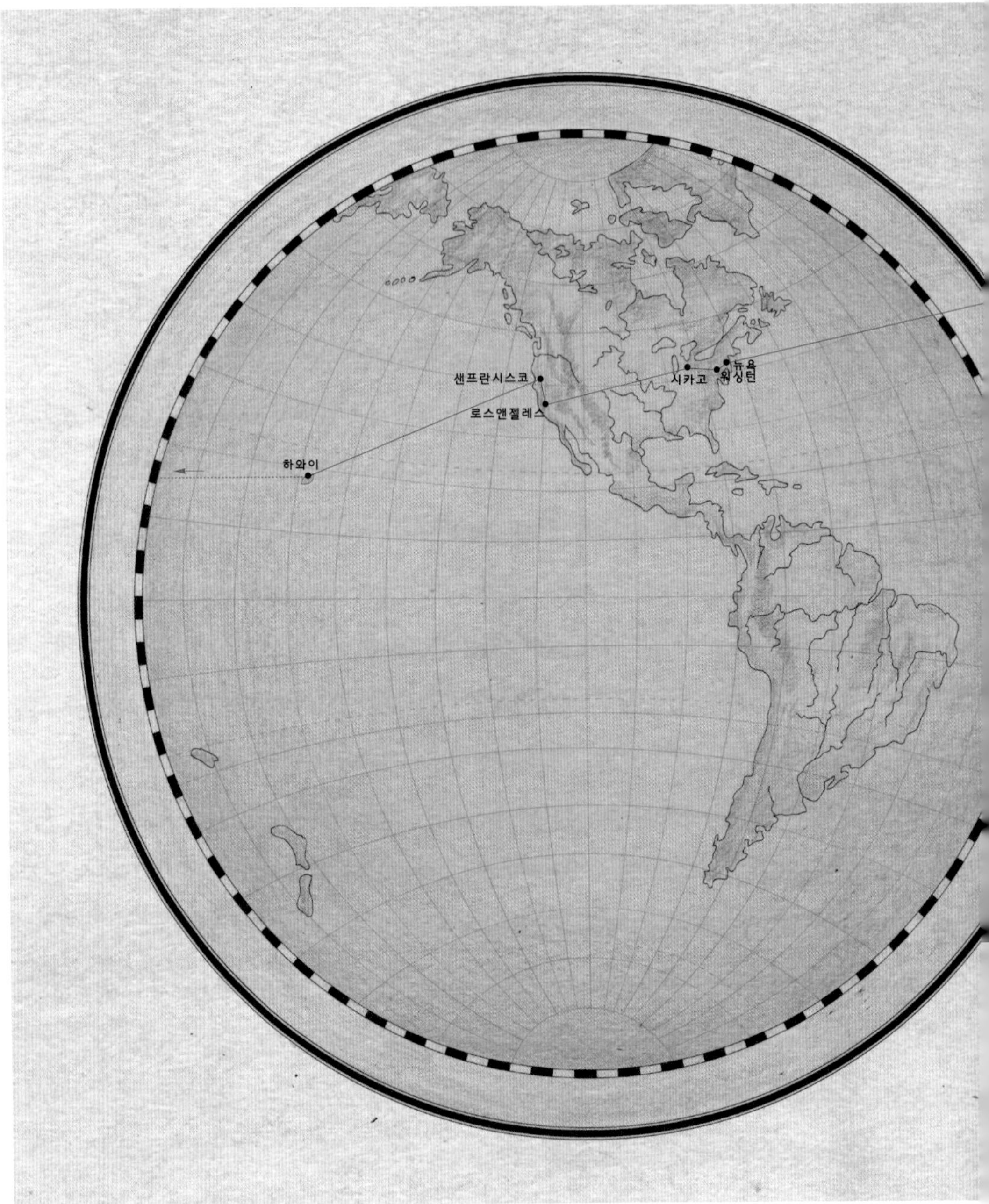
샌프란시스코
로스앤젤레스
하와이
시카고
뉴욕
워싱턴

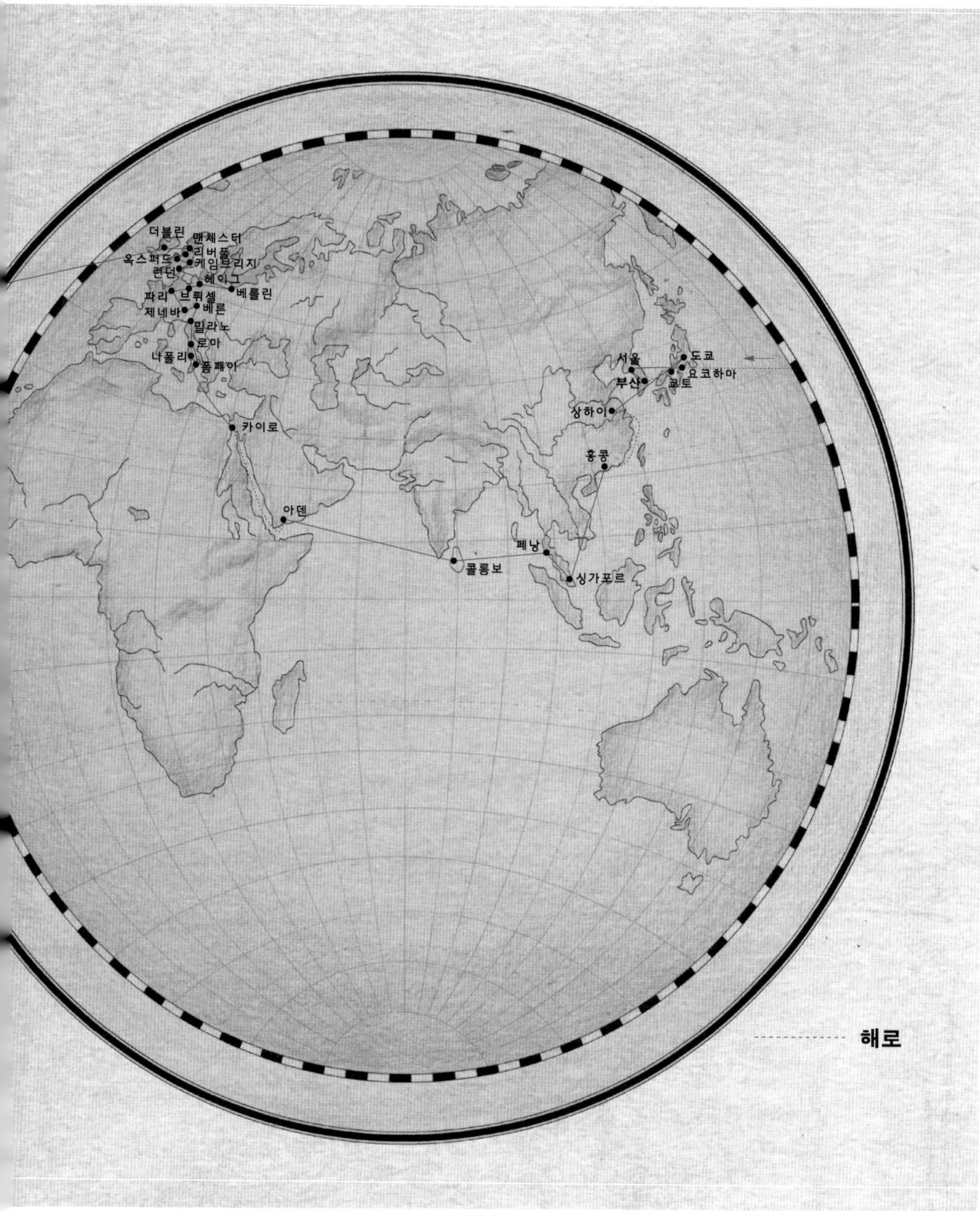
더블린
맨체스터
리버풀
옥스퍼드
케임브리지
런던
헤이그
베를린
파리
브뤼셀
제네바
베른
밀라노
로마
나폴리
폼페이
카이로
아덴
콜롬보
페낭
싱가포르
홍콩
상하이
서울
부산
도쿄
요코하마
교토
해로

이순탁의 세계일주 경로.

피처일 수 있었다. 하지만 그 위장은 조국으로 돌아오면 어차피 끝날 잠시간의 가면일 뿐이었다. 이순탁은 하와이와 요코하마, 도쿄를 거쳐 1933년 1월 20일 그리운 고국으로 돌아왔다. "떠날 때에는 용기백배로 온갖 호기심을 가졌지만 돌아와서 본즉 나에게는 이전 용기는 간 곳 없고 넋 잃은 사람 같으며, 모든 호기심은 다 사라지고 도로 옛날의 자신 그대로라는 것을 발견하였다." 조국의 자존이 박탈된 채 누리는 개인의 영광스런 체험은 이토록 신산하고 덧없는 것이었다.

12장

만주의 광활한 대지에서 피어난 문학적 상상력

식민지 시기 조선 문인들의 만주 기행

서재길

만주라는 명칭에 얽힌 역사

'만주'라는 명칭을 들을 때 사람들은 영화 「마지막 황제」의 '푸이'나 얼마 전 개봉되었던 영화 「좋은 놈, 나쁜 놈, 이상한 놈」을 떠올릴 것이다. 연세가 지긋한 분이라면 1960~70년대의 만주 웨스턴 무비에 대한 추억을 떠올릴지도 모르겠다. 혹 2002년경부터 시작된 중국과의 역사 논쟁, 이른바 '동북공정'과 만주라는 지명을 결부시키는 이도 있으리라. 김좌진 장군의 청산리 전투, 가곡 「선구자」의 해란강과 일송정도 이 지역과 관련이 있다. 문학작품을 즐겨 읽는 독자라면 안수길의 『북간도』나 박경리의 『토지』, 혹은 조정래의 『아리랑』 속의 한 장면이나 「서시」의 시인 윤동주의 고향을 떠올릴 수도 있다. 할아버지나 삼촌 중 누군가가 만주에서 생사 불명인 사람은 조선족을 만날 때 남다른 감회에 젖을지도 모르겠다. 이처럼 만주라는 공간이 우리의 역사와 매우 긴밀한 관련이 있음에도 불구하고 실제로는 막연하게만 알고 있는 것이 현실이다.

'만주滿洲'라는 말은 중국에서 이른바 '동북3성'으로 일컬어지는

만주滿洲라는 명칭에 사용되는 한자에 모두 물 수水자가 있는 것은 물을 중시하는 만주족의 특성과 결부되어 이야기되곤 한다. 실제로 만주족이 세운 황궁은 빗물이 궁 밖으로 흘러나가지 않도록 안쪽으로 경사져 있다. 사진은 청 태종 홍타이지皇太極의 무덤이 있는 선양瀋陽의 북릉北陵.

요녕성, 길림성, 흑룡강성을 가리킬 때 주로 쓰이지만, 원래는 그 지역을 기반으로 한 민족을 일컫는 명칭이었다. 후금을 세운 누르하치가 자신을 '칸'으로 칭함과 동시에 나라의 이름을 '만주'로 바꾸면서 민족명도 '여진'에서 '만주'로 바뀌는데, 이때 처음으로 만주가 역사 속에 등장했던 것이다. 이처럼 민족의 이름이 청 제국의 역사 속에서 차츰 요서·요동 지방을 가리키는 지역명으로 바뀌고, 오늘날에 이르러 중국의 동북 지역을 일컫게 되었다.

만주 못지않게 한국인에게는 '간도'라는 지명도 친숙하다. 간도間島는 19세기 후반 조선인들이 두만강 이북 지역으로 월경하여 농사를 짓기 시작하면서 '사잇섬'이라는 뜻으로 사용되기 시작했다. 간도墾島, 간토墾土, 곤토坤土, 한토閑土에서 '간도間島'라는 말이 유래했다는 설이 있는가 하면, 태조 이성계의 4대조인 목조穆祖가 다스리던 지역을 일컫는 '알동斡東'이 '간동幹東'을 거쳐 간도間島로 이어졌다는 주장도 있다. 간도라는 지명은 좁게는 두만강 이북을 뜻하는 '북간도'만을 가리키지만, 백두산을 중심으로 동쪽 두만강 건너편 일대를 동간도, 서쪽 압록강 건너편 지역을 서간도라 부르기도 한다.

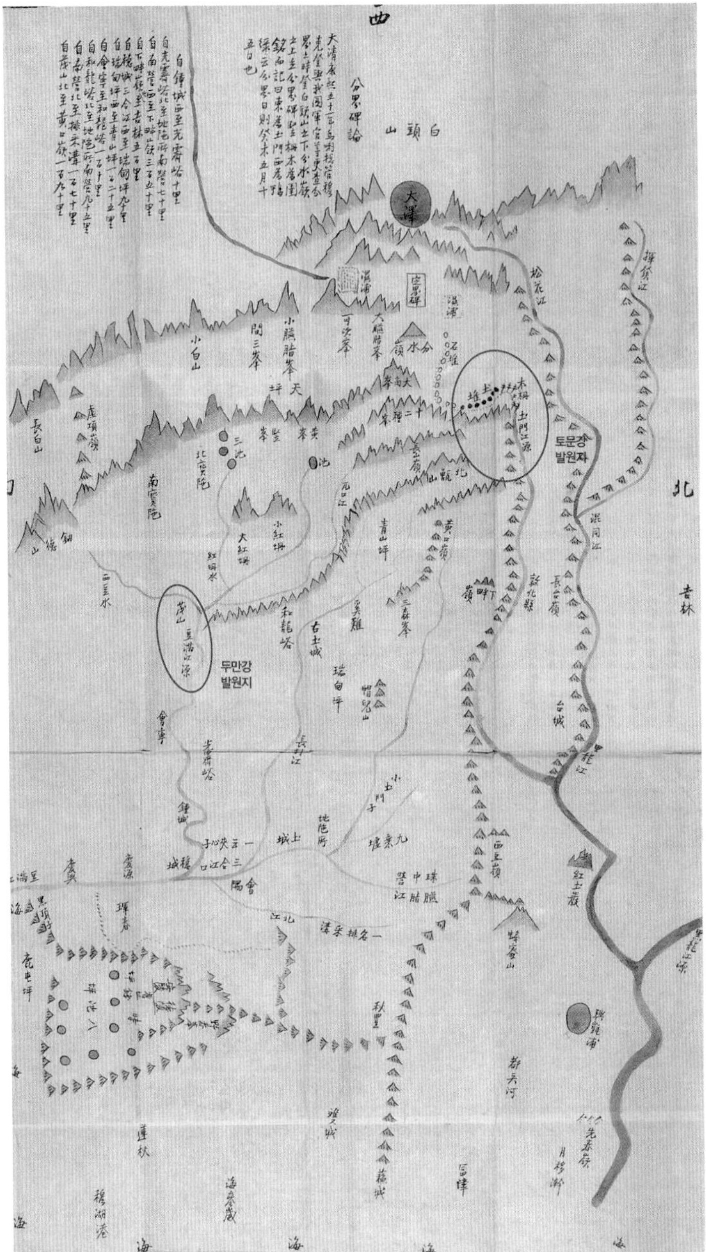

『북여요선』에 실린 '간도지도', 김노규, 종이에 필사, 27.8×18.7cm, 1904, 규장각한국학연구원. 간도 영유권의 역사적 근거를 제시하고자 집필된 책인데, 이 지도에는 토문강을 두만강과는 다른 강으로 간주하고 북간도로 흘러 흑룡강과 합류하는 것으로 그리고 있다.

반면 중국 사람들은 '만주'라는 이름을 사용하길 꺼린다. 이 말이 20세기 초 러시아와 일본에 의한 제국주의 침략을 연상시키기 때문이다. 대신 그들은 주로 동북지방, 동북3성이라는 말을 사용하며, 불가피하게 '만주국' 시기 등을 지칭할 때는 '거짓'이라는 뜻을 지닌 접두어 '위僞'를 붙여 '위만주'라고 이름한다. '위만주국'이라는 말은 '괴뢰 만주국'이라는 뜻으로 쓰이며, 심지어 만주족보다는 '만족'이라는 명칭을 사용하기도 한다. 근대 역사 시기 가해자였던 일본인들은 만주라는 말을 일상적으로 쓰지만 공식적으로는 중국을 의식해 따옴표나 낫표 속에 넣어서 사용하는 게 일반적이다. 한국의 경우 만주라는 개념에 그 나름의 역사성이 있는 까닭에 이 명칭이 통용되고 있다. 그러나 중국과의 교류에 있어서는 만주라는 명칭은 역시 조심스럽다. 한국의 '만주학회'는 '만주'라는 이름을 쓰지만 국제학술회의 같은 것을 하기 위해 중국에 협조문을 보낼 때는 '만주학회滿洲學會' 대신 '중국동북지역학회中國東北地域學會'라 하거나 아예 'manchuria'라고 영어를 쓰기도 한다.

서양 학계 일각에서는 한족 중심의 중화적 역사관을 '한화漢化 이론Sinicization thesis'이라고 비판하면서 북방 민족의 역사를 중시하는 흐름이 나타나고 있다. 이들은 고구려, 발해, 거란, 여진, 몽골, 만주족 등과 한족과의 역동적인 관계가 중국 역사에서 중요한 국면들을 이루고 있으며 북방 유목민들의 관내關內* 진출이 동아시아의 역사, 나아가 세계사의 흐름을 바꿔놓았다고 주장하면서

*만리장성의 동쪽 끝에 있는 요새를 산해관山海關이라 하는데, 그 서쪽의 한족 통치 지역을 흔히 관내關內라 하고 북방 민족과 접하고 있는 만리장성 바깥쪽을 관외關外 혹은 관동關東이라 한다. 또한 북방 민족의 세력이 강성해져 산해관을 넘어 중원지역으로 진출하는 것을 입관入關이라 한다.

북방 민족을 중심으로 중국의 역사를 새롭게 봐야 한다고 주장한다. 이런 점에서 한국에서 만주라는 이름을 쓰는 것은 어떤 면에서는 좀더 객관적일 수 있다는 주장도 성립된다.

동아시아 변동의 시발점

현재의 만주 지역은 전근대 시기 흔히 '요동'이라 불렸는데, 숙신, 부여, 고구려, 돌궐, 말갈, 거란, 여진, 몽골, 만주족 같은 민족이 이곳을 터전으로 삼아 살아왔다. 이 지역에서 흥기한 이들 민족의 흥망성쇠는 다른 지역에서 야기된 변화보다 동아시아의 질서에 훨씬 더 근본적인 변혁을 가져왔던 까닭에 만주는 동아시아 변동의 시발점이자 진원지로 평가받고 있다. 칭기즈칸이 이끌던 몽골족의 유라시아 진출은 동서양의 역사를 연결시킨 세계사적 사건이었고, 만주족 출신의 누르하치에 의한 후금의 건국은 이후 명 왕조의 멸망으로 이어지면서 동아시아의 중화질서를 근본적으로 흔들어놓았다. 특히 청 태종 홍타이지皇太極의 명 왕조 정벌의 과정에서 두 차례의 호란을 겪은 조선의 경우 사회를 지탱하던 이념적 질서가 뿌리째 흔들리게 되었다.

청은 명을 정복하기에 앞서 조선의 배후 공격을 저지하기 위해 조선을 복속시킨 후 두만강과 압록강 이북 지역 일대에 버드나무를 심어 그 나무로 울타리를 만들었는데, 이를 유조변柳條邊이라 한다. 일종의 비무장 지대였던 셈이다. 또한 입관 후 이 지역을 만주족의 발흥지이자 청 왕조의 발상지라는 의미의 '용흥발상지지

龍興發祥之地'라 하여 아무도 들어가 살 수 없도록 하는 봉금封禁 정책을 펼쳤다. 이후 200년이 넘는 기간 동안 이 지역은 사람이 거의 살지 않는 무주지無主地로 방치되었다가 19세기 이래 거듭되는 흉년을 견디지 못한 함경도 주민들이 월강越江하여 경작을 시작하면서 역사의 무대에 다시 등장한다. 이전까지는 '선線'이 아닌 '지대地帶' 개념이었던 국경 문제가 본격화된 것은 1881년 조선인의 월강을 문제삼은 청이 두만강 일대에 대한 영유권을 주장하면서부터였다. 이 과정에서 1712년에 세워진 백두산정계비의 '서위압록동위토문西爲鴨綠東爲土門'이라는 구절의 해석을 둘러싸고 양

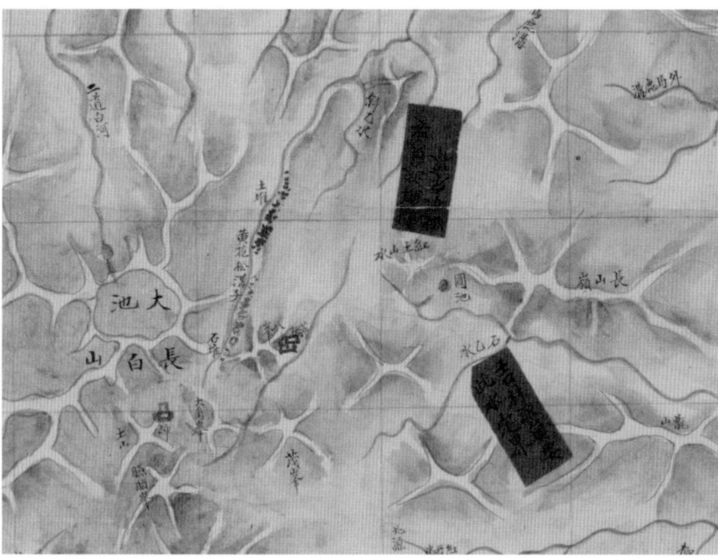

「백두산정계비 지도」, 규장각한국학연구원, 19세기 후반. 임오군란 후 조선에 군대를 주둔시키던 청의 강권에 의해 이루어진 정해감계丁亥勘界(1887) 담판에서 조선은 두만강 국경설을 수용할 수밖에 없었다. 그러나 청이 두만강의 강원江源을 '석을수石乙水'라고 주장하자 조선 측은 '홍토수紅土水'라고 반박했다. 조선 측 협상 대표였던 이중하가 "내 목은 자를 수 있을지언정, 나라의 땅은 좁힐 수 없다"고 저항하면서 협상은 결렬되고 국경 문제는 원점으로 돌아갔다.

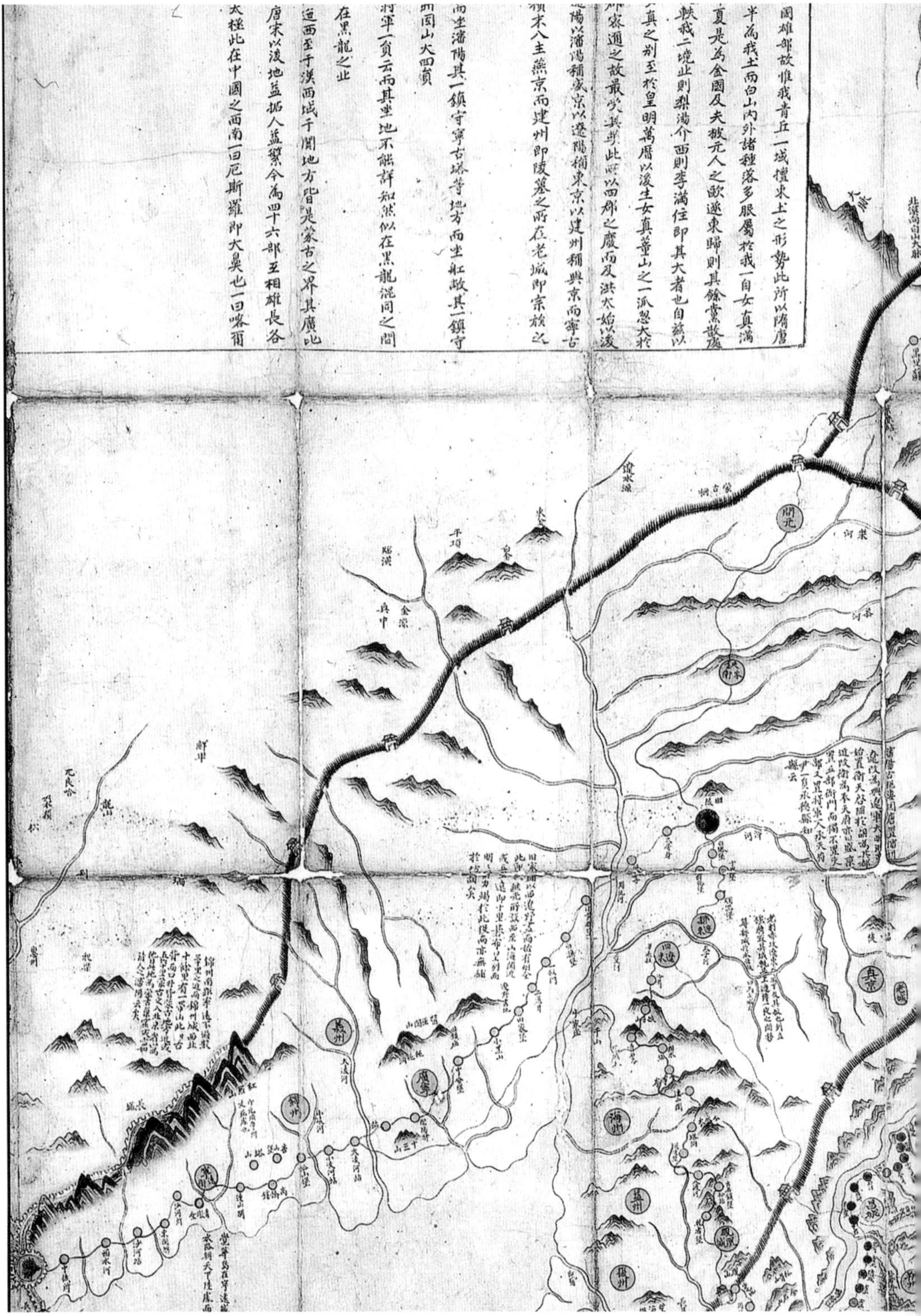
國雄部故惟我青丘一域擅東土之形勢此所以隋唐
半為我土而白山內外諸種落多服屬於我一自女真滿
夏是爲金國及夫敝元人之歐逐東歸則其餘黨散處
鞅我二境止則烈滿介西則李滿住即其大者也自茲以
真之别至於皇明萬曆以後生女真童山之一派忽大於
寖通之故最以甚此所以四郡之廢而及洪太始以後
遼陽以瀋陽稱盛京以遼陽稱東京以建州稱興京而寧古
末入主燕京而建州即陵墓之所在老城即宗族之
而坐瀋陽其一鎮守寧古塔等地方而坐缸敞其一鎮守
國山大四貢
將軍一員云而其坐地不能詳知然似在黑龍混同之間
在黑龍之北
遁西至于漢西域于闐地方皆是蒙古之界其廣比
唐宋以後地益拓人益繁今為四十六部互相雄長各
太極此在中國之西南一曰厄斯羅即大宛也一曰喀爾
開元

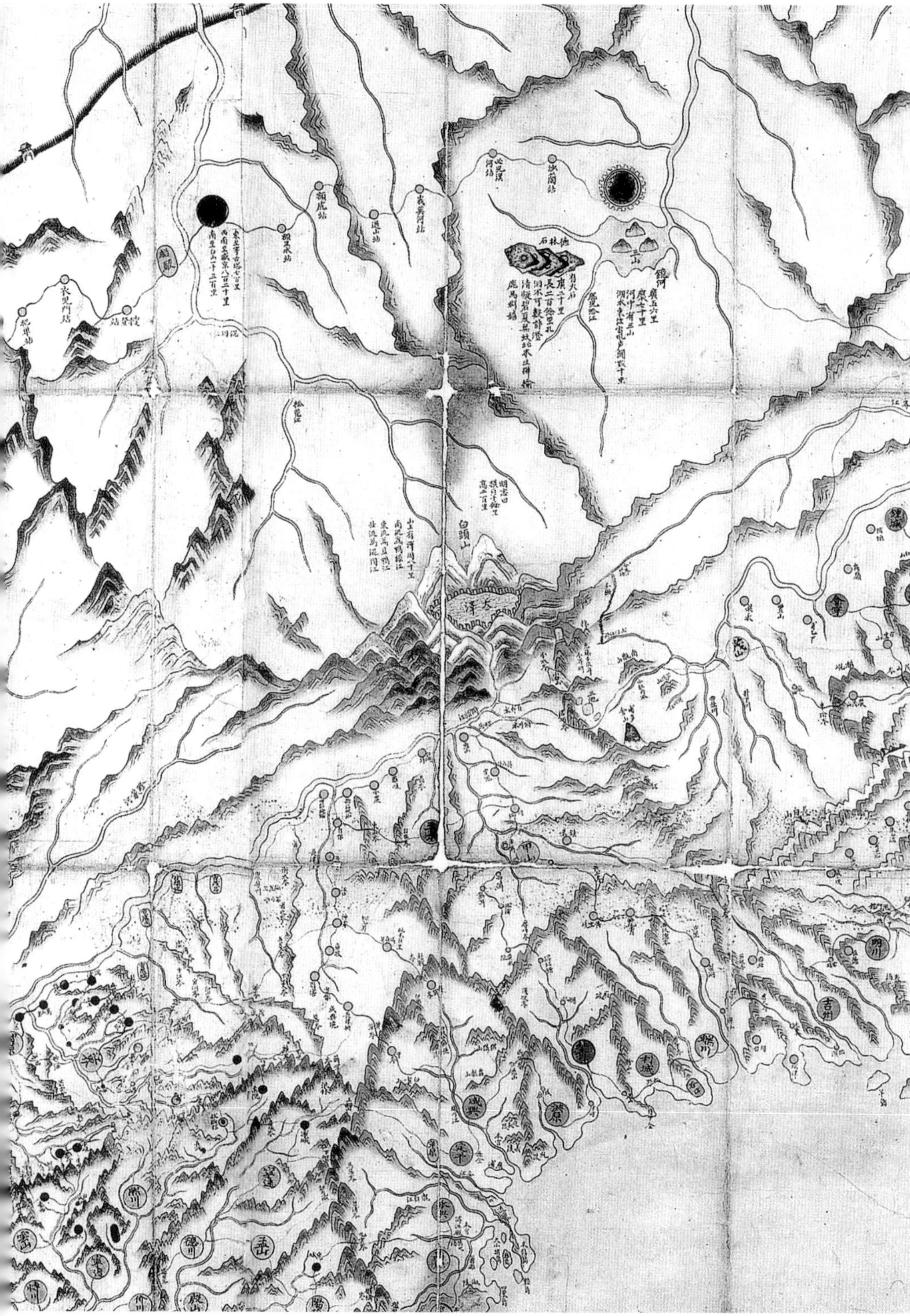

「서북피아양계만리일람지도」, 보물 제1537-1호, 국립중앙도서관. 압록강 북쪽에 버드나무로 울타리를 만든 유조변이 선명히 그려져 있다.

변발을 한 만주의 조선 농민들. 『간도사진첩』, 1909.

국 사이에 갈등이 불거진다. 토문강을 송화강의 지류로 해석하는 조선 측에 대하여 중국 측은 토문은 투먼圖們, 즉 두만강이라고 주장하면서 협상이 결렬된 것이다. 임오군란 이후 유리한 관계 속에서 중국은 간도 지역을 길림성 관할에 두는 한편, 조선인에 대해 토지소유권을 인정하지 않으면서 귀화를 종용하며 치발역복薙髮易服(만주족처럼 머리를 땋고 그들의 고유한 의상인 호복胡服을 입는 것으로 변발역복辮髮易服이라고도 함)을 강요했다. 결국 을사조약으로 외교권을 박탈당한 처지에서 청과 일본 사이에 맺어진 간도협약(1909)에 의해 간도의 영유권 문제가 청에 유리한 방향으로 결정지어진다.

"흙을 주지 않는 고향을 버린 이민들"

일본이 조선을 강제로 합병한 뒤 조선 농민의 만주 이주는 본격화된다. 1894년에 6만5000여 명이던 재만 조선인은 1905년에는 7만8000여 명에 이르렀고, 5년이 지난 1910년에는 약 20만 명으로 증가한다. 이후 1930년에는 60만여 명, 1945년경에는 160만에서 170만 명의 조선인이 만주 지역에서 기반을 두고 생활하는 등 그 수가 폭발적으로 늘어나는 추세였다. 한일합병 직후 정치적인 이유 때문에 이주한 경우가 없지는 않지만, 대다수의 조선인 이민은 경제적인 이유에서 비롯되었다. 즉 식민 지배 하에서 경제적인 궁핍을 피할 수 없게 되자 만주 이민이 조선 농민들에게는 새로운 대안으로 떠올랐던 것이다. 이후 1945년 일본의 패망과 함께

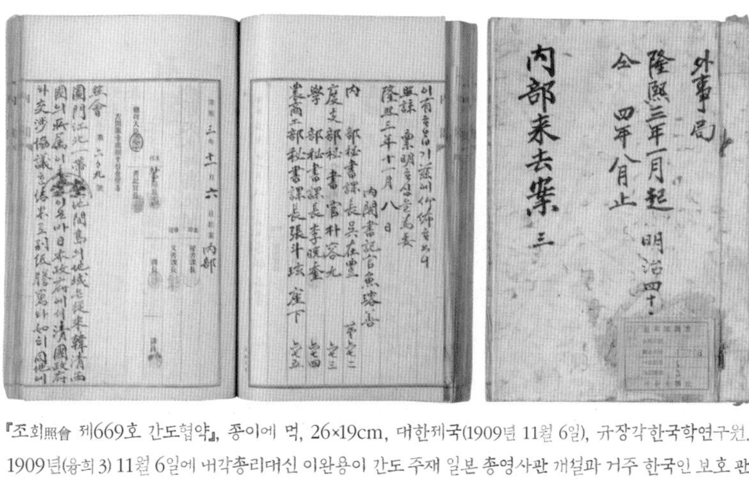

『조회照會 제669호 간도협약』, 종이에 먹, 26×19cm, 대한제국(1909년 11월 6일), 규장각한국학연구원. 1909년(융희 3) 11월 6일에 내각총리대신 이완용이 간도 주재 일본 총영사관 개설과 거주 한국인 보호 관리에 대한 청국과 일본의 협약에 대해 내부대신 박제순에게 보낸 조회이다. 한·청 양국의 국경 정비, 간도와 개간지역에 거주하는 한국인 처우, 철도 건설 등에 대한 간도협약문 존안存案이 별지로 첨부되어 있다.

간도의 통감부파출소 구청사(위), 연길 동불사銅佛寺의 논(아래), 『간도사진첩』, 1909, 서울대 중앙도서관.

간도 보통학교 생도의 학습 장면(위), 서간도 낭낭고 지역 한인 서당(아래), 『간도사진첩』, 1909, 서울대 중앙도서관.

80여만 명의 조선인은 고향으로 돌아왔지만, 고국에 별다른 생계 수단을 갖고 있지 못했던 재만 조선인들은 중국 국적을 지닌 채 만주에서 살아가게 된다. 흔히 말하는 '조선족'이 바로 그들이다.

이미 통감부 시절부터 간도에 파출소를 설치했던 일본은 조선을 식민지화한 뒤에는 '제국 신민'인 조선인을 보호한다는 명분으로 만주로의 세력 확대를 획책했다. 조선 농민들의 탁월한 수전水田 경작 능력을 인정하여 조선 농민의 만주 이주를 장려하기도 했던 중국의 태도는 1920년대 후반 이후 일본이 만주 침략의 의도를 노골적으로 드러내기 시작하면서 적대적으로 바뀐다. 중국 농민들에게는 재만 조선 농민들 역시 그들의 땅을 엿보는 침략자로 비치거나 제국주의 일본의 앞잡이로 여겨졌던 것이다. 이 과정에서 곳곳에서 조선 농민과 중국 농민, 일본 경찰과 중국 당국 사이의 갈등이 빚어진다. 뒤에서 살펴보게 될 만보산 사건과 이를 형상화한 이태준의 소설 「농군」은 바로 이러한 사실을 배경으로 하고 있다.

이러한 상황에서 조선인의 만주 이민은 특히 만주사변(1931) 발발과 만주국 건국(1932)을 전후로 하여 그 성격이 판연히 달라진다. 만주사변 이전의 만주 이민은 대체로 식민지 하의 경제적 궁핍에서 벗어나기 위한 자발적인 농업 이민의 성격이 짙었다. 만주국 초기까지만 해도 일본은 조선 농민의 만주 이주에 방임하는 태도를 취했지만, 1930년대 중반 이후에는 자신의 필요성에 따라 조선 농민들의 입식入植 장소와 인원을 조절하는 통제 이민 정책을 펼쳐 나간다. 이는 일본 내의 과잉인구와 식량 문제를 해결하고 만주의 모든 지역에 일본인을 진출시켜 본격적인 만주 경영을 하려는 전

략에 따른 것이었다. 이에 따라 재만 조선인 사회의 성격도 변모하는데, 만주국 이전에 주로 함경도, 평안도 등 북부 지방 농민 출신이 주축을 이룬 반면 1930년대 후반 이후에는 경상도 등 남쪽 지방 농민의 수가 증가한다. 또한 일본인 이민과의 충돌을 피하기 위해 소련과의 국경지역에 남쪽 지역 농민을 입식하게 되는데, 오늘날의 흑룡강성과 내몽골 지역에 아직도 경상도 방언을 쓰는 조선족이 많은 것도 바로 이 때문이다. 반면 만주국의 수도인 신징이나 하얼빈 같은 대도시로의 조선인 이민도 꾸준히 증가하는데, 이들 중 상당수는 일정한 직업도 없이 일확천금을 꿈꾸며 만주로 흘러들어온 사람들이었다.

유랑민들의 호곡 소리가 들리는 듯

1920년대 초만 하더라도 만주에 대한 조선인들의 관심은 그리 크지 않았다. 문학작품의 경우 만주를 무대로 삼은 작품은 많지 않았고, 내용 역시 김동환의 「국경의 밤」(1925)처럼 북국 정서를 묘사하거나 최서해의 「탈출기」(1925)에서 보듯 자전적인 체험을 그린 것이 대부분이었다. 그러다가 1920년대 후반으로 접어들면서 기자 신분으로 용정 등 조선인 밀집 지역을 취재하고자 떠난 문인들이 하나둘씩 글을 발표한다. 기행문 형식으로 씌어진 이들의 글에서는 무엇보다도 조선의 국경을 넘어서는 감격이 인상적으로 묘사되고 있다.

용정촌 풍경, 『간도사진첩』, 1909, 서울대 중앙도서관.

압록강이 멀리 비늘과 같이 빛나고 혜산 장거리가 오목한 바닥에 모형과 같이 담겨 있다. 대안對岸 장백부長白府의 검으레한 지붕이 가끔 둥근 봉峰의 편에서 언뜻언뜻 현현하고 보일 까닭이 없는 삼백 리 저편의 백두산이 그래도 뵈일 것만 같이 그 동쪽 하늘이 유의하게 시선을 끈다.

대수帶水를 사이하고 네것 내것 하는 것이 우습기도 하고 또 한편 몹시 엄숙하게도 생각켜진다. 조선이 만주를 닮았다 할는지 만주가 조선을 닮았다 할는지 어쨌든 압록강 연안의 고원과 만주의 그것이 꼭 같다.

조선인들의 만주에 대한 관심은 국경을 넘어서는 순간의 감흥에서부터 비롯되고 있다. 압록강 주변을 보여주고 있는 「성경전도」, 채색필사, 30.3×22.7cm, 19세기, 국립중앙도서관.

단 십 분 사이에 만주와 조선을 왔다 갔다 할 것을 생각하며 덜 바쁘게 여사旅舍에 여장을 버려놓은 때는 이미 어둑어둑한 황혼이었다.
캄캄한 칠흑에 강가를 거니르니 반짝거리는 고기잡이 불빛이 강 위에 별을 뿌린 듯이 선명하다.
국경의 밤은 고요히 잠들어간다. 다만 들리나니 물소리요 오직 보이나니 어화漁火뿐이다. 그 빛 그 소리는 다른 곳 그 빛 그 소리와 다를 것이 없다. 그러나 다른 것이 없으면서도 다른 것 같은 것이 국경의 빛과 소리의 특색이다. (한설야, 「국경정조」, 『조선일보』, 1929년 6월 12~13일자)

두만강을 에워싸고 양안兩岸에 하늘을 가리울 듯이 드높이 솟아 있는 천험天險의 고산준령이 드리우는 농후한 음영을 담고 유유히 흐르는 검푸른 강물은 무엇을 낯설은 고려의 자손에게 이야기하려고 하면서도 그만 무거운 침묵 속에 영원의 하상河床을 십 년을 일일같이 미끄러지는 너 두만강이여. 나는 너를 나의 북방의 연인이라 부를까? 모두 고요한 죽음과 같은 분위기다. 말할 수 없는 우울! 이것이 일찍이 우리들의 시인 파인이 읊조리던 국경 정조인가. 우리의 귀에는 누더기 보꾸러미를 둘러매고 남부여대男負女戴하여 이 강을 건너는 유랑민들의 어지러운 호곡號哭 소리가 들리는 것 같다.(김기림, 「간도기행」 『조선일보』 1930년 6월 12일자)

한설야(1900~1976, 카프KAPF를 대표하는 소설가로서 해방 이후 북한 문단의 주축이 되었다)는 압록강을 건너기 전 강 저편의 보이지도 않는 백두산을 마음속에 그리면서 '국경 정조'를 애상적으로 표현하고 있다. 강 하나를 사이에 두고 조선과 만주로 국경이 나뉘어 있지만 그 풍광이 서로 닮아 있다는 사실을 확인한다. 동시에 만주 땅이 조선과는 무언가 다르기를 바라면서 애써 이국정서를 찾아내는 듯한 인상까지 풍긴다. 한편 모더니스트 시인이자 비평가인 김기림(1908~?) 역시 간도의 용정으로 가기 위해 두만강 연선을 따라 경편철도를 타고 이동하면서 천 년 역사의 무게가 주는 감상에 젖어든다. 그러나 그는 역사 허무주의에 침잠하지 않고 시인다운 감수성으로 삶의 터전을 찾아 국경을 넘어야만 했던 유랑민들의 비애를 동정적인 시선으로 떠올리기도 한다.

월경越境을 전후로 한 시점에 씌어진 글에서 국경이 자아내는 이국정서와 감상이 주를 이루고 있다면, 만주에 들어선 뒤 특히 내륙으로 들어가면서는 만주의 광활한 대지에 대한 놀라움이 부러움 섞인 감탄과 더불어 묘사된다. 이태준의 「이민부락견문기」는 평양에서 출발하여 펑톈奉天(현재의 선양)을 거쳐 신징新京(현재의 창춘長春)에 도착한 후 만보산萬寶山 인근 쟝쟈워푸姜家窩堡의 조선인 집단이민 부락을 답사한 내용을 담고 있는데, 만주 안동현에서 출발한 침대열차에서 잠깐 잠이 들었던 그는 동트기 시작하는 만주 벌판의 모습을 다음과 같이 그리고 있다.

사래 긴 밭들이 무수한 직선으로 연달아 부챗살같이 열리고 접히고 한다. 마을 뒤나 밭사래 끝에는 막힌 것이 아무것도 없다. 산은 물론 언덕 하나 보이지 않는다. 밭이 지나가고 밭이 연달아 오고 그리고 지루할 만하면 백양목 대여섯 주가 모여선 숲이 지나가고 그러다가는 칼로 똑똑 잘라놓은 것 같은 단조로운 농가 한 부락이 지나가고, 차츰 남의襤衣의 토민들이 한둘씩 길 위에 나서기 시작한

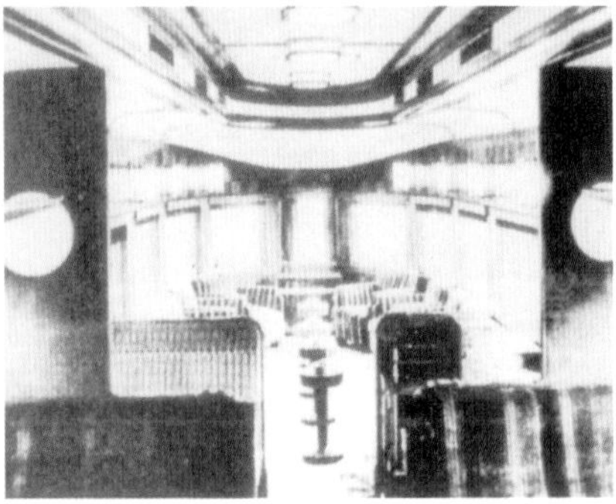

특급열차 아시아호. 최대 시속 130킬로미터를 자랑하던 열차로 '유선형'이라는 말을 유행시켰다. 러시아 출신 여급이 근무하는 식당차와 최후미에 달린 일등 전람차의 모습(아래).

다.(이태준, 「이민부락견문기」 『조선일보』 1938년 4월 9일자)

그러나 드넓은 만주의 대지가 주는 감격적인 첫인상은 계속되지 못한다. 기차를 타기 전 역사에서 보았던 조선의 이주민들, 특히 "흙을 주지 않는 고향을 버린 우리 이민들"의 처지를 생각하다가도 "그래도 모다 임자 있는 밭들이 아닌가!"라는 깨달음으로 이어지는 것이다. 한편, 만주 기행문 중에는 러시아에 의해 건설되어 '동양의 파리'로 불렸던 하얼빈이나 일본에 의해 새롭게 만들어진 계획도시이자 만주국의 수도인 신징의 화려한 근대 도시로서의 면모도 자주 등장한다. 특히 두 도시 사이를 달리는 특급열차 '아세아'는 초超근대국가 만주국을 상징하는 것이기도 했다. 그리고 그 열차에서 만난 러시아 국적의 종업원은 대륙을 넘어서 흡사 유럽에라도 있는 듯한 이국적인 낭만을 느끼게 한다.

> 동양일東洋一의 쾌속차라는 대련大連 하얼빈 간의 특급 '아세아' 심록색의 탄환과 같은 유선형이다. 얼마 쉴 새 없이 곧 봉천을 떠난다. 이내 속력이 난다. 별로 진동이 없이 줄곧 등속력으로 제비같이 가볍게 달아난다. 새 이발 기계로 머리를 깎는 때 같은 감촉이다. (…) 점심 먹으러 식당차로 가니 급사가 모두 노인露人 소녀들이다. 하나는 희고 야위고 반듯한 이마가 영화 「죄와 벌」에서 본 쏘냐 같았다. 국적이 없는 백계노인白係露人의 딸들, 향수조차 품을 곳 없이 단조한 평원만 내다보고 사는 가엾은 처녀들, 그들이 가져오는 한잔 커피는 술만 못지않은 독한 낭만을 풍기었다. 그런 커피를 잔을 거듭하며 나는 내일 이민촌을 찾아 끝없는 벌판에 외로운 그림자가 될 것을 걱정스럽게 생각해보았다.(「이민부락견문기」 『조선일보』 1938년 4월 14일자)

만주국 이후 기행문에 나타난 '만주 붐'

만주국 건국 이후 특히 1930년대 후반으로 접어들면 가히 '만주 붐'이라 할 정도로 잡지나 신문에 만주 관련 기사가 폭발적으로 증가하고, 문인들의 만주 관련 기행문이나 수필도 흘러넘쳤다. 이러

20세기 초 만주의 풍경.

한 만주 붐에는 일본의 국책에의 동조, 전쟁 특수에 따른 경제적 관심 등의 복합적인 요인이 작용하고 있었다. 이 시기의 만주 관련 글들은 대체로 당시의 국책이었던 '동아신질서'* 구상을 수용하면서 만주국을 이상적인 공간으로 미화하는 것이 대부분이었다. 이 중에는 작가에 의해 자발적으로 쓰여진 것도 더러 있었지만 당국의 요구에 따라 예정된 코스를 답사하고 난 뒤에 무슨 보고서처럼 쓰인 것도 없지 않았다. 함대훈咸大勳(1907~1949, 러시아 문학을 전공한 극작가로 해외문학파와 극예술연구회에서 활동했다)의 「남북만주편력기」는 이러한 국책을 여실하게 드러낸 기행문이다.

> '만주로 간다.' 이 말이 만주사변 전엔 조선서 쫓겨가는 불쌍한 농민들이 바가지를 꿰차고 보따리를 든 초라한 모양을 연상했지만 만주[국] 건국 이래 6년의 세월이 흐른 금일에 있어서는 만주로 간다는 말이 '일을 하러 가고 희망을 갖고 간다'고 할 수 있게끔 되었다. 만주사변을 계기로 신흥 만주국이 건설되자 민족협화 왕도낙도의 정신 밑에 조선인의 만주 생활은 무엇으로나 다 변하여지고 따라서 조선인 문제가 더욱 중대화하게 되어 이에 대한 관심은 식자 간에 더욱 긴요하게 되었고 또 만주를 한번 본다는 것은 크게 의의 있는 일이 되었다. (「남북만주편력기」 『조광』, 1939년 7월)

이런 유형의 기행문은 대개 만주의 광활한 대지를 묘사하고 이를 찬탄한 뒤 조선 농민이 집단적으로 이주한 마을을 묘사하면서

*1938년 고노에近衛 일본 수상에 의해 주창된 일본의 아시아 정책의 슬로건으로서, 유럽 열강의 지배에 대항하여 일본, 만주, 중국 세 나라의 제휴에 의한 신질서의 수립을 전쟁의 목표로 표방했다.

만주의 군벌이나 비적 그리고 현지 농민들로부터 핍박을 당하면서도 수전을 개척하는 모습을 보여준다. 이러한 묘사에는 늘 만주사변 이전 시기 만주의 혼란상과 만주국 건국 이후의 안정이 대비된다. 농민들을 수탈하는 고리대금업자와 봉건지주, 만주 지역을 장악하고 있던 군벌과 마적 떼들, 출구를 찾지 못하고 마약굴에서 아편에 빠져 있는 중국인의 타락상은 만주 기행문에 스테레오타입으로 등장한다. 만주국의 건국과 그 과정에서 일본의 전폭적인 협력, 조선인들의 기여가 이어진다.

> 황차 그동안까지는 내란과 군벌과 탐관오리에 백색자본의 착취와 그리고 쿠리와 아편 이것밖에는 없던 과거의 지나 민족에 비해서리오. 우리 일본 민족은 그럼으로 당연히 지나 민족보다 일보 나아간 지위-생활이 필요하고 그들을 영도하고 하게 되지 않지 못하는 것이다.
> (채만식, 「대륙경륜의 장도, 그 세계사적 의의」『매일신보』, 1940년 11월 22일자)

만주국의 건국이 일본 제국과 일본인의 주도 하에 이루어졌음을 강조하고 '2등 국민'으로서의 조선인의 역할을 강조하는 것이다. 일본의 기술과 자본에 의해 새롭게 만들어진 계획도시이자 만주국의 수도인 신징에 대한 묘사에서도 이러한 관점은 유지된다.

> 이 건설이 만주인도 아니오 조선인도 아니오 일본인이다. 일본인의 위력은 이마침 크다. 이제 지나사변이 장기전에 갔으나 이 만주사변으로부터 8년, 건국으로부터 6년에 이만한 건설면을 보면 지나에 대한 것

도 넉넉히 단시일에 건설할 것이라 보는 것이 여기 와서 더 느낄 수 있다. (함대훈, 「남북만주편력기」 『조광』, 1939년 7월)

그러나 만주 기행문이 모두 이처럼 국책을 노골적으로 묘사하는 데에 시종한 것은 아니었다. 농민들의 삶을 주로 소설로 형상화했던 카프 작가들의 수필이나 기행문에는 만주국 국책에 대한 소개는 생략하거나 최소화한 채 재만 조선 농민이 겪는 애로를 사실적으로 묘사한 것들이 적지 않다. 이기영의 「대지의 아들을 찾아서」에서는 이주 농민들이 예상과 달리 간난신고를 겪고 있는 모습을 묘사한 뒤 그 원인을 지주제와 브로커의 착취에서 찾고 있다. 또한 만주국 이후 농민 일부가 개척민적 자각 없이 막연한 희망에 부풀어 만주로 흘러드는 것을 비판하고 있기도 하다.

만보산 사건과 이태준의 「농군」

만주를 무대로 한 조선 문인들의 문학작품 중에서 이태준의 「농군」만큼 학계에서 논란의 대상이 된 작품은 없었다. 이 작품은 만주사변 이전 쟝쟈워푸라는 곳에서 일어난 조선 농민과 중국 농민의 수전 개발을 둘러싼 충돌을 그린 것인데, 한편에서는 조선 농민의 만주 개척의 애환을 뛰어나게 묘사한 걸작으로 평가하는 반면, 다른 쪽에서는 오족협화와 왕도낙토를 근간으로 하는 일본 제국주의의 만주 통치

『돌다리』, 이태준, 박문서관, 1943. 이 책 속에 큰 논란이 되었던 이태준의 「농군」이 수록되어 있다.

간도 모범농원에서 벼농사 짓는 주민들. 이태준의 「농군」은 벼농사를 짓고자 수로를 개척하려는 농민들의 의지를 묘사했다.

이데올로기를 구현한 친일적 국책 문학이라는 평가를 내기리도 했다.

만보산 사건이란 1931년 5월 하순부터 장춘 인근의 만보산 삼성보 일대에서 논농사를 하기 위해 수로를 내려던 조선 농민들과 이를 저지하려던 중국 농민들 사이에 일어난 무력충돌을 말한다. 밭농사에 익숙한 중국 농민들이 수로 개설을 저지하기 위해 중국 경찰을 이용해 조선 농민을 몰아내자 일본 경찰이 조선 농민을 보호한다는 구실로 출동하면서 총격까지 이어졌다. 다행히도 큰 불상사 없이 사건은 마무리되었으나 조선 농민이 살상되었다는 오보가 조선에 전해지면서 사건의 불똥은 인천과 평양 등 조선 내의 화교 거주지역으로 번졌다. 격분한 조선인들이 중국인을 배척하는 폭동을 일으켜 그 결과 중국인 142명이 사망하고 91명이 행방불명

되었으며 546명이 부상하는 끔찍한 배화排華사건으로 이어졌다. '호떡집에 불났다'는 말이 사용된 것은 필시 이즈음부터였을 것이다. 사상자는 평양에서 유독 많았는데, 일각에서는 이를 근거로 대륙 침략을 위해 조선인을 이용해 중국과의 갈등을 부각시키려는 일본의 공작에 의해 사건이 확대된 것으로 보기도 한다.

이태준의 「농군」은 바로 이 만보산 사건을 모티프로 한 것이지만 벼농사를 위한 집념으로 수로를 개척하려는 조선 농민들의 불굴의 집념을 묘사하는 데에 중점이 놓여 있다. 이 작품은 주인공 창권 일가가 만주 이주를 위해 펑텐행 열차의 삼등 객실에 몸을 싣고 있는 장면에서 시작해 이들이 정착한 '쟝쟈워푸' 마을을 소개하고 황무지를 수전으로 개간하기 위해 이퉁허라는 강에서 물을 끌어오는 과정을 담담하게 묘사한다. 중국 농민들과 경찰들의 방해에 부딪히면서 무력충돌이 이어지고 몇몇 사람이 중국 경찰에 연행된다. 조선 농민의 대표 격인 황채심이 중국 경찰로부터 모진 매를 맞고 풀려난 밤 조선인들을 남녀노소를 가리지 않고 밤이슬을 맞으면서 도랑을 쳐내 물길을 연다. 중국 경찰이 나타나 발포를 시작하고 창권은 다리에 부상을 입으면서도 콸콸 흐르는 물을 보며 감격하는 장면에서 소설은 다음과 같이 끝을 맺고 있다.

> 사람이 떠내려온다. 창권은 다리를 절룩거리며 뛰어들었다. 노인이다. 총에 옆구리를 맞았다. 바로 창권이 할아버지 운명할 때, 눈을 쓸어 감아주던, 경상도 사투리하던 노인이다. 창권은 가슴이 쩍 갈라지는 것 같았다. 차라리 가슴 복판에 총알이 와 곽 박혔으면 시원하겠다.

노인의 시체를 두 팔로 쳐들고 둔덕으로 뛰어올랐다. (…) 물은 도랑 언저리를 철버덩철버덩 떨궈 휩쓸면서 열두 자 넓이가 뿌듯하게 나려 쏠린다. 논자리마다 넘실넘실 넘친다. 아침 햇살과 함께 물은 끝없는 벌판을 번져나간다. (이태준, 「농군」 『문장』, 1939년 7월)

이 작품은 중일전쟁의 장기화에 따라 제기된 동아신질서론이 전면화되던 시기에 오족협화를 표방하던 만주국의 이데올로기 속에 동화될 위험성이 다분한 것이 사실이다. 생존권 확보라는 차원에서 제시되고 있는 조선 농민의 수전 개척 논리는 더 이른 시기에 이곳에 정착해 살고 있던 중국 농민의 처지가 전혀 고려되지 않고 있기 때문에 일본 식민주의의 연장선상에서 이해될 여지가 없지 않다. 작품 속에서 '토인'으로 묘사되는 중국 농민의 처지에서 보면 만주로 이주해오는 조선 농민들이란 수전 개간을 핑계로 일본을 등에 업고 자신들의 땅을 야금야금 잠식하고 있는 침략의 첨병으로 여겨질 수도 있었기 때문이다. 실제로 이태준은 작품의 취재를 위해 만주를 기행하고 「이민부락견문기」라는 글을 남겼는데, 여기서도 중국 농민들을 '남의襤衣의 토민'으로 칭하면서 "차 안은 푸른 옷과 더러운 동전에서 나는 것 같은 냄새로 그뜩 찼다. 제 시간에 떠나기는 하나 '만만디慢慢的'이다"라고 하며 민족적 편견을 감추지 못했다.

그럼에도 불구하고 이 작품을 전면적으로 지배하고 있는 것은 식민 제국이 표방하던 이데올로기의 반복이 아니라 이와 무관하게 살고 있는 조선 농민들의 다난한 삶이다. 소설에서 묘사되는 농촌은 오히려 국책이 표방하는 화려한 구호와는 상반되는 치열한 생존 투쟁의 현장이었다. 개간권을 얻기 위해 때로는 금목걸이를 뇌물로 바쳐야만 하고, 총을 든 군인에 맞서 봇도랑을 파던 삽자루와 곡괭이를 들고 목숨을 걸고 저항할 수밖에 없었던 조선 농민의 처절한 현실에 대한 핍진한 묘사는 '오족협화'나 '왕도낙토'의 이데올로기가 얼마나 허구적인가를 반증하는 것이기도 하다. 이 작품에서 '서사시적인 감정'을 읽어낸 당대 최고의 비평가 임화林和의 아래와 같은 평가는 왜 이 작품이 아직도 우리에게 공감을 주는지를 잘 짚어내고 있다.

> 수로의 개통이 그들에게 영원한 행복을 가지고 오리라고 믿을 수 없음에도 불구하고 생명을 도賭하여 공사에 열중하는 이주민들의 면영面影은 바라보기에 가슴이 메이는 데가 있다. 소박하고 아름답고 그럭 폐부를 찌르는 듯한 슬픔에 사모친 이러한 회화를 그릴 수 있는 작가는 필시 우수한 시인임에 틀림없을 것이다. 비록 단편일망정 이 소설을 꿰뚫고 있는 것은 분명히 크나큰 비극을 속에다 감춘 서사시의 감정이다.(임화, 「현대소설의 귀추」『문학의 논리』, 학예사, 1940)

1장 자신감과 현실감으로 빚어낸 15세기의 세계지도

손승철, 『해동제국기의 세계』, 경인문화사, 2008
신용호 외 주해, 『해동제국기』, 범우사, 2004
이진희·강재언, 『한일교류사』, 학고재, 1998
조선사편수회, 『해동제국기』, 조선총독부, 1933
한영우·안휘준·배우성, 『우리 옛 지도와 그 아름다움』, 1999

2장 바람 따라 물결 따라 표류한 조선 선비

김영원, 『항해와 표류의 역사』, 솔, 2003
문중양, 「조선후기의 水車」, 『한국문화』 15, 서울대학교 규장각한국학연구원, 1994
박원호, 『최부 표해록 역주』, 고려대학교출판부, 2006
———, 『최부 표해록 연구』, 고려대학교출판부, 2006
주성지, 「漂海錄을 통한 韓中航路 分析」, 『東國史學』 37, 東國史學會, 2002
한일관계사학회 편, 『조선시대 한일표류민 연구』, 국학자료원, 2001

3장 착잡함과 우월감의 교차, 열두 번의 사행길

강재언, 『조선통신사의 일본견문록』, 이규수 옮김, 한길사, 2005
민족문화추진회, 『국역해행총재』 1-12, 1977
박화진 외, 『에도공간 속의 통신사』, 한울, 2010
송지원, 「조선통신사의 의례」, 『조선통신사연구』 제2호, 2006
한일공통역사교재 제작팀, 『조선통신사』, 한길사, 2005

4장 예로써 섬긴 나라? 여자로 섬긴 나라!

『태종실록』

『세종실록』

『중종실록』

『海東繹史』

喜蕾, 元代高麗貢女制度研究, 北京, 民族出版社, 2003

유홍렬, 「고려의 원에 대한 공녀」, 『진단학보』 18집, 1957

이능화, 『조선여속고』, 김상억 옮김, 동문선, 1990

정구선, 『공녀』, 국학자료원, 2002

5장 북경 여행, 조선 실학의 숨은 추동력

김용운·김용국, 『한국수학사』, 살림, 2009

김태준, 『홍대용평전』, 민음사, 1987

———, 『홍대용』, 한길사, 1998

민족문화추진회, 『국역 담헌서』 전4책, 민문고, 1967

전용훈, 「조선후기 서양천문학과 전통천문학의 갈등과 융화」, 서울대학교 박사학위논문, 2004

한영호, 「서양기하학의 조선 전래와 홍대용의 『주해수용』」, 『역사학보』 164, 2005

홍대용, 『임하경륜·의산문답』, 조일문 옮김, 건국대학교출판부, 1984

———, 『산해관 잠긴 문을 한 손으로 밀치도다: 홍대용의 북경 여행기 〈을병연행록〉』, 김태준·박성순 옮김, 돌베개, 2001

6장 물건 팔러 떠났다 풍속까지 섭렵한 고려 상인의 중국 여행기

강신항, 『한국의 역학』, 서울대출판부, 2000

안병희, 『노걸대와 그 언해서의 이본』, 국어사 문헌 연구, 2009

양오진, 「試論 『노걸대』 『박통사』的文化史價値」, 『中國語文論叢』 第28輯, 中國語文研究會

———, 『노걸대 박통사 연구』, 제이앤씨, 2008

정광, 『원본 노걸대』, 김영사, 2004
──, 『역주 번역노걸대와 노걸대언해』, 신구문화사, 2006

7장 캐나다와 뉴욕까지 진출한 조선의 러시아 사절단

고병익, 「노국대관식에의 사행과 한노교섭」, 『역사학보』 28집, 1965
국사편찬위원회 편, 『윤치호일기』 4, 1975
김문식, 『조선후기 지식인의 대외인식』, 새문사, 2009
정양완, 「환구음초에 대하여」, 『한국한문학연구』 2집, 1977
조재곤 편역, 『해천추범: 1896년 민영환의 세계일주』, 책과함께, 2007

8장 고비사막을 뚫고 모스크바를 향해 떠난 독립의 열정

이기형, 『夢陽 呂運亨』, 실천문학사, 1984
이만규, 『呂運亨先生鬪爭史』, 민족문화사, 1946
이정식, 『여운형:시대와 사상을 초월한 융화주의자』, 서울대출판부, 2008

9장 조선이 만든 첫 신문, 그 속에 비친 첨단의 세계

『한성순보』·『한성주보』, 동방미디어(http://www.KoreaA2Z.com)
李光麟, 「漢城旬報와 漢城周報에 對한 一考察」, 『歷史學報』 38, 1968
趙璣濬, 「漢城旬報와 漢城周報의 社會經濟史的 意義」, 『新聞研究』 36, 1983
原田環, 「井上角五郎と『漢城旬報』」, 『季刊三千里』 40, 1984.
鄭晋錫, 『韓國言論史』, 나남, 1990
이헌창, 「Political economy와 Economics의 개념과 번역」, 『개념과 소통』 2, 2008
Kenneth Pomeranz, *The Great Divergence: China, Europe, and the Making of the Modern World Economy*, Princeton University Press, 2001

10장 조선의 바깥에서 조선 여성을 바라보다

김수진, 『신여성, 근대의 과잉-식민지 조선의 신여성 담론과 젠더정치, 1920-1934』, 소명출판, 2009

김은실, 「조선의 식민지 지식인 나혜석의 근대성을 질문한다」, 『한국여성학』, 한국여성학회, 2008

박계리, 「나혜석의 풍경화」, 『한국근대미술사학』 1호, 2005

서정자 엮음, 『정월 라혜석 전집』, 국학자료원, 2001

서정자, 「나혜석의 문학과 일본 체험」, 『문명연지』 제23호, 2009

손유경, 「나혜석의 구미 만유기에 나타난 여성 산책자의 시선과 지리적 상상력」, 『민족문학사연구』, 민족문학사연구소, 2008

이상경, 『인간으로 살고 싶다-영원한 신여성 나혜석』, 한길사, 2000

11장 보편 세계를 꿈꾼 지식인이 본 세계의 대격변

박찬승, 『여행의 발견, 타자의 표상』, 민속원, 2010

이순탁, 『최근세계일주기』, 학민사, 1997

이승원, 『세계로 떠난 조선의 지식인들』, 휴머니스트, 2009

12장 만주의 광활한 대지에서 피어난 문학적 상상력

김경일·윤휘탁·이동진·임성모, 『동아시아 민족 이산과 도시』, 역사비평사, 2004

김재용 편, 『만보산 사건과 한국 근대문학』, 역락, 2010

동국대학교 문화학술원 편, 『제국의 지리학, 만주라는 경계』, 동국대출판부, 2009

동북아역사재단 편, 『만주, 그 땅, 사람 그리고 역사』, 동북아역사재단, 2007

이성환, 『간도는 누구의 땅인가』, 살림, 2004

이태준, 『새로 가려뽑은 이태준 소설 읽기』, 예옥, 2010

한석정·노기식 편, 『만주, 동아시아 융합의 공간』, 소명출판, 2008

한홍구, 『대한민국사』 2, 한겨레출판사, 2003
허경진·최삼룡 편, 『만주기행문』, 보고사, 2010

김수진 ____ 서울대 규장각한국학연구원 HK연구교수. 저서 『신여성, 근대의 과잉-식민지조선의 신여성 담론과 젠더정치, 1920-1934』, 공저 『전통의 국가적 창안과 문화변용』, 역서 『현대영화이론의 궤적』, 공역 『현대성과 현대문화』 외 다수.

서재길 ____ 서울대 규장각한국학연구원 HK연구교수. 공저 『식민지 공공성, 실체와 은유의 거리』 『제국의 지리학, 만주라는 경계』 『근대 한국의 일상생활과 미디어』, 편저 『허준 전집』 외 다수.

송지원 ____ 서울대 규장각한국학연구원 HK연구교수. 저서 『정조의 음악정책』 『마음은 입을 잊고 입은 소리를 잊고』 『장악원, 우주의 선율을 담다』, 공역 『다산의 경학세계』 『역주 시경강의』 1-5 외 다수.

윤대원 ____ 서울대 규장각한국학연구원 HK연구교수. 저서 『상해시기 대한민국임시정부 연구』 『21세기 한·중·일 역사전쟁』, 논문 「임시정부법통론의 역사적 연원과 의미」 「1910년 병합 칙유의 문서상의 결함과 불법성」 외 다수.

이숙인 ____ 서울대 규장각한국학연구원 HK연구교수. 저서 『동아시아 고대의 여성사상』, 역서 『여사서』 『열녀전』, 논문 「소문과 권력:16세기 한 사족 부인의 淫行 소문 재구성」 외 다수.

이영경 ____ 서울대 규장각한국학연구원 HK연구교수. 저서 『중세국어 형용사 구문 연구』, 논문 「형용사 '오래다'의 문법사」 「속삼강행실도 연구」 외 다수.

전용훈 ______ 서울대 규장각한국학연구원 HK교수. 저서 『천문대 가는 길』, 공저 『하늘, 시간, 땅에 대한 전통적 사색』 『한국과학기술 인물 12인』, 역서 『밀교점성술과 수요경』, 논문 「Mathematics in Context」 「19세기 조선 지식인의 서양과학 읽기」 외 다수.

정호훈 ______ 서울대 규장각한국학연구원 HK교수. 저서 『조선후기 정치사상 연구』, 공역 『朱書百選』 『朱子封事』, 논문 「16·7세기 《소학집주》의 성립과 간행」 외 다수.

조계영 ______ 서울대 규장각한국학연구원 HK연구교수. 공역 『망우동지·주자동지』, 논문 「조선후기 선원각의 왕실 기록물 보존체계」 「조선후기 중국서책의 구입과 장황의 변화」 「조선후기 왕실서책 장황시의 도침에 관한 고찰」 외 다수.

조영준 ______ 서울대 규장각한국학연구원 HK연구교수. 공저 『조선후기 재정과 시장』, 논문 「조선후기 왕실의 조달절차와 소통체계」 「19-20세기 보부상 조직에 대한 재평가」 외 다수.

조형근 ______ 서울대 규장각한국학연구원 HK연구교수. 공저 『근대주체와 식민지규율권력』 『식민지의 일상: 지배와 균열』 외 다수.

황재문 ______ 서울대 규장각한국학연구원 HK교수. 저서 『안중근평전』, 논문 「'환구음초'의 성격과 표현방식」 「전통적 지식인의 망국 인식」 외 다수.

조선 사람의 세계여행

1판 1쇄 2011년 7월 13일
1판 6쇄 2018년 10월 17일

엮은이 규장각한국학연구원
펴낸이 강성민
편집장 이은혜
기획 서재길 정긍식 권기석
일러스트 이재열
마케팅 정민호 이숙재 정현민 김도윤 안남영
홍보 김희숙 김상만 이천희

펴낸곳 (주)글항아리 | 출판등록 2009년 1월 19일 제406-2009-000002호

주소 413-120 경기도 파주시 회동길 210
전자우편 bookpot@hanmail.net
전화번호 031-955-8891(마케팅) 031-955-8898(편집부)
팩스 031-955-2557

ISBN 978-89-93905-66-3 03900

글항아리는 (주)문학동네의 계열사입니다.

이 도서의 국립중앙도서관 출판시도서목록(CIP)은 e-CIP홈페이지(http://www.nl.go.kr/ecip)와
국가자료공동목록시스템(http://www.nl.go.kr/kolisnet)에서 이용하실 수 있습니다.
(CIP제어번호 : CIP2011002623)

*도판 자료 게재를 허락해주신 분들께 감사드립니다. 이 책에 실린 도판 중 저작권 협의를 거치지 못한 것이 있습니다. 연락이 닿는 대로 게재 허락 절차를 밟고 사용료를 지불하겠습니다.

統屬全圖

大朝鮮建陽元年三月 日學部編輯局重刊

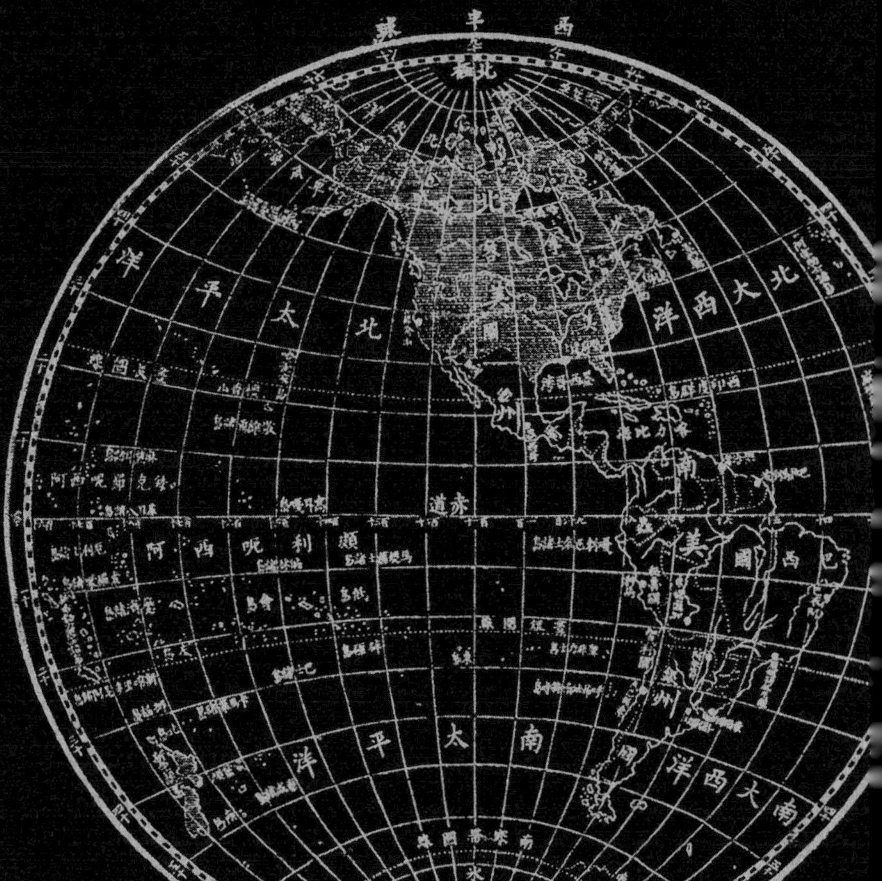

斯之地如歐洲亞洲北界皆是 一凡斜畫從右到左如圖中 俱屬歐洲法國之地如亞洲之安南非洲之馬達葛士加島並非洲內地數處皆是 一凡方格如圖中 俱屬歐洲德國之地如非洲雜地皆是 一凡橫畫中有墨點如圖中 俱屬美洲美國之地除美洲外該國並無屬地 一凡直畫中有墨點如圖中 俱屬荷蘭國之地荷國本在歐洲所屬地則在亞洲東南孫達諸島一帶地方其屬地人數較本國則多五倍 一凡五大洲中其餘小國概不以橫直墨點方格等為記如西班牙又名大呂宋國在歐洲而屬國則在小呂宋臺灣以南又如葡萄牙國亦在歐洲而非洲之中猶有數屬地歸葡萄牙管轄又如比利士國亦在歐洲其屬地名孔國則在非洲較原地多七十倍以上諸國但記其名並不另作記識以為區別

光緒十八年廣學會英國李提摩太識

五洲各國

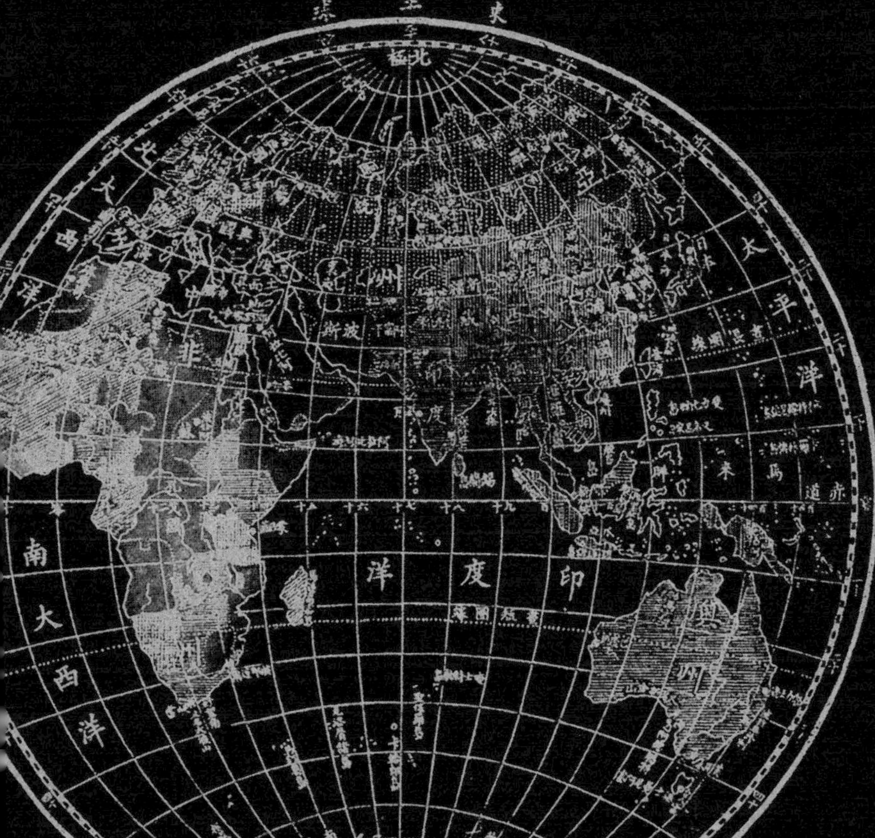

各國分界圖說

從來輿地之學非圖不明而欲辨地球之大小非分五大洲不明而欲識國之大小非從五大洲中分出各國不明五大洲何亞細亞洲歐羅巴洲亞美利加洲亞非利加洲澳大利亞洲是也省言之則為亞為歐為美為非為澳既分五洲又分各國間有一國在一洲之內其屬國在他洲視本國疆界更大數倍者惟以橫直墨點方格等分別各國為記俾考地理者得以較量五洲各國之幅員長短云茲列其例於左

一凡圖中之格均按度數畫成中間正方十度每度二百五十里無論橫豎觀之每正方俱二千五百里若以中國裁尺比量每寸六千里每分六百里按分比量無多差錯 一凡直畫如圖中[直畫]俱屬大清國之地如十八省西藏蒙古滿洲新疆等處皆是 一凡橫畫如圖中[橫畫] 俱屬歐洲英國之地如美洲[illegible]各亞洲之印度[illegible]